中经管理文库
管理学精品系列

国家自然科学基金项目（编号：71902055）
河南省高等学校哲学社会科学创新团队项目（编号：2021-CXTD-04） 资助
河南师范大学学术专著出版基金

双渠道供应链运营决策研究

RESEARCH ON OPERATION STRATEGIES OF DUAL-CHANNEL SUPPLY CHAIN

郭金森◎著

中国经济出版社
CHINA ECONOMIC PUBLISHING HOUSE
·北京·

图书在版编目（CIP）数据

双渠道供应链运营决策研究 / 郭金森著．--北京：中国经济出版社，2021.12（2023.8 重印）
ISBN 978-7-5136-6757-9

Ⅰ．①双…　Ⅱ．①郭…　Ⅲ．①购销渠道-供应链管理-研究　Ⅳ．①F713.1 ②F252

中国版本图书馆 CIP 数据核字（2021）第 249327 号

责任编辑　焦晓云
责任印制　马小宾
封面设计　任燕飞装帧设计工作室

出版发行　中国经济出版社
印 刷 者　北京建宏印刷有限公司
经 销 者　各地新华书店
开　　本　710mm×1000mm　1/16
印　　张　16
字　　数　271 千字
版　　次　2021 年 12 月第 1 版
印　　次　2023 年 8 月第 2 次
定　　价　78.00 元
广告经营许可证　京西工商广字第 8179 号

中国经济出版社　**网址** www.economyph.com　**社址** 北京市东城区安定门外大街 58 号　**邮编** 100011
本版图书如存在印装质量问题，请与本社销售中心联系调换（联系电话：010-57512564）

序言

随着电子商务和物流技术的快速发展，越来越多的消费者逐渐接受并选择网上购物，线下销售与线上销售并存的双渠道组合销售模式(Click-and-Mortar)已成为企业的一种新的销售常态，有效扩大了企业产品销售覆盖范围。然而，当实体销售渠道与网络销售渠道同时存在时，因不同渠道在产品价格、服务等方面的差异，以及消费者基于产品售前服务的“搭便车”行为的发生，渠道冲突在所难免，并可能阻碍各渠道成员间的合作，甚至损害各渠道成员的利益。

为避免或者减少网络渠道与实体渠道间的冲突，美国体育用品协会(National Sporting Goods Association，NSGA)建议其企业会员尽量不采用或者减少采用双渠道销售模式。中国企业家研究院在调研中也发现，大部分企业都曾遇到线上与线下的渠道冲突问题，并常常发出所谓“上电子商务找死，不上等死”的感叹。这就给双渠道供应链企业带来了许多新的问题，例如：在什么情况下企业应该选择双渠道销售模式？“搭便车”行为会对各渠道的价格、服务等运作决策产生怎样的影响？企业不同的行为偏好会对双渠道供应链运作产生什么影响？当供应链企业存在资金约束时，上述运作决策会发生怎样的变化？应该采用什么样的协调契约来缓解渠道间冲突，促进供应链各渠道间的协调？这些问题成为新型双渠道供应链实践中企业所面临以及亟待解决的问题，而基于单一销售渠道的供应链运作与协调理论和方法无法解决这些因双渠道的使用而带来的新问题。

本书针对上述实际背景和问题，着力研究在不同的市场条件下，双渠道供应链的最佳运营决策，力求帮助企业解决在新型双渠道供应链实践中所面临的问题，为双渠道供应链的有效实施和推广提供理论上的指导和支持，进一步推动我国双渠道供应链管理水平的提高。本书的研究及相关成果不仅具有重要的理论价值，也具有很强的现实意义。

在借鉴前人研究成果的基础上，本书从营销和运作的角度对双渠道供应链企业渠道间冲突与协调问题进行探讨，分析不同市场环境下企业的最优运营决策。在结构上：一方面，在纵向上不断深入，即从单层双渠道供应链结构扩展到双层双渠道供应链结构；另一方面，在横向上不断扩展，即从简单双渠道供应链结构扩展到复杂的混合双渠道供应链结构。在内容上，不仅考虑了无资金约束下双渠道供应链的运营决策问题，也探讨了当上下游企业存在资金约束时双渠道供应链各主体的运营决策与融资策略问题。

本书的主要创新如下：

(1)针对单层双渠道供应链结构，在不同的渠道博弈模式下，探讨了消费者"搭便车"行为对双渠道零售商渠道销售模式选择与运作策略的影响，指出在一体化模式下，当满足一定的市场条件时，零售商会采用"体验店+网络渠道销售"模式，此时，随着"搭便车"行为强度的增大，零售商双渠道利润会不断增加。针对双层双渠道供应链结构，分别在"价格不一致"和"价格一致"两种模式下，研究消费者"搭便车"行为对双渠道制造商售前服务成本分摊合同设计策略的影响，指出在消费者"搭便车"行为下，制造商售前服务成本分摊合同的设计能有效刺激零售商售前服务水平的提高，并提高制造商利润。针对制造商和零售商同时采用双渠道销售模式(混合双渠道供应链结构)，研究在不同的博弈结构及价格模式下，供应链各主体的渠道运作策略和利润，指出当制造商提供网络渠道指导价格且零售商为市场领导者时，零售商实体渠道价格将始终高于制造商网络渠道指导价格，否则，各渠道价格依赖市场参数，尤其是潜在市场规模及渠道间价格替代效用系数。

(2)对比分析了制造商在双渠道供应链结构与店中店结构下最优运营决策和利润的不同，指出当制造商提供的服务水平介于某两个阈值之间时，制造商和零售商均喜欢店中店销售模式，并会获得高于在双渠道销售模式下的利润，否则，他们中至少有一方会拒绝店中店销售模式。此外，对比分析了双渠道制造商在独立研发及与零售商合作研发两种模式下的最优运营决策和利润，指出当研发成本敏感系数或制造商谈判能力介于某一个阈值时，供应链各主体均偏爱合作研发模式，否则，至少有一方会拒绝合作研发模式。对供应链整体来说，合作研发模式能带来更多的利润，优于不进行产品研发或者制造商独立研发模式。进一步地，基于行为理论，分别研究了企业存在过度自信、风险厌恶及公平偏好情形下双渠道供应链的最优运营决策和利润，指出双渠道制造商愿意与过度自信或风险厌恶型下游企业合作，却不愿意与具有公平偏好的下游企业合作。

(3)针对零售商存在资金约束的双渠道供应链，研究制造商双渠道贸易信贷与提前订货折扣契约的选择策略，指出零售商的资金约束困境对双渠道制造商来说并非始终有害，制造商可以通过在双渠道联合采用两种不同契约的方法获得更多的利润，但此时制造商联合契约的采用所得的更多利润是以损害零售商部分利润为代价的。研究制造商双渠道产品具有替代性时，在一体化情形、零售商无资金约束情形及零售商存在资金约束且制造商提供延期支付合同情形下，制造商和零售商的最优策略和利润，指出当零售商存在资金约束时，制造商通过提供延期支付合同可以有效协调双渠道供应链，但是，这种协调效应对制造商来说是有代价的——制造商的利润会低于零售商资金充足情形下的利润。研究制造商存在生产规模不经济而零售商存在资金约束时，零售商延期支付与金融机构贷款模式选择策略，指出当制造商延期支付时间长度敏感系数相对较小时，零售商会偏爱金融机构借贷模式，否则，零售商偏爱延期支付融资模式。研究制造商和存在资金约束的零售商都通过双渠道销售时，零售商延期支付与金融机构贷款模式选择策略的变化。

(4)针对零售商存在资金约束的双渠道供应链，研究零售商存在风险厌恶时其延期支付与金融机构贷款模式选择策略的变化，指出当零售商存在资金约束但通过不同融资模式进行融资时，风险中性的双渠道制造商都更愿意和风险厌恶型零售商合作。尽管金融机构能提供贷款，但在一定条件下，零售商不会选择金融机构借贷模式。针对具有公平偏好的双渠道制造商与传统零售商组成的供应链，研究当制造商存在资金约束时其金融机构借贷及预付款融资模式的选择偏好，指出在一定的市场潜在需求规模下，具有公平偏好的制造商通过预付款模式进行融资时，零售商和制造商可能获得高于无资金约束时其所获得的利润。当预付款时间长度敏感系数相对较小时，制造商会倾向于选择预付款融资模式，否则，制造商会倾向于选择金融机构借贷融资模式。

上述研究成果不仅丰富了双渠道供应链渠道销售模式选择和运作决策理论的内容，也为实际供应链中双渠道企业的决策提供了科学依据。

目录

第1章　绪　论 ………………………………………………… 001

1.1　研究背景及意义 ………………………………………… 001

1.2　国内外研究现状 ………………………………………… 003

1.2.1　基于消费者视角的双渠道基础研究 ……………… 003

1.2.2　双渠道供应链“搭便车”行为研究 ……………… 005

1.2.3　双渠道供应链运作策略研究 ……………………… 008

1.2.4　双渠道供应链冲突协调研究 ……………………… 017

1.2.5　文献研究评述和问题提出 ………………………… 020

1.3　研究思路和研究内容 …………………………………… 021

1.3.1　研究思路 …………………………………………… 021

1.3.2　研究内容 …………………………………………… 022

1.4　研究特色和创新 ………………………………………… 025

第2章　消费者“搭便车”行为下单层双渠道供应链运作策略…… 027

2.1　模型设定 ………………………………………………… 028

2.2　分散决策模式下零售商双渠道运作策略 ……………… 030

2.2.1　零售商实体渠道为领导者 ………………………… 030

2.2.2　零售商网络渠道为领导者 ………………………… 033

2.2.3　零售商实体渠道与网络渠道同时决策模式 ……… 035

2.3　分散决策模式下零售商双渠道运作策略和利润对比分析 ……… 037

2.4　一体化模式下零售商双渠道销售模式选择和运作策略 ………… 038

2.4.1　特例：零售商实体渠道为“体验店”模式 ……… 039

2.4.2 一体化模式下零售商双渠道最优运作策略 …………………… 042
2.5 数值仿真及分析 …………………………………………………… 043
2.6 本章小结 …………………………………………………………… 049

第3章 消费者"搭便车"行为下双层双渠道供应链运作策略 …… 050

3.1 模型设定 …………………………………………………………… 051
3.2 "价格非一致"模式下双渠道供应链运作策略 …………………… 052
3.2.1 零售商的最优反应策略 ……………………………………… 053
3.2.2 制造商的最优运作策略 ……………………………………… 053
3.3 "价格一致"模式下双渠道供应链运作策略 ……………………… 059
3.3.1 零售商的最优反应策略 ……………………………………… 060
3.3.2 制造商的最优运作策略 ……………………………………… 061
3.4 数值仿真及分析 …………………………………………………… 062
3.5 本章小结 …………………………………………………………… 065

第4章 不同价格模式下双层混合渠道供应链运作策略 ………… 066

4.1 模型设定 …………………………………………………………… 066
4.2 制造商Stackelberg情形下的两种定价策略模型 ………………… 068
4.2.1 制造商不提供网络渠道指导价格模型 ……………………… 069
4.2.2 制造商提供网络渠道指导价格模型 ………………………… 074
4.2.3 制造商Stackelberg情形下不同定价策略的利润对比分析 ……………………………………………………………… 077
4.3 零售商Stackelberg情形下的两种定价策略模型 ………………… 078
4.3.1 零售商Stackelberg情形下无网络渠道指导价格模型 …… 079
4.3.2 零售商Stackelberg情形下有网络渠道指导价格模型 …… 083
4.3.3 零售商Stackelberg情形下不同定价策略的利润对比分析 ……………………………………………………………… 085
4.4 不同博弈结构下零售商和制造商运作策略和利润比较分析 …… 086
4.5 本章小结 …………………………………………………………… 088

第5章 不同销售与研发模式下双渠道供应链运作策略 ………… 089

5.1 背景描述 …………………………………………………………… 090

5.2 双渠道制造商销售模式选择策略 …… 091
5.2.1 双渠道供应链销售模式 …… 091
5.2.2 店中店供应链销售模式 …… 093
5.2.3 双渠道与店中店供应链销售模式比较 …… 095
5.2.4 数值仿真及分析 …… 096
5.3 双渠道制造商研发模式选择策略 …… 100
5.3.1 无研发情形下的双渠道供应链运作策略 …… 100
5.3.2 双渠道制造商独立研发模式 …… 102
5.3.3 双渠道制造商与零售商合作研发模式 …… 103
5.3.4 数值仿真及分析 …… 106
5.4 本章小结 …… 110

第6章 不同行为偏好下双渠道供应链运作策略 …… 112

6.1 背景描述 …… 113
6.2 过度自信下双渠道供应链运作策略 …… 113
6.2.1 模型假设与参数 …… 113
6.2.2 过度自信下双渠道供应链集中式决策模型 …… 115
6.2.3 过度自信下双渠道供应链分散式决策模型 …… 115
6.2.4 制造商期望利润与零售商过度自信的关联 …… 116
6.2.5 供应链收益共享契约设计 …… 117
6.3 风险厌恶下双渠道闭环供应链运作策略 …… 119
6.3.1 模型假设与参数 …… 119
6.3.2 制造商独立回收再制造模式 …… 122
6.3.3 制造商通过零售商回收再制造模式 …… 125
6.3.4 数值仿真及分析 …… 129
6.4 公平偏好下双渠道旅游供应链运作策略 …… 132
6.4.1 模型设定 …… 132
6.4.2 旅游酒店具有公平偏好情形 …… 134
6.4.3 景区具有公平偏好情形 …… 136
6.4.4 旅游酒店和景区均具有公平偏好情形 …… 139
6.4.5 不同情形下各主体运作决策、需求和利润对比分析 …… 141
6.5 本章小结 …… 142

第 7 章　资金约束下双渠道供应链契约选择策略 …………………… 144

7.1　模型设定 ………………………………………………………… 145
7.2　双渠道制造商不提供任何契约情形 ……………………………… 146
7.3　双渠道制造商为零售商提供贸易信贷契约情形 …………………… 147
7.4　双渠道制造商在网络渠道为顾客提供提前订货折扣
契约情形 ………………………………………………………… 150
7.5　数值仿真及分析 ………………………………………………… 156
7.6　本章小结 ………………………………………………………… 159

第 8 章　资金约束下替代性产品双渠道供应链运作策略 ………… 160

8.1　模型设定 ………………………………………………………… 161
8.2　一体化模式 ……………………………………………………… 162
8.3　无资金约束时的分散决策模式 …………………………………… 163
8.4　资金约束下的延期支付模式 ……………………………………… 165
8.5　数值仿真及分析 ………………………………………………… 168
8.6　本章小结 ………………………………………………………… 170

第 9 章　资金约束下生产规模不经济的双渠道供应链运作策略 … 171

9.1　模型设定 ………………………………………………………… 172
9.2　延期支付模式 …………………………………………………… 174
9.3　金融机构借贷模式 ……………………………………………… 177
9.4　数值仿真及分析 ………………………………………………… 181
9.5　本章小结 ………………………………………………………… 183

第 10 章　资金约束下双层混合渠道供应链运作策略 ……………… 184

10.1　模型设定 ……………………………………………………… 184
10.2　延期支付模式 ………………………………………………… 187
10.3　金融机构借贷模式 …………………………………………… 190
10.4　数值仿真及分析 ……………………………………………… 192
10.5　本章小结 ……………………………………………………… 197

第 11 章　资金约束下风险厌恶的双渠道供应链运作策略 ………… 198

11.1　模型设定 ………… 198
11.2　延期支付模式 ………… 201
11.3　金融机构借贷模式 ………… 204
11.4　数值仿真及分析 ………… 208
11.5　本章小结 ………… 209

第 12 章　资金约束下公平偏好的双渠道供应链运作策略 ………… 210

12.1　模型设定 ………… 211
12.2　金融机构借贷模式 ………… 214
12.3　预付款模式 ………… 216
12.4　数值仿真及分析 ………… 220
12.5　本章小结 ………… 222

第 13 章　结论与展望 ………… 223

13.1　结论 ………… 223
13.2　研究展望 ………… 225

参考文献 ………… 227

重要术语索引 ………… 241

致　谢 ………… 244

第1章 绪论

1.1 研究背景及意义

进入21世纪，随着电子商务技术的快速发展，网络支付技术及物流配送服务不断完善，人们的生活和消费方式发生了巨大改变，网络消费越来越受到消费者的青睐。根据艾瑞咨询的研究报告，在交易规模上，2017年我国的网络购物市场交易规模达到6.1万亿元，占社会消费品零售总额的16.4%；在用户规模上，我国的网络购物用户数量从2011年的1.9亿人增长到2017年的5.3亿人。与此同时，企业渠道销售模式也发生了巨大变革，越来越多的企业开始选择双渠道销售模式来分销产品，即不仅通过实体渠道销售，也通过网络直销渠道销售。例如：海尔、联想、三星和IBM等制造商除了采用传统的分销模式，还采用网上直销模式销售产品。一些大型传统零售商也建立了自己的网络销售渠道。例如：2010年11月22日，国美电器在北京宣布出资4800万元控股库巴购物网80%的股份，这样国美电器在之后不仅能通过传统店面销售产品，也可以通过网络渠道销售产品；苏宁电器也建立了网上商城——苏宁易购。企业双营销渠道的建立与采用，也衍生出一种新的消费者购物现象——“搭便车”，即很多顾客到实体店去免费享受零售商提供的售前服务，如销售人员对产品的讲解服务、产品体验服务等，最终却转移到网络渠道完成购买。“到国美、苏宁去看价，去体验产品，到网络渠道下订单”已经成为许多消费者的经验之谈，也成为越来越多消费者的购物常态。随着电子信息技术的迅猛发展，消费者“搭便车”行为变得越来越普遍。

在实践中，尽管双渠道销售模式拓宽了企业的销售渠道，扩大了企业产品销售覆盖范围，但不同渠道在价格、服务等方面的差异使得供应链中原有的单纯的上下游竞争又增添了多渠道间的横向竞争与协调；与此同时，在双渠道环境下，越来越多的消费者开始习惯于线下体验、线上购买，“搭便车”

行为以及网络渠道消费的迅速增长对传统渠道需求造成了严重的挤压，蚕食了传统渠道商的根本利益，传统分销商与零售商的抵制与反抗此起彼伏，渠道间的冲突难以避免，有时甚至很激烈。许多行业(如汽车行业、金融服务行业、旅游保险行业等)的分销商或者零售商对上游制造商或供应商的网络直销渠道表示了深深的忧虑。另外，一些分销商或零售商已经对自身上游的制造商或供应商的网络直销渠道明确表示抗议和警告。例如：Home DePot 对供应商明确表示，如果供应商开设网络直销渠道，将直接取消与其合作关系，不再销售其产品；美国体育用品协会(NSGA)也建议其企业会员尽量不采用或者减少采用双渠道销售模式，以避免或者减少制造商网络渠道与零售商实体渠道间的冲突。中国企业家研究院在调研中也发现，很多企业曾遇到线上与线下渠道冲突的问题，也常常发出“上电子商务找死，不上等死”的感叹。可见，双渠道销售模式并不一定始终能为企业带来更多利润，渠道冲突可能阻碍各渠道成员间的合作，甚至损害各渠道成员的利益。

制造商引入网络直销渠道，有效增加了市场潜在需求，但网络渠道运营成本及市场潜在需求的增加也给制造商带来更大的资金压力；而下游零售商大多为中小企业，抗风险能力较弱，信用观念不强，较难从银行获得贷款，常常出现资金短缺的问题。中国中小企业上市服务联盟、洞见资本研究院共同发布的《2017 中小企业融资发展白皮书》指出，98%的中小企业在生产经营上面临着融资难、融资贵的问题。当供应链中双渠道制造商存在资金困境时，可能导致下游零售商渠道缺货，给零售商带来损失；而当零售商面临资金困境时，又往往会导致他们向上游制造商订货不足，从而给制造商也带来损失。

上述背景给双渠道供应链企业带来了许多新的问题。例如：在什么情况下企业应该选择双渠道销售模式？在什么情况下企业应该放弃双渠道销售模式而只采用单一的传统渠道销售模式，从而避免渠道冲突？在存在“搭便车”行为的市场中，双渠道企业应该如何做出各渠道的定价、服务等运营决策，应该采用什么样的协调契约来促进供应链各成员以及双渠道间的协调、缓解渠道冲突，以实现自身以及供应链的利润最大化？当双渠道供应链中企业存在资金约束时，企业应该如何进行融资决策以使自身利润最大化？在双渠道供应链中，企业的行为偏好会对上述运营决策产生什么样的影响？这些是新型双渠道供应链实践中企业要面临和亟待解决的问题，但基于单一销售渠道的供应链运作与协调理论和方法无法解决这些问题。

本书基于上述背景和实际问题，着力研究在不同的市场条件下，双渠道供应链的运营决策问题，以期帮助企业解决在新型双渠道供应链实践中所面临的问题，为双渠道供应链的有效实施和推广提供理论上的指导和支持，推动我国双渠道供应链管理水平的提高。因此，本书的研究及相关成果不仅具有重要的理论价值，也具有很强的现实意义。

1.2 国内外研究现状

近年来，双渠道供应链管理受到了学术界的广泛关注，越来越多的学者对其展开研究，也取得了不少理论成果。其中，与本书紧密相关的研究成果主要包括四部分：基于消费者视角的双渠道基础研究；双渠道供应链“搭便车”行为研究；双渠道供应链运作策略研究；双渠道供应链冲突协调研究。

1.2.1 基于消费者视角的双渠道基础研究

基于消费者视角的双渠道基础研究，探讨了消费者偏好对渠道建设和协作的影响。早期这方面的研究主要是揭示价格、服务水平、产品质量、渠道的距离(不方便性)等因素对传统渠道的影响。随着电子商务技术的不断发展，网络渠道逐渐成为商家的重要销售渠道之一，这使得近年来基于消费者视角的传统渠道基础研究开始融入网络渠道，并考虑到了网络渠道销售的特点，如网络渠道服务水平、产品品牌形象、网购风险、网络渠道产品邮寄时间、消费者对网络渠道的接受程度等。

针对消费者在双渠道环境下的购买决策过程，Haubl 和 Trifts(2000)研究指出，网上消费者的购买决策主要包含两个阶段：一是消费者对网络上的产品信息进行搜索、浏览和有针对性的选择；二是消费者对所选择的部分产品进行评价和对比，并做出购买决策。Teo 和 Yeong(2003)基于 EKB(Engel, Kollat and Blackwell)模型进行研究后指出，消费者的产品购买过程主要由三个核心阶段组成，分别为信息搜索、评估选择和购买，且在不同的阶段，影响消费者渠道选择和购买的因素表现出差异。因此，双渠道环境下消费者的首要决策是购买渠道的评价和选择。Jarvenpaa 等(1999)对影响消费者网络渠道选择的因素进行了分析，指出消费者对网购的态度和对网站的风险认知是影响消费者网络渠道购买选择的关键变量，并进一步指出消费者对网站的风险认知决定其购买意愿和态度，而消费者对公司规模和声誉的感知决定其对网站的信任程度。Chan 和 Lu(2004)从电子商务信息导向的角度进行研究后指出，消费者对电子商务网站的评价及网购意愿受网站信息呈现是否有效、操作是否简便、速度是否快捷等因素的直接影响。国内学者李双双等(2006)研究指出，网络渠道消费者对产品信息的搜索和评价并不是独立的，而是与其对传统渠道的评价密切相关。Teltzrow 等(2007)从消费者认知角度进行研究后指出，消费者对双渠道零售商网店的信任程度依赖其对双渠道零售商实体店的信赖程度，当消费者对双渠道零售商实体店的信赖程度提高时，他们对双渠道零售商网店的信赖程度也会提高。Van 和 Dach(2005)研究指出，消费者对购买渠道的选择取决于购物过程的阶段，并详细探讨了消费者渠道选择与产品的购买频率、技术改进及信息搜索特点之间的关系，但忽视了消费者特征和渠道属性对消费者渠道选择的影响。Albesa(2007)通过实证研究指出，在金融行业，消费者感知到的渠道方便性、社会关系、渠道的知识和隐私性等因素会在很大程度上影响消费者对渠道的选择。林炳坤等(2016)运用实证方法探讨了多渠道营销策略契合度、顾客信任及渠道协同三者之间的关系，并分析了其对消费者购买决策过程的影响。

在双渠道环境下，影响消费者最终购买决策的因素有很多，而且较为复杂。Schoenbachler 和 Gordon(2002)构建了双渠道消费者行为决策模型，指出消费者以往的购买经历、现在的购买动机及当前的产品或服务类型共同影响着其购买决策。Smith 和 Brynjolfsson(2001)对 69 天中 20 268 个网络消费者在 33 个零售商处购买书籍的数据进行了统计分析，发现品牌是影响网络消费者购买选择的一个重要因素，在激烈的价格竞争中，品牌零售商比普通零售商拥有 1.72 美元的价格优势。Levin 等(2003)对多渠道供应链中存在不同品牌产品的情形进行了研究，指出消费者会根据不同品牌产品的特性，选择不同的渠道购买，并进一步指出，多渠道企业对不同产品的品牌进行线上(online)和线下(offline)渠道联盟，有利于改善各品牌形象，促使消费者产生购买行为。Devaraj 等(2006)从影响消费者网购满意度的行为和经济因素角度，利用 SCO(Struction-Conduct-Outcome，结构—行为—结果)框架对消费者网络渠道偏好做了分析，指出网络渠道的响应时间、个性化、网页设计及安全可靠性对消费者网络渠道满意度具有重要影响。Su(2008)从消费者网络渠道产品搜索成本角度，对产品价格、产品信息和店铺荣誉等信息搜索成本进行了研究，发现当消费者网络搜索成本提高时，消费者对产品价格和产品信息的搜索会减少，但是对店铺信誉的搜索并没有明显的变化，并指出与网络渠道销售商品的价格和产品信息相比，店铺的信誉度对消费者购买决策的影响更大。进一步地，针对网络渠道邮寄成本，Forman 等(2009)对亚马逊网站以及当地一家实体零售商的销售数据进行了实证分析，发现网络渠道邮寄成本对消费者的购买决策会产生重要的影响。Kacen 等(2013)对 224 个消费者的购买行为进行了分析，发现网上商店的主要劣势包括有运费和手续费、退款复杂、缺乏快乐的购物体验、无法与销售人员面对面交流、售后服务难以保证，以及获得正确产品的不确定性等，而网上商店则通过提供更多种类的产品以及快速浏览、搜索服务来弥补上述劣势。Akbar 和 James(2013)通过实证研究，探讨了影响消费者网购的九个主要因素，指出这九个因素对消费者网购接受程度的影响从大到小分别为价格、退款、便利性、拍卖网站、安全性、品牌、搜索引擎、促销和网上商城。以上研究大多基于顾客对多渠道中某一渠道的偏好进行研究，较少考虑顾客的跨渠道购买偏好行为。Gupta 等(2004)探讨了消费者产品购买决策和渠道转移倾向之间的关系，指出对于某些产品(如图书、机票、酒和音像产品等)，消费者倾向于从线下渠道转向线上渠道购买的比例超过 50%，且对于不同类别的产品，渠道风险、价格、评价、等待时间等因素对消费者的购买和渠道转移决策产生的影响程度不同。Chatterjee(2010)从消费者角度，对顾客的跨渠道行为进行了实证研究，指出相对于仅提供相互独立的多种渠道模式的零售商，顾客更喜欢提供跨渠道服务的零售商，跨渠道服务的零售商能够获得更多利润。汪旭辉等(2013)通过分析四种协同营销策略，指出营销协同是实现多渠道的关键所在，也是苏宁在市场竞争中赢得优势地位的重要原因。刘海龙(2016)和殷加娜(2017)采用案例分析法，分别对苏宁和国美的线上线下同品同价战略以及产品低价策略进行了分析，并提出了缓解渠道冲突的策略。

1.2.2 双渠道供应链“搭便车”行为研究

由于实体销售渠道和网络销售渠道的性质和特点存在很大差异，双渠道环境下出现了一种新的购物现象，即消费者“搭便车”现象。随着双渠道供应链管理理论研究的逐步深入，越来越多的学者开始关注并探讨“搭便车”行为对双渠道供应链产生的影响。其中，大多数学者基于“搭便车”行为的消极影响进行研究，指出“搭便车”行为会挫败传统渠道零售商的服务动机，降低其渠道服务水平，最终导致制造商利润减少，并在此基础上提出了一些预防或者避免“搭便车”行为的对策，但大部分研究属于实证方面的定性研究，定量研究很少。近几年，有部分学者开始转变研究视角，逐步从定性研究走向定量研究，同时也开始关注“搭便车”行为可能产生的积极影响，指出在某些情况下，“搭便车”行为能够对多渠道企业产生正向作用，提高多渠道企业的利润。此外，以往的研究多是探讨传统渠道零售商与双渠道制造商之间或者传统渠道零售商与网络渠道零售商之间的“搭便车”行为，很少讨论当一个零售商拥有双渠道时，“搭便车”行为对零售商渠道运作策略的影响。

在双渠道环境下，消费者在零售商实体店免费享受服务(如销售人员对产品的介绍、产品功能演示、消费者对产品的亲自体验等)，解决自身需求和产品匹配的不确定性，最终却转移到网络渠道完成购买，该消费者在产品的购买过程中就发生了“搭便车”行为。Huang 等(2009)进行实证研究后指出，随着网络技术的快速发展，消费者“搭便车”行为越来越普遍，比例在逐年升高。

Telser(1960)被认为是最早研究“搭便车”行为的学者，他对“搭便车”行为做了界定，指出消费者在提供服务的商家那里享受服务解决自身需求和产品匹配问题后，却转移到没有提供服务但价格较低的商家那里完成购买的行为就是“搭便车”行为，“搭便车”行为会降低服务提供商的服务动机。之后，Dulleck 和 Kersehbamer(2009)进一步对消费者“搭便车”行为做了界定，指出当消费者从提供全方位服务的零售商那里免费获得了信息和服务之后，没有在该零售商处购买，却转移到另外的“部分服务”零售商处购买产品，且该“部分服务”零售商的有限的服务无法解决消费者需求和产品匹配的问题，那么消费者的这种行为也称为“搭便车”行为。更多有关“搭便车”行为的定义见 Cady (1982)、Gerstner 和 Holthasen(1986)、Fabrieant(1990)、Devlin-Foltz和 Lim (2008)、Kucuk 和 Maddux(2010)等的研究。

基于“搭便车”行为对供应链的消极效应，Singley 和 Williams(1995)研究指出，不同渠道间的价格差异是导致消费者“搭便车”行为的重要因素之一。Mittelstaedt(1986)和 Antia 等(2004)研究指出，消费者“搭便车”行为的发生，削弱了零售商的服务动机，导致零售商提供的销售服务级别降低，消费者市场需求下降。Carlton 和 Chevalier(2001)在实证研究后指出，消费者“搭便车”行为损害了零售商的利润，当制造商通过实体渠道零售商及自身网络渠道销售产品时，可以通过对网络渠道与零售商实体渠道的产品进行差异化处理分摊零售商一部分服务成本，以及提高网络渠道产品销售价格等方式来缓和渠道冲突。Baal 和 Dach(2005)从渠道忠诚角度对消费者“搭便车”行为进行了研究，指出零售商注重与消费者建立良好的关系，增强消费者对自身渠道的忠诚度，可以有效减弱消费者“搭便车”行为的发生。Dan 等(2014)分别以制造商和零售商组成的单渠道和双渠道供应链为研究框架，探讨在服务竞争和双向“搭便车”行为下双渠道供应链的运作策略，指出当制造商引入网络直销渠道时，零售商会通过提高自身渠道服务水平来提升渠道竞争力，而制造商会根据不同的市场条件来决定是提高还是降低网络渠道服务水平。类似地，Liu 等(2014)探讨了渠道公平和“搭便车”行为对双渠道供应链各主体定价策略的影响。Bomsel(2014)针对奢侈产品，利用产业经济学工具分析了电子商务市场的“搭便车”行为。周建亭和赵瑞娟(2016)、李建斌等(2016)、浦徐进等(2016)在消费者“搭便车”行为下，进一步研究了双渠道供应链的最优定价和服务策略。在随机需求环境下，周义廷和刘丽文(2017)分别研究了两步定价合同和收益共享合同对供应链的协调效果，并指出在两步定价合同中，零售商可以利用补偿值来激励制造商涨价，以减少“搭便车”顾客数，而在收益共享合同中，零售商可以获得更低的批发价优惠。

基于“搭便车”行为对供应链的积极效应，Wu 等(2004)将消费者分为两种类型，即购物者和非购物者。其中，购物者非常享受购物过程，喜欢从各个渠道对所需产品进行全方位的比较，最终选择能使自身效用最大化的渠道来完成购买，这类消费者也最容易发生“搭便车”行为；而非购物者在购物过程中则显得比较被动，他们往往需要通过商家提供的售前服务信息来对产品进行评估，然后做出购买决策，如果商家为了避免“搭便车”行为的发生而不提供优质服务，这类消费者需求可能会流失。通过建模研究，他们发现，正因为有第二类消费者的存在，即使消费者存在“搭便车”行为，零售商仍然可能从自身提供的产品售前服务中获益，实现利润最大化。同样地，Burns(2010)研究指出，市场中部分消费者与市场有良好的互动，他们往往就是“搭便车”行为的主要群体，但市场中也存在另外一部分消费者，他们不喜欢或者不擅长与市场互动，往往不会“搭便车”。针对第二类消费者，服务提供零售商应该提供更高级别的服务，从而提高产品销售量和利润。Shin(2007)探讨了当市场中存在“搭便车”行为时，两家传统意义上的零售商之间的价格竞争问题，指出在某些特定情况下，“搭便车”行为可以有效缓和提供信息服务的零售商与“搭便车”零售商之间激烈的价格竞争(head - to - head price competition)，使两类零售商利润均增大。Bernstein 等(2009)从制造商网络渠道信息服务的角度，探讨消费者网络渠道信息服务“搭便车”行为对制造商需求和利润的影响，指出制造商通过开辟网络直销渠道，可以有效吸引消费者的注意，同时为消费者提供更多的产品信息，建立消费者品牌忠诚度。制造商有意让消费者免费“搭乘”网络渠道信息服务的“便车”，并转到其零售商处购买产品，可能会进一步提高产品市场需求量，从而提高自身利润。类似地，郭亚军和赵礼强(2008)研究指出，消费者对制造商网络渠道的信息服务的“搭便车”行为对传统渠道和制造商均会产生积极影响。当网络渠道上的部分产品拥有较高的用户评价时，会激发出一些本来没有购买需求的消费者的购买欲望，同时，如果网络渠道购物存在风险或者购物成本较高(如消费者需要自己承担运费等)，消费者会转到传统渠道购买产品。此时，尽管网络渠道没有需求发生，但传统渠道需求增大，市场总需求也扩大了，最终制造商的利润也会增加。Zhou 等(2018)分别基于“线上线下同价”和“线上线下不同价”两种价格模式，研究了“搭便车”行为下服务成本分摊契约对供应链的协调效果。

1.2.3 双渠道供应链运作策略研究

双渠道供应链运作策略是近年来供应链运作管理领域的一个研究热点。目前，这方面的研究主要集中在以下五个方面：①基于市场营销视角的定价/服务策略研究；②运作管理层面的订货/库存策略研究；③市场营销层面或运作管理层面的分销渠道选择策略研究；④双渠道供应链其他运作策略研究；⑤资金约束下双渠道供应链融资策略。

1.2.3.1 双渠道供应链定价/服务策略研究

目前，有关双渠道供应链定价/服务策略的文献主要是针对双层双渠道供应链模式，即制造商拥有双渠道——自身网络直销渠道与传统零售商渠道竞争。近年来，随着经济的迅速发展，很多大型零售商崛起，并且开始通过双渠道模式销售产品。越来越多的学者开始关注零售商双渠道销售模式，但主要是基于单层零售商的双渠道运作策略，不考虑上游制造商。现有的文献可以分为两类，即针对单层双渠道供应链定价/服务策略的研究和针对双层双渠道供应链定价/服务策略的研究。

(1)有关单层双渠道供应链定价/服务策略的研究。这类文献通常只考虑单一零售商在传统零售店的基础上增加网络直销渠道，从而形成鼠标加水泥(Click-and-Mortar)的渠道结构形式。这种形式最主要的特点是不考虑上游制造商的影响，将批发价格视为外生变量。因零售商双渠道销售现象出现相对较晚，目前这方面的研究较少。Brynjolfsson 和 Smith(2000)针对供应链中两个渠道之间的定价竞争问题，对 15 个月内网络上销售的书籍和 CD 产品数据进行了统计分析，发现网络渠道价格变动相对频繁，且商品在网络渠道上的销售价格一般会比在实体零售渠道低 9%~16%，网络渠道零售商比实体渠道零售商更容易占据价格方面的主动和优势。进一步地，Ancarani 和 Shankar(2004)通过实证研究指出，如果考虑物流成本，多渠道零售商设置的产品价格会比纯网络零售商高。有些学者基于理论模型进行了研究。Cattani 等(2003)运用消费者效用模型(消费者的效用受产品销售价格、渠道距离影响)，针对以下四种不同的定价策略，研究了零售商增加网络直销渠道时其新渠道的自治度和定价决策，并进一步探讨了成本和顾客附着性对渠道策略的影响：①保持零售渠道价格不变；②最大化网络渠道的利润或最大化两个渠道的利润；③保持零售价格与网络价格相同；④不限制价格。Yan(2008，2010)分别基于消费者效用模型和形式化(styhzed)需求模型，探讨了在不同渠道博弈结构下，双渠道零售商的最优定价策略。Huang 和 Swaminathan(2009)基于形式化的需求函数，研究了双渠道供应链的渠道定价策略，指出相对于单一的渠道销售模式，网络渠道的引入对企业来说并非始终是有害的，并进一步指出，在单层多渠道供应链销售模式中，采用混合渠道销售的零售企业比采用单一渠道销售的零售企业能获得更高的定价优势。牛志勇等(2017)基于公平偏好行为视角，分析了多渠道零售商线上线下同价策略选择和运作问题。

(2)有关双层双渠道供应链定价/服务策略的研究。这类文献通常针对由单一制造商和单一零售商组成的供应链系统，其中，制造商一方面通过传统零售商分销产品，另一方面又通过自身网络直销渠道分销产品。学者们运用博弈论方法分析制造商和零售商在不同博弈结构下渠道的定价/服务策略。Cattani 等(2006)针对一个制造商和一个零售商组成的供应链系统，研究当制造商引入网络直销渠道时，其网络渠道与实体零售商之间的渠道冲突问题，指出当制造商运用双渠道价格一致策略时，零售商和消费者都接受这个策略，缓和了渠道冲突。他们还指出，当制造商网络直销渠道的方便性和效用不断增大时，制造商可能会取消传统零售商渠道。进一步地，Moon 等(2010)在 Cattani 等(2006)的基础上研究了双渠道制造商的动态库存和定价策略，指出消费者的行为会对渠道利润产生重要影响，当消费者对制造商网络直销渠道的接受程度不断增大时，双渠道间的冲突会更加激烈，两个渠道的利润都会减少。在不同的渠道销售模式和博弈结构下，多渠道供应链的运作策略会发生变化。Park 和 Keh(2003)基于线性需求函数，分别针对三种不同的渠道销售模式(单一直销渠道、单一零售渠道和混合渠道销售模式)，研究了不同渠道销售模式下供应链各主体的定价博弈均衡，并详细讨论了在混合渠道销售模式下制造商和零售商分别作为 Stackelberg(斯塔克尔伯格)领导者时的渠道定价策略。他们通过对不同渠道销售模式下各主体的利润进行比较分析发现，单一零售渠道销售模式下零售商的利润总是优于混合渠道模式下的利润，而制造商的利润恰好相反。在 Stackelberg 和 Bertrand(伯特兰德)两种不同的博弈结构①下，Yao 和 Liu(2005)分别探讨了双渠道制造商和传统渠道零售商的最优渠道定价策略，并给出了两种不同博弈结构下的均衡价格。他们指出，制造商在批发价格上为零售商提供优惠，可以促进零售商对制造商网络直销渠道的接受程度，缓和渠道冲突。与上述研究方法不同，Fruchter 和 Tapiero(2005)运用 Stackelberg 微分博弈方法，探讨了供应商的双渠道定价策略，指出供应商的最优渠道定价策略是在两个渠道实行一致定价。当零售商可以开辟二级市场时，Chen 等(2013)研究指出，在分散双渠道模式下，零售商二级市场的开辟对制造商和零售商的定价策略基本没有影响，但在一体化模式下，影响十分明显，并进一步指出，零售商二级市场的开辟，有利于零售商利润、制造商利润及供应链总利润的增加。Hsiao 和 Chen(2014)考虑了当供应链中制造商与零售商都可以引入网络零售渠道时，供应链渠道销售模式和定价策略。研究发现：当网络购物者能给制造商带来较高的盈利时，制造商会选择自己的网络渠道销售；当网络购物者相对不重要时，制造商会通过零售商渠道完成销售，实现销售渠道分离。Li 等(2015)从消费者行为角度探讨了双渠道供应链的定价策略，指出消费者的购买决策主要受双渠道产品价格、消费者对不同渠道的忠诚度和消费者决策过程的理性程度等因素影响。研究发现，制造商偏爱完全理性的消费者，而零售商更偏爱非完全理性的消费者。赵静和朱昆(2018)探讨了制造商和零售商同时开辟在线渠道时供应链的最优定价策略问题。然而，上述研究并未考虑到双渠道供应链成员的风险偏好问题。Li 等(2014)针对一个由风险中性的制造商和风险厌恶型零售商组成的双渠道

① 在伯特兰德博弈中，竞争厂商在市场上的地位是平等的，它们的决策是同时的。在斯塔克尔伯格博弈中，竞争厂商中，一个是实力雄厚的领导者，一个是实力相对较弱的追随者，通常是实力较弱的追随者企业在观察到实力雄厚的领导者企业的决策行为后，再确定自己的对策。

供应链，探讨了随机需求下制造商和零售商的最优定价策略。研究发现，当需求服从均匀分布时，存在一个纳什均衡价格，且零售商最优定价会随其风险厌恶程度的增加而降低。随着零售商风险厌恶程度的增加，在不同的相关参数下，制造商利润始终减少或者先增加后减少。仲晓密(2017)研究指出，多渠道零售商健康发展依赖渠道间的协同与差异化定价策略。陈卫华等(2017)、Li 和 Jiang(2019)则认为，企业成员是否应该采用差异化定价与企业的风险态度和敏感度密切相关。孙书省等(2019)进一步研究指出，供应链是否采用线上线下差异化定价策略与制造商权力结构紧密相关。

在双渠道供应链服务策略方面，传统渠道零售商的促销努力服务和网络渠道的物流邮寄服务(邮寄提前期)是实体渠道与网络渠道最主要的差别，也是各渠道提高自身竞争优势的努力方向。针对实体渠道促销努力服务，Rohm 和 Swaminathan(2004)通过实证研究表明，实体渠道的促销服务在很大程度上影响着消费者对渠道的选择。因此，不断完善实体渠道服务能够吸引更多的消费者需求，提高渠道利润。基于理论模型分析，Dumrongsiri 等(2008)从消费者效用角度，考虑价格与服务这两大因素并构建消费者效用模型，研究了双渠道供应链的均衡价格和服务问题。Yan 和 Pei(2009)从制造商角度研究了双渠道供应链中传统渠道零售商服务策略，指出制造商通过引入网络渠道可以激励零售商提高其实体渠道服务水平，提高供应链运作效率。Dan 等(2012)运用两阶段最优技术，分别研究了一体化决策和分散决策模式下双渠道供应链最优定价和服务策略，指出零售商的服务水平策略对制造商和零售商的定价策略均会产生重要影响。Xu 等(2013，2015)基于产品价格对比服务，研究了双渠道供应链的最优定价策略。针对网络渠道物流邮寄服务(邮寄提前期)，Gupta 等(2004)通过实证研究指出，网络渠道邮寄时间对消费者网络渠道选择和购买行为起着十分重要的作用。针对产品配送服务，Xing 等(2006，2010)研究了多渠道零售商和纯网络零售商物流配送服务策略，指出相对多渠道零售商，纯网络渠道零售商能够提供更好的物流配送服务，因为他们的渠道更加专一，配备的装备更加先进，能够提供更好的订货跟踪服务。当零售商实体渠道与制造商网络渠道价格一致时，Chen 等(2008)研究给出了制造商最优邮寄时间策略。进一步地，在分散和一体化双渠道供应链结构下，Hua 等(2010)通过建模研究，给出了制造商最优的定价和邮寄时间策略。Xu 等(2012)、Xiao 等(2014)综合考虑了制造商销售渠道模式选择以及在不同模式下供应链的最优渠道定价和邮寄时间策略(当制造商选择网络渠道销售时)。Saha 等(2018)在竞争和非竞争两种不同环境下，基于价格和交付时间双重敏感性的多渠道供应链，探讨了供应链成员的最优定价和邮寄时间策略。

1.2.3.2 双渠道供应链订货/库存策略研究

早期关于双渠道供应链的研究主要是基于营销学视角，对双渠道供应链的定价/服务等策略进行研究。随着对双渠道供应链研究的不断深入，越来越多的学者开始从运作管理层面对双渠道供应链的订货/库存策略展开研究，并取得了较丰富的研究成果。代表性的研究主要包括：Zhao 和 Cao(2004)针对一个网络销售零售商(e-tailer)构建了两周期库存模型，讨论在两种不同的库存策略(零库存和正库存)下，网络零售商的最优定价策略和利润。研究发现，网络零售商持有一定库存时的定价会高于零库存时的定价，且这两者之间的差价会随着网络零售商市场份额的增大逐渐缩小。Boyaci(2005)针对制造商和零售商组成的双层双渠道供应链系统，研究了当渠道产品具有替代性时制造商和零售商各自的最优库存决策，并进一步探讨了制造商与零售商间纵向竞争(双重边际效应)和横向竞争(产品替代性)对供应链渠道运作效率的影响。Chiang 和 Monahan(2005)针对一个双渠道制造商和一个传统零售商组成的供应链系统(制造商和零售商各自持有库存，且网络渠道需求由制造商自有库存满足，零售商渠道需求由零售商自有库存满足)，对双渠道供应链各主体的最优订货和库存策略进行研究，并与单一渠道结构进行了对比分析，发现在大多数情况下，双渠道结构系统是最优的。雷延军和李向阳(2007)将顾客分为两种类型，一类是偏爱通过实体渠道购买的顾客，另一类是偏爱通过网络渠道购买的顾客，研究在随机需求下，当任何一个渠道缺货，消费者以一定概率转移到另外一个渠道完成购买时，持有库存的双渠道制造商和实体零售商各自的最优库存策略。夏海洋和黄培清(2007)在需求不确定情形下，针对以下两种库存运作模式，对制造商和零售商的最优库存策略进行研究：制造商和零售商均持有库存，并且各自满足自身渠道消费者需求；仅零售商持有库存，制造商网络渠道和零售商实体渠道需求均由零售商持有的库存来满足。Yao 等(2009)基于制造商视角，探讨三种不同库存策略(集中式策略、Stackelberg 策略、网络销售渠道外包策略)下制造商的最优库存决策，并指出在不同的市场情形下，制造商会选择不同的库存策略来使自身利润最大化。针对随机市场需求下的易逝品双渠道供应链系统，侯琳琳等(2009)研究了传统渠道和直销渠道间的库存竞争问题，指出双渠道库存竞争存在唯一的纳什均衡，并分析了产品批发价格和渠道间替代性对库存竞争的影响。Mahar 等(2009)从成本节约角度，研究了网络渠道需求和库存位置布局对双渠道企业的影响，系统仿真结果表明，相比最优静态策略，双渠道企业动态配送能力的设计能削减 8.2%的系统成本。Takahashi 等(2011)在融入生产启动成本和交付成本情形下，提出一种新的双渠道供应链库存控制策略，并基于马尔可夫分析证明了所提供新的库存控制策略的有效性。Huang 等(2012)针对双渠道制造商和零售商组成的供应链，在一体化模式和分散决策模式下，分别探讨了制造商的最优库存生产策略，指出在需求随机情形下，制造商最优库存生产量具有一定的鲁棒性。Ryan 等(2013)基于报童模型框架，研究了双渠道供应链的定价和订货决策。Zhang 和 Wang(2014)针对一个拥有双渠道网络结构(补货中心和多供应商)的电子零售商，分别在确定性需求和不确定需求情形下，研究了电子零售商双渠道的最优订货策略。上述研究并未考虑供应链成员的风险偏好问题。Yang 等(2014)针对一个风险中性的供应商和一个风险厌恶型制造商组成的双渠道供应链，设计了一个两阶段最优订货模型，探讨了制造商的最优订货策略。研究结果显示，双渠道两阶段订货策略能够有效提高供应商和制造商的利润。徐琪和高晓晴(2020)针对两个独立且对称的双渠道零售商，研究了共享库存下零售商的最优订购与转运价格决策。

以上研究均没有考虑制造商的产能约束问题，但在现实中，很多时候制造商无法满足下游企业的所有订单要求，从而会出现制造商产能约束问题，尤其是销售旺季的一些季节性产品。Geng 和 Mallik(2007)探讨了多渠道供应链中，当制造商面临产能约束时，供应链的库存竞争和分配问题。有意思的是，研究发现，即使在制造商产能没有被完全利用的情况下，制造商也有可能拒绝零售商的库存要求。Bendoly 等(2007)考虑了带中心仓库的双渠道库存分配问题，研究了当制造商持有库存不足时，其网络渠道订单的库存分配策略(由制造商自身持有库存供应还是中心仓库供应)，构建了含有服务水平约束的库存成本模型。研究发现，制造商库存分配策略的选择是由其网络渠道需求水平决定的。李怡娜和徐学军(2010)针对双渠道供应链中短生命周期产品，探讨了当制造商生产能力存在约束情形时供应链库存的协作问题，指出双渠道采用缺货转运策略能够有效缓解短生命周期产品的供需不匹配问题。此外，现实中常常会出现制造商生产发生中断及零售商订货资金不足等情况。Huang 等(2013)针对一体化和分散决策双渠道供应链，研究了当制造商生产发生中断时，制造商定价和生产决策的变化。研究指出，制造商生产成本发生偏差时，原来的生产计划具有一定的鲁棒性，只有当生产成本偏差超过一定的阈值时，制造商才会改变原来的生产计划。

1.2.3.3　供应链分销渠道选择策略研究

供应链分销渠道选择策略是指供应链中制造商根据市场环境及自身条件，决策是采取混合销售渠道，还是仅采用单一传统零售商渠道或者自身网络直销渠道。当制造商采用混合渠道时，制造商和零售商之间不仅存在纵向竞争，还存在各种形式的横向竞争。Tsay 和 Agrawal(2001)研究指出，越来越多的消费者存在这样一种购物趋势：从一个渠道获取产品的相关信息，而购买活动却在另外一个渠道完成。因此，制造商必须做出自身分销渠道选择决策，即是通过双渠道分销产品，还是仅通过独立经营的分销商或者自身直销渠道销售产品。在电子商务环境下，分销渠道选择与管理是双渠道供应链中企业的重大决策之一。目前，有关企业渠道选择的研究文献较多。代表性的文献包括：Rhee 和 Park(2000)将市场中的消费者分为两种类型——价格敏感型和服务敏感型，并站在制造商的角度，探讨了制造商的渠道设计和选择问题。研究指出，当消费者对服务的敏感性差异较小时，制造商引入网络渠道能获得更多利润。Kumar 和 Ruan(2002)将市场中的消费者分为另外两种类型——零售商店忠诚者和制造商品牌忠诚者，研究当零售商同时持有制造商的品牌产品和另外一种替代品牌产品时，制造商的渠道销售模式选择问题。研究指出，制造商直销渠道的引入不仅能为其自身带来更多利润，零售商也可能从中获益。Wolfinbarger(2001)收集了 42 家公司的实际数据，通过实证分析得出结论：相对于传统分销渠道，企业双渠道销售模式能更有效地提高企业的渠道销售效率，扩大产品市场占有率。Kumar 和 Ruan(2006)对两个供应商和一个零售商组成的两层供应链系统(其中一个供应商决策是否在原有零售商分销渠道基础上增加自身网络直销渠道，而另外一个供应商不做任何决策，只是负责生产零售商的自有品牌产品)进行了研究。研究结果表明，供应商是否开辟网络直销渠道受零售商对其供应产品支持力度的影响，且当顾客对不同品牌的价格差异灵敏性很高时，供应商会选择放弃对网络直销渠道的引入。尽管如此，Chiang 等(2003)探讨了当顾客对网络直销渠道接受程度存在差异时，供应商的网络直销渠道选择策略。研究发现，网络直销渠道可以作为供应商协调供应链的一种战略手段，引入网络直销渠道后，零售商渠道产品价格会下降。此时，尽管供应商网络渠道没有需求，但供应商和零售商的利润均会提高。在不同的市场条件下，Liu 和 Zhang(2006)、Arya 等(2007)、Xu 等(2012)也得到与 Chiang 等(2003)类似的结论。Khouja 等(2010)针对制造商三种不同的渠道销售模式(纯网络直销渠道、制造商拥有的传统零售渠道和独立的零售渠道)，探讨了当制造商可以任意组合渠道销售模式时，其渠道销售模式选择和定价策略。上述研究没有考虑当存在多企业横向竞争时供应商的网络直销渠道选择策略。Hendershott 和 Zhang(2006)从产业组织的角度，针对一个制造商和多个零售商组成的供应链系统(制造商可以通过自身网络直销渠道和多个零售商渠道分销产品)，探讨了供应商的最优渠道选择策略。研究发现，当零售商提供的产品折扣较高而制造商的交易和退货成本也较高时，制造商将选择仅通过零售商分销产品；否则，制造商将开辟网络直销渠道，通过混合渠道销售产品。然而，上述研究并未考虑企业所面临的外部环境和内部环境的不确定性。Kabadayi(2008)通过实证研究指出，当企业面对的外部环境和内部环境不确定性很高时，企业的最优渠道决策方案是在原有渠道基础上增加直销渠道，反之，则在原有渠道基础上增加非直销渠道。Chun 等(2011)从消费者异质性和零售服务的角度，研究了制造商渠道选择策略问题。聂佳佳和石纯来(2016)将上述研究拓展到零售商持股制造商情形，研究了制造商网络直销渠道开辟策略。何丽红等(2018)将上述研究进一步拓展到零售商和制造商交叉持股情形，分析制造商网络直销渠道开辟策略的变化。

随着国美、苏宁、沃尔玛等大型零售商的崛起，零售商在供应链中的地位越来越重要，在供应链中拥有越来越大的权力。浦徐进等(2003)分析了双渠道供应链中当零售商占主导地位时，制造商网络直销渠道的选择策略。研究指出，当消费者对网络渠道的接受程度较高时，制造商可以在有强势零售商的零售渠道引入网络直销渠道，并获得更多利润；反之，当消费者对网络渠道的接受程度相对较低时，制造商应该放弃引入自身网络渠道。Xiao 等(2014)针对一个环形空间市场，研究零售商为 Stackelberg 市场领导者时，制造商产品品种和渠道结构策略。为了缓和渠道冲突，制造商考虑通过传统零售商渠道销售标准产品，而通过网络直销渠道销售定制产品。研究结果表明，当制造商提供更多品种产品成本很高时，相对于制造商领导的 Stackelberg 博弈结构，在零售商为 Stackelberg 博弈领导者时，制造商更偏爱采用双渠道模式分销产品。

1.2.3.4 双渠道供应链其他运作策略研究

除了上述三个方面的研究，有些学者对双渠道供应链中的其他运作策略也进行了研究。例如：在品牌策略方面，Raju 等(1995)研究了当供应链中零售商同时销售上游制造商品牌及自有品牌时，零售商的渠道品牌策略。结果表明，当制造商品牌数量较少，而零售商自有品牌与制造商品牌之间的价格竞争很激烈时，零售商引入自有品牌对自身更有利，零售商自有品牌市场规模更大。Kurata 等(2007)基于形式化的需求函数，探讨了双渠道供应链中消费者品牌忠诚和商店忠诚对制造商和零售商品牌策略的影响。研究发现，相对于商店忠诚，品牌忠诚对制造商和零售商都更重要。Yan(2010)在三种不同的市场结构下，探讨了多渠道零售商的产品品牌策略。研究结果表明，在多渠道营销中，零售商最优的品牌策略是尽可能地提高产品差异性，最优的渠道市场结构是 Stackelberg 结构。Chen 等(2013)针对一个双渠道制造商和一个零售商组成的供应链系统(零售商不仅销售此制造商的品牌产品，也销售另外一个制造商的替代性产品)，探讨了供应链各主体的运作策略。研究结果表明，提高消费者品牌忠诚度对制造商和零售商都是有益的。在信息共享策略方面，Yao 等(2005)探讨了混合渠道供应链中信息共享对退货的影响问题，发现信息共享不仅对零售商有益，也会使制造商的利润增加。陈忠和艾兴政(2008)基于贝叶斯推断原理，探讨了市场规模、市场风险、信息预测能力等因素对双渠道供应链各主体信息共享策略的影响。Yan(2011)针对制造商和零售商组成的双渠道供应链，探讨当制造商与零售商都存有私有信息时供应链信息共享策略对各主体利润的影响。研究发现，信息共享对零售商利润没有显著影响，但对制造商总是有益，尤其是当产品与网络渠道的兼容性较高时。在广告策略方面，Pei 和 Yan(2013)研究了双渠道供应链中制造商的品牌广告策略，指出制造商网络渠道全国广告投入可以有效缓解渠道间的冲突，增加供应链各主体的渠道利润。他们进一步指出，当渠道间产品替代性增加时，制造商全国广告价值不断增大。邹清明和王玉川(2016)进一步研究了零售商风险偏好信息的双渠道供应链广告合作与定价决策。在产能分配策略方面，Zhou 和 Liu(2009)探讨了多渠道供应链中一个按订单生产的制造商的动态产能分配问题，指出在大多数情况下，制造商采用“先到先服务”的产能配给策略可以使供应链运作效率达到最优。实体零售商通常可以通过个性化定价阻止制造商网络渠道的进入和威胁，但在实际运作中，很多时候网络渠道和实体渠道的产品售价是相近的，甚至是一致的，因此，零售商也会运用其他策略来阻止制造商网络渠道的进入。例如，Guo 和 Liu(2008)对制造商网络渠道和零售商实体店铺的扩张策略进行研究后指出，零售商通常会采用只在某些地区销售产品的策略阻止制造商网络直销渠道的引入或扩张。当供应链中存在多种品类产品时，Rodriguez 和 Aydin(2015)基于库存成本视角，运用Nested-logit模型刻画消费者需求，探讨了双渠道制造商和零售商的定价和产品品类决策问题，其中制造商网络渠道和传统零售商均销售多种不同品类的产品。研究发现，制造商和零售商均喜欢销售需求变化较小品类的产品，当零售商销售的产品品类需求变化较大时，制造商会为零售商提供一个较低的批发价格。

1.2.3.5 资金约束下双渠道供应链融资策略

目前，关于双渠道供应链融资策略问题的研究相对较少。张小娟和王勇(2014)将上述研究拓展到双渠道供应链中，在确定性需求情形下，针对延期支付和银行借贷支付两种不同的融资模式，探讨了资金约束下零售商的最优融资和订货策略，并从系统决策角度指出，延期支付模式优于银行借贷支付模式。戢守峰等(2017)构建了零售商内部、外部、混合三种融资模式下双渠道供应链订货与定价决策模型，采用博弈论与两阶段优化技术得到三种融资模式下企业的最优订货与定价策略，并分析了消费者渠道偏好与不同融资模式对供应链订货与定价策略的影响。在随机需求环境下，吴云(2014)以及Fan 和 Zhou(2015)针对存在资金约束零售商的双渠道供应链，探讨了贸易信贷对企业定价和库存策略的影响。肖肖和骆建文(2016)将上述研究拓展到双渠道供应链中，基于确定性需求环境，研究了当双渠道制造商面临资金约束时，其预付款融资和银行借贷融资策略选择问题。李育净(2019)进一步探讨了当双渠道制造商存在资金约束时，上下游企业交叉持股对制造商提前付款融资及银行融资模式选择策略的影响。李新军和陈亭亭(2017)将上述研究拓展到随机需求环境，研究了资金约束的双渠道供应商预付款融资和银行借贷融资选择策略，并分析了各主体风险厌恶程度对供应链定价决策的影响。

1.2.4 双渠道供应链冲突协调研究

目前，有关单渠道供应链协调问题的研究已经很深入，主要是通过供应链契约设计来有效协调上游制造商和下游零售商的关系，实现各主体及供应链总利润的增加，并且在实践中得到了较好的应用。但是，在双渠道环境下，不同渠道作为相对独立的决策主体，其目标利益往往是不一致的，尤其是当上下游企业都采用双渠道销售时，企业不同渠道间的纵向和横向冲突会变得更加激烈。因此，在双渠道环境下，如何协调供应链中不同企业间的关系，缓和渠道冲突成为很多企业十分关心的问题。一些学者也对此进行了初步的研究，并得到一些有意义的结论。批发价契约最为简单，在现实中也最容易操作和执行。Rhee(2001)针对制造商和零售商组成的供应链系统(制造商一方面通过传统零售商销售产品，另一方面开辟自身网络直销渠道分销产品)，研究了批发价契约对双渠道间冲突的协调效果，发现制造商通过批发价契约的设计(批发价格下降)，可以有效缓解渠道冲突，安抚受到自身网络渠道威胁的零售商，但是此时制造商的利润会下降。Tsay 和 Agrawal(2001)研究发现，制造商批发价契约的设计能够有效提高双渠道供应链系统的整体效率，尤其在定价是基于经销商销售努力制定的情况下。Chen 等(2012)研究指出，批发价契约能够实现双渠道供应链协调，增加零售商利润，但是会损害制造商的利润。他们进一步指出，供应链可以采用在批发价契约基础上加上补充协议的方法，如两部收费制协议(two-parttariff agreement)或者收益共享协议(profit-sharing agreement)等，从而实现制造商和零售商的双赢，以及双渠道供应链的最优协调。Cao 等(2013)分别在成本信息对称和不对称情形下，研究了双渠道供应链最优批发价合同设计策略，并从供应链成员以及整个供应链系统角度分析了信息成本的价值。Webb 等(2002)针对多渠道冲突问题建立了六个假说，探讨不同因素对多渠道协调效果的影响程度。研究结果表明，相对于多渠道冲突强度，多渠道冲突的频率对多渠道协调效果产生的消极作用更大。针对上下游垄断供应链中不同渠道间的冲突问题，Park 和 Keh(2003)研究发现，运用数量折扣和二部定价策略可以有效协调多渠道制造商和传统零售商间的价格冲突。Boyaci(2005)针对制造商和零售商均持有库存的多渠道供应链，探讨了传统供应链协调契约在多渠道供应链中的协调效果。研究结果表明，大多数常见契约不能实现多渠道供应链的有效协调。因此，基于零售商渠道销售量，他们设计了一个便于现实企业操作的两部补偿委托协调契约(TPCC)，并取得了较好的协调效果。以惠普公司为背景，Seifert 等(2006)分析了如何运用契约来协调多渠道供应链中的渠道冲突。他们指出，一个基于合适零售价格、剩余库存补贴和转移支付的线性契约能够有效实现多渠道供应链协调。在国内，晏妮娜等(2007)针对双渠道供应链中价格—服务敏感的消费者，研究在两种不同协调方式(上下游企业节点间的协调和传统实体渠道与网络直销渠道间的协调)下，双渠道供应链的运作策略问题。谢庆华和黄培清(2007)针对混合渠道模式下的数量折扣机制，构建了 Stackelberg 数量折扣博弈模型，对多渠道供应链协调问题进行了探讨。研究发现，能够使混合渠道供应链达到协调的数量折扣有无穷多个，且实现协调后制造商和零售商的利润明显增大。Mukhopadhyay 等(2008)针对双渠道制造商和零售商组成的供应链系统，探讨了双渠道供应链定价决策和零售商实体店价值增值决策，并在信息不对称情形下，研究了双渠道供应链契约设计问题。Wei 等(2013)研究了随机需求下双渠道制造商的新型回购合同设计策略，指出在制造商新型回购合同下，随着零售商销售努力程度的提高，制造商和零售商利润均会增加，但当零售商销售努力程度过大时，零售商利润会减少。除了运用协调契约来实现多渠道供应链的协调，Yue 和 Liu(2006)还针对供应商和零售商组成的供应链系统，研究了当供应商和零售商同时对下游需求进行预测时，需求信息共享策略对供应链冲突的协调问题，并给出此情形下各主体的最优定价策略。Pu 等(2017)基于确定性需求环境，设计了服务成本分摊契约对供应链进行协调，并进一步通过数值分析指出，该契约在随机需求环境下仍然可以有效提升供应链运营绩效。

上述研究并未考虑到双渠道供应链中制造商的产能约束问题以及渠道各成员的风险偏好问题。Geng 和 Mallik(2007)研究了制造商存在产能约束时，制造商和零售商的博弈均衡策略，并设计了一个逆向收益共享契约对双渠道供应链进行协调。Xu 等(2014)运用均值-方差模型，探讨了风险厌恶程度对双渠道供应链协调契约设计的影响，并在此基础上设计了一个双向收益共享合同，实现了供应链各成员利润的增加，也使双渠道供应链达到有效协调。在不同的风险偏好和谈判能力下，Shang 和 Yang(2015)分别针对两层和三层双渠道供应链，研究了收益共享合同对双渠道供应链的协调效果。结果表明，不管在哪种情形下，风险偏好和谈判能力对收益共享合同的设计以及系统利润分配均会产生显著的影响，且一位成员的风险偏好或谈判能力可能对另外某一方有益。在随机需求环境下，Zhao 等(2015)基于资金流风险视角，探讨了贸易信贷对供应链的协调作用。Qin 等(2019)研究了贸易信贷契约对双渠道供应链的协调效果，指出制造商单独对贸易信贷期限进行设计难以有效协调供应链。

1.2.5 文献研究评述和问题提出

从上述国内外研究情况可以看出，目前关于双渠道供应链的研究主要从两个方面展开：一方面，从实证研究角度，对双渠道环境下实体/网络渠道特性，实体/网络渠道消费者的购买特征、偏好，以及消费者渠道选择行为进行实证分析，并取得了较丰富的研究成果，从而为理论模型的研究奠定了坚实的基础；另一方面，以上述实证研究为基础，从理论模型的角度，对双渠道环境下供应链各成员的渠道选择、运作及冲突协调策略进行研究，这也是学者们研究的热点和重点。然而，尽管现有关于双渠道供应链运作和协调机制的研究已取得较多成果，但是由于不同学者所针对的市场环境以及研究的视角不同，双渠道供应链运作和协调机制研究仍然存在很多不足，研究还不够深入，主要表现在以下四个方面：

(1)双渠道环境的一个很重要的特征是消费者“搭便车”行为较多，尽管现有研究对该行为进行了初步的探讨，但大多数研究是基于消费者效用视角推导出需求函数进行分析，且市场分布通常假设为均匀分布，考虑的决策变量为渠道价格和渠道信息服务。在现实生活中，对于不同性质、不同类别的商品，消费者“搭便车”行为的程度一般是不同的，且随着信息和网络支付技术的发展，该行为的程度也在不断变化。因此，探讨消费者“搭便车”行为程度不断变化时双渠道供应链运作和协调策略更符合市场发展要求，也是企业所面临的亟待解决的问题，而现有相关研究很少，只有少数几篇是实证方面的研究，模型研究基本没有。

(2)相关研究主要集中在分析制造商和零售商组成的双渠道供应链结构，在该结构中，制造商控制网络直销渠道并与传统零售商展开竞争。采用的模型通常为形式化的需求模型或消费者效用模型，采用博弈论分析方法，博弈结构通常为制造商领导的Stackelberg博弈，即制造商在供应链中占主导地位，首先以自身利润最大化为目标制定决策，而零售商为跟随者，观察到制造商决策后再制定自身决策。大多数文献考虑的决策变量为制造商的批发价格以及不同渠道的销售价格。然而在现实中，随着市场中零售商的崛起，零售商在供应链中的地位越来越重要，甚至成为供应链的核心和领导企业，也往往会开辟网络渠道。因此，针对双渠道制造商和双渠道零售商组成的混合渠道供应链结构，开展对零售商为市场领导者时的研究或者零售商与制造商地位均等时的研究也很重要，但目前这方面的研究还很少，也不够深入。

(3)除了双渠道销售模式，上游制造商也可以采用店中店模式进行销售。在产品研发方面，除了制造商独立研发，也可以采用制造商与零售商合作研发的模式。目前，关于制造商双渠道与店中店模式的选择策略及双渠道制造商研发模式选择策略的研究还很少，有待进一步深入。企业的决策主体是人，而人往往不是绝对理性的，通常具有各种行为偏好(过度自信、风险厌恶、公平偏好)，那么针对不同行为偏好下双渠道供应链运营决策变化的研究就更具理论和现实意义，而这方面的研究还很少，也有待深入。

(4)目前，大多数研究都假设供应链中的企业不存在资金约束。由研究背景可知，多数企业尤其是中小型企业经常会面临资金困境，这已成为其健康发展的瓶颈。因此，有必要针对资金约束下的双渠道供应链结构开展不同融资模式下企业运营决策问题的研究。

综上所述，本书将结合双渠道环境下企业的实际问题，运用供应链渠道管理理论、博弈论、最优化理论和系统仿真理论等，针对不同的市场环境及不同的渠道博弈结构，从营销和运作角度构建双渠道供应链竞争决策模型，探讨双渠道供应链各主体的运营决策和协调方法。这对于进一步推动和完善双渠道供应链管理理论的发展具有重要的理论价值，对于指导双渠道供应链管理实践也具有重要的现实意义。

1.3 研究思路和研究内容

1.3.1 研究思路

在双渠道环境下，消费者存在到实体渠道免费体验服务但却转移到网络渠道完成购买的“搭便车”行为，且随着信息技术和网络支付技术的迅猛发展，“搭便车”行为越来越普遍。那么，当市场中的消费者“搭便车”行为不断增多时，双渠道供应链各主体的运作策略会发生怎样的变化，各主体的利润又会如何变化？在现实中，双渠道企业的销售模式发生了一些变化，即出现了“体验店+网络渠道销售”模式。那么，这种新兴的销售模式能否迎合消费者的需求呢？为什么不是所有企业都采用这种新兴的销售模式？在什么情况下可以采用这种销售模式，什么情况下不能采用？本书第 2 章至第 6 章针对存在“搭便车”行为的双渠道环境，考虑单层零售商的双渠道销售模式，探讨消费者“搭便车”行为下零售商双渠道在一体化模式和分散决策模式下各渠道的定价和服务策略，并分析消费者“搭便车”行为程度发生变化时，零售商双渠道销售模式的变化，以及渠道定价和服务策略的变化。进一步地，将上述单层双渠道供应链结构拓展到双层供应链结构，探讨当双渠道制造商通过提供服务成本补贴合同来缓和“搭便车”行为对零售商实体渠道服务的消极影响时，双渠道供应链各主体的运作策略。本书还探讨了不同环境下制造商对双渠道和店中店两种常见销售模式的选择策略、制造商对不同研发模式的选择策略等问题，并分析了企业行为偏好(过度自信、风险厌恶、公平偏好)等因素对供应链各主体运营决策的影响。本书第 7 章至第 12 章以资金约束的双渠道供应链为研究对象，分析上下游企业存在资金困境时其融资模式的选择策略，并进一步探讨了企业的风险偏好、公平偏好等行为特性对企业融资模式选择的影响。

1.3.2 研究内容

本书以双渠道供应链为研究对象，在借鉴前人研究成果的基础上，从营销和运作的角度对双渠道供应链企业的渠道销售模式选择和运营决策进行研究。在结构上：一方面，在纵向上不断深入，即从单层双渠道扩展到双层双渠道；另一方面，在横向上不断扩展，即从简单双渠道扩展到混合双渠道。在内容上，从无资金约束下双渠道供应链的运营决策问题扩展到了资金约束下双渠道供应链的运营决策问题。具体内容安排如下：

第 1 章绪论，对本书的研究背景及意义进行了综述，并在此基础上详细介绍目前双渠道供应链管理领域的研究现状，指出现有研究的不足，进而阐述本书的研究思路和研究内容，以及研究特色和创新，搭建本书的逻辑框架。

第 2 章至第 6 章，从微观角度探讨无资金约束下双渠道供应链的运营决策问题。第 2 章针对零售商的单层双渠道供应链结构，基于形式化需求函数模型，研究当市场中消费者存在“搭便车”行为时，零售商双渠道在一体化决策与分散决策情形下的渠道销售模式选择和运作策略。第 3 章将上述供应链结构扩展到双层双渠道供应链，研究“搭便车”行为下制造商服务成本分摊合同设计策略，以及此时制造商和零售商的渠道销售模式选择和运作策略。第4章进一步考虑当制造商和零售商同时采用双渠道销售模式（双层混合渠道供应链结构）时，双渠道制造商和提供服务的双渠道零售商的定价和服务策略。第5章首先构建了制造商通过双渠道模式和店中店模式销售两种替代性产品的供应链决策模型，分析和比较了双渠道模式与店中店模式对供应链成员的最优定价策略、需求和利润的影响，探讨了制造商对两种销售模式的选择策略；其次构建了制造商独立对产品进行研发以及制造商与零售商合作研发的供应链决策模型，研究在上述两种研发模式下，制造商和零售商的最优运作策略和利润的变化，以及在不同市场条件下，制造商研发模式选择策略的变化。第6章探讨企业存在不同行为偏好（过度自信、风险厌恶、公平偏好）时，各行为因素对双渠道供应链运营策略的影响。

第7章至第12章，从微观角度探讨了存在资金约束时双渠道供应链的运营决策问题。第7章研究了制造商提供不同契约策略时，双渠道供应链各主体的最优运作策略和利润，并进一步分析了市场需求波动及零售商初始资金规模对供应链各主体运作策略和利润的影响。第8章构建了存在资金约束的零售商的替代性产品的双渠道供应链运作决策模型，并进一步分析和比较了在一体化、零售商无资金约束和零售商存在资金约束并通过延期支付形式进行融资三种情形下双渠道供应链成员的最优定价策略和利润。第9章基于一个生产规模不经济的双渠道制造商和一个存在资金约束的零售商组成的供应链系统，研究了延期支付与金融机构借贷两种不同融资模式下双渠道供应链的运作策略。第10章基于一个双渠道制造商和一个存在资金约束的双渠道零售商组成的双层混合渠道供应链系统，研究了两种不同融资模式（延期支付模式与金融机构借贷模式）下供应链各主体的最优运作策略和利润。第11章基于一个风险中性的双渠道制造商和一个存在资金约束的风险厌恶型零售商组成的供应链系统，研究了延期支付与金融机构借贷两种融资模式下双渠道供应链的最优运作策略。第12章针对公平偏好双渠道制造商存在的资金约束问题，构建了金融机构借贷融资与预付款融资两种模式下的供应链融资决策模型，分析了制造商公平偏好对供应链总利润及成员决策的影响。

第13章结论与展望，对本书的主要结论进行了归纳，阐述了本书研究的一些局限，并提出未来研究方向。

本书的技术路线如图1-1所示。

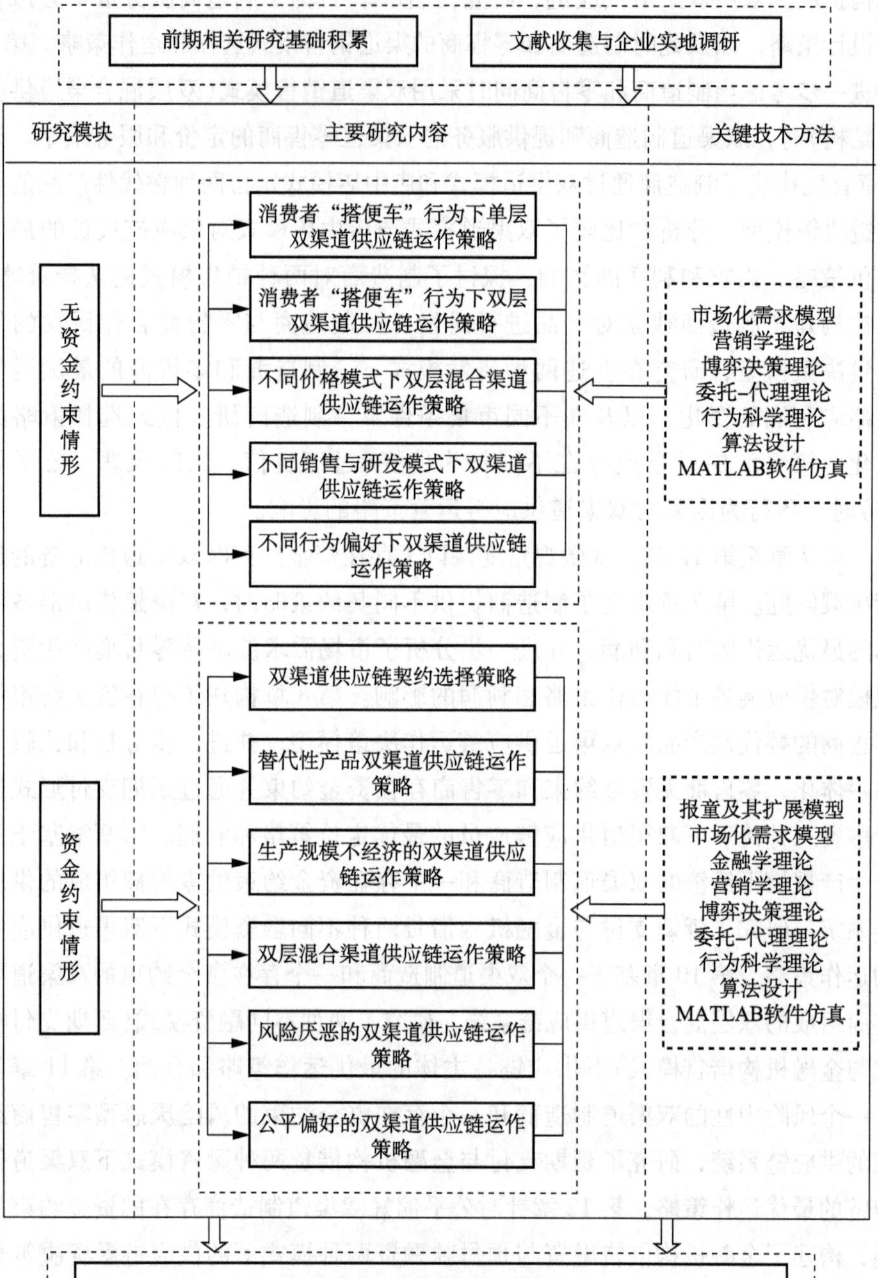
前期相关研究基础积累
文献收集与企业实地调研
研究模块
主要研究内容
关键技术方法
无资金约束情形
消费者“搭便车”行为下单层双渠道供应链运作策略
消费者“搭便车”行为下双层双渠道供应链运作策略
不同价格模式下双层混合渠道供应链运作策略
不同销售与研发模式下双渠道供应链运作策略
不同行为偏好下双渠道供应链运作策略
市场化需求模型
营销学理论
博弈决策理论
委托-代理理论
行为科学理论
算法设计
MATLAB软件仿真
资金约束情形
双渠道供应链契约选择策略
替代性产品双渠道供应链运作策略
生产规模不经济的双渠道供应链运作策略
双层混合渠道供应链运作策略
风险厌恶的双渠道供应链运作策略
公平偏好的双渠道供应链运作策略
报童及其扩展模型
市场化需求模型
金融学理论
营销学理论
博弈决策理论
委托-代理理论
行为科学理论
算法设计
MATLAB软件仿真
双渠道供应链运营决策研究

图 1.1　本书的技术路线

1.4 研究特色和创新

本书的研究特色和创新主要体现在以下四个方面：

(1)现有关于单层双渠道零售商的研究未考虑消费者“搭便车”行为强度对零售商双渠道销售模式选择和运作策略的影响。本书分别在零售商双渠道一体化决策和分散决策情形下，研究当消费者存在售前服务“搭便车”行为时，双渠道零售商渠道销售模式选择与运作策略，分析了消费者“搭便车”行为强度、不同渠道间的竞争强度、博弈次序、潜在市场规模等因素对双渠道零售商渠道销售模式选择及定价和服务策略的影响；将“搭便车”行为下双渠道供应链研究从单层双渠道供应链扩展到双层双渠道供应链环境，研究“搭便车”行为下双渠道制造商在“价格不一致”和“价格一致”两种价格模式下售前服务成本分摊合同的设计策略；分析消费者“搭便车”行为强度、服务成本因子、潜在市场规模等因素对双渠道制造商渠道销售模式选择以及契约设计策略的影响。

(2)将双层双渠道供应链研究进一步扩展到双层混合渠道供应链，考虑供应链中当制造商和零售商同时采用双渠道销售模式时，在不同博弈结构及价格模式下供应链各主体的渠道运作决策和利润，并分析不同渠道间的竞争强度、潜在市场规模等因素对双渠道制造商和双渠道零售商定价和服务增值策略的影响。

(3)构建了制造商分别通过双渠道模式及店中店模式销售两种替代性产品的供应链决策模型，以及制造商独立对产品进行研发、制造商与零售商合作研发的供应链决策模型，分析和比较了制造商对不同销售模式及研发模式的选择策略。进一步地，分别考虑企业存在不同行为偏好(过度自信、风险厌恶、公平偏好)时，各行为因素对双渠道供应链运营决策和利润的影响。

(4)将双渠道供应链研究环境拓展到资金约束情形，考虑当零售企业或制造企业存在资金约束时，企业银行借贷与内部贸易信贷或预付款融资模式的选择策略，给出不同情形下零售商(制造商)对各融资模式的选择偏好。研究结论为双渠道供应链中企业选择融资模式提供了理论指导与借鉴。

综上所述，本书在现有双渠道供应链运作决策和协调研究基础上，做了进一步的扩展。在供应链结构上，从单层双渠道扩展到双层双渠道(纵向)，从双层双渠道扩展到双层混合渠道供应链(横向)；在内容上，不仅考虑了无资金约束下双渠道供应链运营决策问题，也探讨了当上下游企业存在资金约束时双渠道供应链各主体的运营决策与融资策略问题。

第2章 消费者"搭便车"行为下单层双渠道供应链运作策略

随着电子商务技术的快速发展，越来越多的消费者开始选择在网上购物。Forrester Research 公司的研究报告指出，2018 年仅亚太地区的网上购物规模已达到 1.3 万亿美元。消费者网购比例的快速增长吸引了大量实体零售商开辟网络渠道销售，即采用双渠道销售模式销售产品，如国美、苏宁、沃尔玛等，都开始通过双渠道销售产品。在这些双渠道零售商中，有些零售商的双渠道是独立运作的，如国美与自身的网络渠道国美在线[①]、Barnes & Noble 和自身网络渠道 Barnesandnoble. com，它们的实体渠道和网络渠道分别独立决策自身的定价、库存、服务等策略。有些双渠道零售商是一体化运作的，如 Gap 和 Office Depot 等通过联合决策来制定双渠道的定价、库存和服务等策略。尽管实体零售商通过增加网络渠道销售，可以有效扩大产品市场规模，但由于双渠道间存在价格差异，往往会引发渠道冲突。因此，双渠道销售模式并不一定始终能为零售商带来更多利润，有时也会损害零售商的利润。

零售商通过双渠道模式销售产品时，实体渠道往往可以利用店面优势提供售前服务，如产品柜台展示、销售人员对产品信息的讲解、消费者对产品的售前体验等，从而有效促进产品的销售。但与此同时，可能会出现消费者到零售商实体店免费体验产品、了解产品信息，但最终却转移到网络渠道购买产品的现象，即消费者"搭便车"行为，且这种行为可能会削弱传统渠道提供服务的动机，进而减少传统渠道产品需求，最终导致双渠道零售商利润下降。随着信息技术的迅猛发展，消费者"搭便车"行为越来越普遍。

目前，虽然已有部分学者讨论了零售商双渠道定价和服务运作策略

① http：//www. gome. com. cn/consultation/1000229045. html.

(Chen，2008；Huang 等，2013)，以及消费者“搭便车”行为对双渠道零售商的影响(Shin，2007；Kucuk 等，2010)，但是消费者“搭便车”行为究竟是如何影响双渠道零售商渠道销售模式选择及渠道定价和服务运作策略的，尤其在不同的博弈结构下，当市场环境及消费者“搭便车”比例发生变化时双渠道零售商运作策略的选择，还未涉及。本章试图探讨在不同的渠道竞争结构下，“搭便车”行为对双渠道零售商渠道销售模式选择以及渠道运作策略和利润的影响，以期为双渠道零售商的管理和运作决策提供理论指导。

2.1 模型设定

本节探讨当市场中存在消费者“搭便车”行为时，双渠道零售商的最优渠道运作模式选择和策略。零售商的双渠道可以是独立运作(如国美和 Barnes & Noble)，也可以是一体化运作(如 Office Depot 和 Gap)。零售商的传统渠道提供售前服务，如向消费者介绍产品用途、功能，消费者试用、试穿等，而网络渠道不提供也无法提供此类售前服务。因此，零售商传统渠道需求不仅依赖渠道产品销售价格，也依赖渠道所提供的售前服务。由于消费者“搭便车”行为的存在，一些顾客会在实体渠道接受体验服务，却转移到网络渠道购买产品，从而使实体渠道提供的服务在一定程度上增加网络渠道需求，如图 2.1 所示。

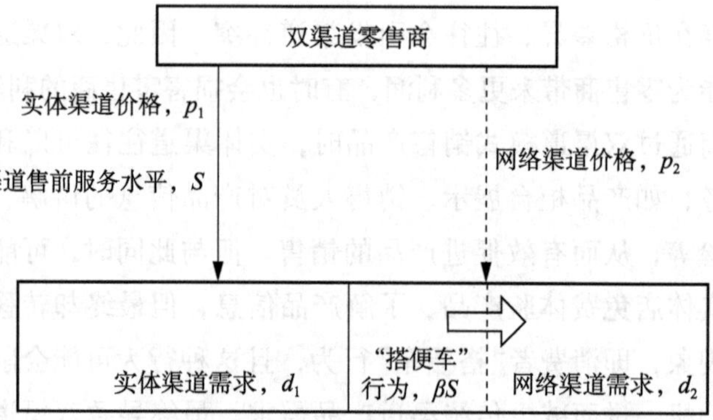

图 2.1 “搭便车”行为下/双渠道零售商渠道分销系统结构

由图 2.1 可知，零售商通过双渠道分销产品时，实体渠道决策其渠道价格 p_1 和售前服务水平 S，网络渠道决策其渠道价格 p_2。各渠道的需求关于自身渠道价格递减，关于对方渠道价格递增。同时，受“搭便车”行为的影响，实体渠道服务水平不仅能提高自身渠道需求，也会提高网络渠道需求。参考Tsay和Agrawal(2000)、Yue和Liu(2006)的相关研究，零售商双渠道的需求函数可以分别表示为：

零售商实体渠道需求：$d_1=a_1-p_1+\theta_1 p_2+(r-\beta)S$ (2.1)

零售商网络渠道需求：$d_2=a_2-p_2+\theta_2 p_1+\beta S$ (2.2)

其中，$d_i(i=1,\ 2)$分别表示零售商实体渠道和网络渠道的需求；$p_i(i=1,\ 2)$分别表示零售商实体渠道和网络渠道的产品销售价格；S表示实体渠道所提供的售前服务水平；$a_i(i=1,\ 2)$分别表示零售商实体渠道和网络渠道的潜在市场规模，它描述的是当零售商双渠道价格为0且实体渠道不提供售前服务时各渠道的需求；$\theta_i(0<\theta_i<1)$为网络渠道与实体渠道的替代效用系数(竞争强度)，反映对方渠道产品价格变化对自身渠道需求的影响，即当其他参数恒定时，对方渠道产品价格增加(减少)一个单位时自身渠道顾客需求的增加(减少)量，$\theta_i<1$表示对方渠道产品价格的变化对自身渠道需求的影响小于自身渠道产品价格变化对自身渠道需求的影响；$r(r>0)$表示市场需求对售前服务水平的弹性系数；$\beta(0\leqslant\beta\leqslant r)$表示“搭便车”行为程度，用来衡量免费“享受”实体渠道售前服务后转移到网络渠道购买产品的顾客比例，$\beta=0$表示没有顾客“享受”实体渠道售前服务后转移到网络渠道购买，$\beta=r$表示所有顾客“享受”服务后都转移到网络渠道购买。在现实中，顾客“搭便车”行为的程度受多种因素的综合影响，如网络渠道产品销售价格与实体渠道产品销售价格差异、顾客对售前服务的敏感性、顾客对网络购物的偏好、顾客自身收入水平和跨渠道转移成本等。如果将这些因素均考虑进去，模型将会变得非常复杂而不可分析，因此，本书假设“搭便车”行为受到以上所有因素的综合影响，为外生变量，这个假设也便于我们研究当消费者“搭便车”行为的程度发生变化时，双渠道零售商渠道模式选择和运作策略的变化。

进一步地，设实体渠道提供的售前服务水平S的成本为$c_s=\frac{\eta S^2}{2}$，其中$\eta>0$为服务成本影响因子。不失一般性，假设零售商双渠道产品的批发价为$w=0$。为了便于分析，参考Yue和Liu(2006)、Yan(2010)等的研究，我们假设$a_1=a_2=a$，$\theta_1=\theta_2=\theta$。

基于以上描述，可得零售商双渠道的利润函数分别为：

零售商实体渠道利润：$\pi_1=(p_1-c_s)[a-p_1+\theta p_2+(r-\beta)S]$ (2.3)

零售商网络渠道利润：$\pi_2=p_2(a-p_2+\theta p_1+\beta S)$ (2.4)

那么，双渠道零售商总的渠道利润为：

$$\pi=\pi_1+\pi_2=(p_1-c_s)[a-p_1+\theta p_2+(r-\beta)S]+p_2(a-p_2+\theta p_1+\beta S) \tag{2.5}$$

在现实中，很多双渠道零售商采用双渠道独立运作的模式，如国美和 Barnes & Noble 等。零售商采用双渠道独立运作模式的原因十分复杂。Gulati 等(2000)研究指出，零售商让自己的双渠道独立运作可以有效地吸引和培养各渠道的优秀管理者，也可以促进各渠道更专注、更自主地创新。Neslin 等(2006)也指出，尽管一些学者研究指出一体化运作可能会更好，但是这个结果并不是十分确定的，现实中仍有很多企业采用双渠道独立运作模式。基于上述原因，我们研究当市场中存在"搭便车"行为且零售商的两个渠道独立运作时，零售商双渠道各自的最优运作策略。其中，零售商独立运作的两渠道间存在以下两种博弈模式：①实体(网络)渠道为领导者，网络(实体)渠道为跟随者；②实体渠道和网络渠道同时博弈。

2.2 分散决策模式下零售商双渠道运作策略

2.2.1 零售商实体渠道为领导者

在这种博弈模式下，零售商实体渠道作为领导者，首先以自身渠道利润最大化为目标决策产品销售价格 p_1 和渠道售前服务水平 S；零售商网络渠道作为跟随者，根据观察到的实体渠道价格 p_1 和售前服务水平 S 来制定自身渠道价格 p_2，以使自身渠道利润达到最大。我们用上标 TC 来表示零售商实体渠道为领导者而网络渠道为跟随者时的情形。通过上述描述，可以得到定理 2.1。

定理 2.1：零售商实体渠道为领导者情形下，零售商双渠道的最优定价/服务策略为：

$$p_1^{TC}=\frac{A_1}{(2-\theta^2)C_1},\ S^{TC}=\frac{4D_1}{C_1},\ p_2^{TC}=\frac{B_1}{2(2-\theta^2)C_1} \tag{2.6}$$

其中，$A_1=2\eta a(2-\theta^2)(2+\theta)+3[2(r-\beta)+\theta\beta]^2$，

$B_1=2\eta a(2-\theta^2)(4-\theta^2+2\theta)+[2(r-\beta)+\theta\beta][6\theta(r-\beta)+(8-\theta^2)\beta]$，

$C_1=4\eta(2-\theta^2)$，

$D_1=2(r-\beta)+\theta\beta$。

由上述均衡策略可得，零售商双渠道的需求和利润分别为：

$$d_1^{TC}=\frac{A_1-2D_1^2}{2C_1},\ d_2^{TC}=\frac{B_1}{2(2-\theta^2)C_1}$$

$$\pi_1^{TC}=\frac{(A_1-2D_1^2)^2}{2(2-\theta^2)C_1^2},\ \pi_2^{TC}=\frac{B_1^2}{4(2-\theta^2)^2C_1^2} \tag{2.7}$$

由式(2.6)和式(2.7)可知，在存在“搭便车”行为的市场中，当零售商实体渠道为领导者而网络渠道为跟随者时，其双渠道定价/服务策略以及需求和利润满足性质2.1。

性质2.1：

(ⅰ)$\frac{\partial p_1^{TC}}{\partial r}>0$，$\frac{\partial p_2^{TC}}{\partial r}>0$，$\frac{\partial p_1^{TC}}{\partial a}>0$，$\frac{\partial p_2^{TC}}{\partial a}>0$，$\frac{\partial p_1^{TC}}{\partial \eta}<0$，$\frac{\partial p_2^{TC}}{\partial \eta}<0$；

(ⅱ)$\frac{\partial d_1^{TC}}{\partial r}>0$，$\frac{\partial d_2^{TC}}{\partial r}>0$，$\frac{\partial d_1^{TC}}{\partial a}>0$，$\frac{\partial d_2^{TC}}{\partial a}>0$，$\frac{\partial d_1^{TC}}{\partial \eta}<0$，$\frac{\partial d_2^{TC}}{\partial \eta}<0$；

(ⅲ)$\frac{\partial \pi_1^{TC}}{\partial r}>0$，$\frac{\partial \pi_2^{TC}}{\partial r}>0$，$\frac{\partial \pi_1^{TC}}{\partial a}>0$，$\frac{\partial \pi_2^{TC}}{\partial a}>0$，$\frac{\partial \pi_1^{TC}}{\partial \eta}<0$，$\frac{\partial \pi_2^{TC}}{\partial \eta}<0$；

(ⅳ)$\frac{\partial S^{TC}}{\partial r}>0$，$\frac{\partial S^{TC}}{\partial a}=0$，$\frac{\partial S^{TC}}{\partial \eta}<0$。

由性质2.1可知，零售商双渠道产品销售价格、需求和利润均与渠道潜在市场规模a和售前服务水平弹性系数r成正比，与售前服务成本因子η成反比。由性质2.1(ⅳ)可知，零售商实体渠道售前服务水平与服务水平弹性系数r成正比，与服务成本因子η成反比。进一步可得，实体渠道售前服务水平不受潜在市场规模的影响，而受消费者对服务水平敏感度(服务水平弹性系数)和自身服务成本结构(服务成本因子)的影响。最后，我们得到以下管理学启示：双渠道零售商可以通过增加广告宣传投入、提供个性化服务、改善服务效率等方法，提高渠道的潜在市场规模和顾客对服务水平的敏感度，从而有效降低服务成本因子，获得更多的渠道销售利润。

性质2.2：

(ⅰ)零售商实体渠道价格p_1^{TC}、售前服务水平S^{TC}、需求d_1^{TC}和利润π_1^{TC}在区间[0，r]内关于“搭便车”行为程度β单调递减。

(ⅱ)当渠道替代效用$0<\theta<3-\sqrt{5}$时，零售商网络渠道价格p_2^{TC}、需求d_2^{TC}和利润π_2^{TC}在区间[0，β^*]内关于“搭便车”行为程度β单调递增，但是在[β^*，r]内关于“搭便车”行为程度β单调递减；当渠道替代效用$3-\sqrt{5}\leqslant\theta<1$

时，零售商网络渠道价格 p_2^{TC}、需求 d_2^{TC} 和利润 π_2^{TC} 在区间[0，r]内关于"搭便车"行为程度 β 始终单调递减。

(ⅲ)定义 $\Delta p^{TC}=p_1^{TC}-p_2^{TC}$，当渠道替代效用 $0<\theta<0.5985$ 时，Δp^{TC} 在区间[0，$\hat{\beta}$]内关于"搭便车"行为程度 β 单调递减，但是在[$\hat{\beta}$，r]内关于"搭便车"行为程度 β 单调递增；当渠道替代效用 $0.5985\leqslant\theta<1$ 时，Δp^{TC} 在区间[0，r]内关于"搭便车"行为程度 β 始终单调递减。

(ⅳ)零售商双渠道的总需求 d^{TC} 和总利润 π^{TC} 关于"搭便车"行为程度 β 始终单调递减。

其中，$\beta^*=\dfrac{r(12\theta-2\theta^2-8)}{20\theta-4\theta^2-\theta^3-16}$，$\hat{\beta}=\dfrac{r(2\theta^2-24\theta+32)}{\theta^3+10\theta^2-44\theta+40}$。

性质 2.2 给出了在零售商实体渠道为领导者而网络渠道为跟随者情形下，"搭便车"行为对零售商双渠道定价/售前服务、需求和利润的影响。由性质 2.2(ⅰ)可知，"搭便车"行为对零售商实体渠道产品价格、售前服务水平、需求和利润始终产生消极影响，即随着"搭便车"行为的增加，越来越多的顾客在实体渠道接受免费体验服务，但却转移到网络渠道购买产品，零售商实体渠道通过提供售前服务来增加渠道需求的动机会不断减弱，服务水平会不断下降，进而只能通过降低渠道产品价格的手段来刺激需求，渠道间冲突会更加激烈，最终导致渠道利润降低。

由性质 2.2(ⅱ)可知，零售商网络渠道定价、需求和利润不仅受"搭便车"行为的影响，而且与渠道替代效用(竞争强度)密切相关。当渠道替代效用(竞争强度)相对较小($0<\theta<3-\sqrt{5}$)时，如果"搭便车"行为程度小于某个阈值($\beta\leqslant\beta^*$)，那么网络渠道定价、需求和利润会随着"搭便车"行为的增多而增大，但当"搭便车"行为程度超过这个阈值($\beta>\beta^*$)时，网络渠道定价、需求和利润则会随着"搭便车"行为的增多而减小。因此，我们可得到以下管理学启示：当两渠道间替代效用(竞争强度)不是很大($0<\theta<3-\sqrt{5}$)时，较少的"搭便车"行为可以促进网络渠道需求的增加，进而提高网络渠道销售定价，最终促进网络渠道利润不断增加。当"搭便车"行为程度很高，超过某个阈值($\beta>\beta^*$)时，因零售商传统渠道价格和售前服务水平变得很低，渠道冲突十分激烈，此时"搭便车"行为对网络渠道利润的正向效应会消失，甚至会使网络渠道的利润减少，即"搭便车"行为并非始终对网络渠道有益，有时候也会损害网络渠道的利润。当两渠道间替代效用(竞争强度)很高($3-\sqrt{5}\leqslant\theta<1$)时，随着"搭

便车”行为的增多，网络渠道价格会不断降低，需求和利润会不断减少，即当两渠道间替代效用(竞争强度)很大时，“搭便车”行为对零售商双渠道均会产生消极影响。

由性质 2.2(ⅲ)可知，当两渠道间替代效用(竞争强度)相对较高($0.5985\leqslant\theta<1$)时，两渠道间的价格差会随着“搭便车”行为的增多而不断减小，否则，随着“搭便车”行为的增多，渠道间的价格差会先减小后增大。进一步地，当且仅当渠道间替代效用(竞争强度)相对较小($0<\theta<0.5985$)以及“搭便车”行为程度相对较高($\hat{\beta}\leqslant\beta\leqslant r$)时，“搭便车”行为可以有效提高两渠道间的价格离散程度，缓和渠道价格冲突，否则，“搭便车”行为会导致渠道间价格白刃战(head-to-head price competition)。

由性质 2.2(ⅳ)可知，“搭便车”行为会导致双渠道零售商总需求和总利润下降，即当零售商双渠道独立运作且实体渠道为领导者而网络渠道为跟随者时，“搭便车”行为对双渠道零售商是有害的。

性质 2.3：当满足参数 $a\leqslant a_X$，$0<\theta\leqslant\frac{2\sqrt{11}}{11}$ 和 $\beta\leqslant\beta_X$ 时，零售商实体渠道利润高于网络渠道利润，即 $\pi_1^{TC}\geqslant\pi_2^{TC}$；否则，零售商实体渠道利润低于网络渠道利润，即 $\pi_1^{TC}<\pi_2^{TC}$。

其中，$a_X=\dfrac{(2r-2\beta+\theta\beta)[(2r-2\beta+\theta\beta)\sqrt{4-2\theta^2}-(6\theta r-6\theta\beta+8\beta-\beta\theta^2)]}{2\eta(2-\theta^2)[(2+\theta)(2-\sqrt{4-2\theta^2})-\theta^2]}$，

$$\beta_X=\frac{2r(\sqrt{4-2\theta^2}-3\theta)}{8-\theta^2-6\theta+(2-\theta)\sqrt{4-2\theta^2}}。$$

由性质 2.3 可知，在零售商实体渠道为市场领导者、网络渠道为跟随者情形下，只有当潜在市场规模较小、渠道替代效用(竞争强度)较小、“搭便车”行为程度较低时，实体渠道利润才高于网络渠道利润，否则，实体渠道利润会低于网络渠道利润，即市场中的策略先行者并不一定始终能获得高于跟随者的利润。

2.2.2 零售商网络渠道为领导者

在这种博弈模式下，零售商网络渠道作为领导者，首先以自身渠道利润最大化为目标决策产品销售价格 p_2；实体渠道作为跟随者，会根据观察到的网络渠道价格 p_2 制定自身渠道价格 p_1 和渠道产品售前服务水平 S，以使自身

渠道利润达到最大。我们用上标 OC 来表示零售商网络渠道为领导者而实体渠道为跟随者时的情形。通过上述描述，可以得到定理 2.2。

定理 2.2：零售商网络渠道为领导者情形下，零售商双渠道的最优定价/服务策略为：

$$p_1^{OC}=\frac{A_2}{2C_2},\ S^{OC}=\frac{r-\beta}{\eta},\ p_2^{OC}=\frac{B_2}{C_2} \tag{2.8}$$

其中，$A_2=2\eta a(4+2\theta-\theta^2)+3(4-\theta^2)(r-\beta)^2+4\theta\beta(r-\beta)$，

$B_2=2\eta a(2+\theta)+3\theta(r-\beta)^2+4\beta(r-\beta)$，$C_2=C_1=4\eta(2-\theta^2)$。

由上述均衡策略，可得零售商双渠道的需求和利润分别为：

$$\begin{cases} d_1^{OC}=\dfrac{A_2}{2C_2},\ d_2^{OC}=\dfrac{B_2}{8\eta} \\ \pi_1^{OC}=\dfrac{A_2^2}{4C_2^2},\ \pi_2^{OC}=\dfrac{B_2^2}{8\eta C_2} \end{cases} \tag{2.9}$$

由式(2.8)和式(2.9)可知，在存在“搭便车”行为的市场中，当零售商网络渠道为领导者而实体渠道为跟随者时，其双渠道定价/服务策略以及需求和利润满足性质 2.4。

性质 2.4：

(ⅰ)零售商双渠道价格 p_i^{OC}、需求 d_i^{OC} 和利润 π_i^{OC} 关于潜在市场规模 a 和服务水平弹性系数 r 单调递增，关于服务成本因子 η 单调递减；售前服务水平 S^{OC} 关于服务水平弹性系数 r 单调递增，关于“搭便车”行为程度 β 和服务成本因子 η 单调递减。

(ⅱ)零售商实体渠道价格 p_1^{OC}、需求 d_1^{OC} 和利润 π_1^{OC} 在区间$[0,r]$内关于“搭便车”行为程度 β 始终单调递减。

(ⅲ)当渠道替代效用 $0<\theta\leqslant\frac{2}{3}$ 时，零售商网络渠道价格 p_2^{OC}、需求 d_2^{OC} 和利润 π_2^{OC} 在区间$[0,\beta^{\#}]$内关于“搭便车”行为程度 β 单调递增，但是在$[\beta^{\#},r]$内关于“搭便车”行为程度 β 单调递减；当渠道替代效用 $\frac{2}{3}<\theta<1$ 时，零售商网络渠道价格 p_2^{OC}、需求 d_2^{OC} 和利润 π_2^{OC} 在区间$[0,r]$内关于“搭便车”行为程度 β 始终单调递减。

(ⅳ)定义 $\Delta p^{OC}=p_1^{OC}-p_2^{OC}$，那么 Δp^{OC} 在区间$[0,\beta^{\Delta}]$内关于“搭便车”行为程度 β 单调递减，但是在区间$[\beta^{\Delta},r]$内关于“搭便车”行为程度 β 单调递增。

（v）零售商双渠道的总需求 d^{OC} 和总利润 π^{OC} 关于“搭便车”行为 β 始终单调递减。

其中，$\beta^{\#}=\dfrac{r(3\theta-2)}{3\theta-4}$，$\beta^{\Delta}=\dfrac{r(16-8\theta-3\theta^2)}{20-10\theta-3\theta^2}$。

由性质 2.4 可知，当网络渠道为市场领导者而实体渠道为跟随者时，各模型参数对零售商双渠道定价/服务策略、需求和利润的影响，结论与零售商实体渠道为市场领导者情形下的性质 2.1 和性质 2.2 类似，这里不再赘述。

性质 2.5：当满足参数 $a\leqslant a_Y$ 和 $\beta\geqslant\beta_Y$ 时，零售商网络渠道利润高于实体渠道利润，即 $\pi_2^{OC}\geqslant\pi_1^{OC}$；否则，零售商网络渠道利润低于实体渠道利润，即 $\pi_2^{OC}<\pi_1^{OC}$。

其中，$a_Y=\dfrac{(r-\beta)\{[3\theta(r-\beta)+4\beta]\sqrt{4-2\theta^2}-[3(4-\theta^2)(r-\beta)+4\theta\beta]\}}{2\eta[(2+\theta)(2-\sqrt{4-2\theta^2})-\theta^2]}$，

$\beta_Y=\dfrac{3r(4-\theta^2-\theta\sqrt{4-2\theta^2})}{12-3\theta^2-4\theta+(4-3\theta)\sqrt{4-2\theta^2}}$。

由性质 2.5 可知，当零售商网络渠道作为市场领导者时，零售商双渠道利润的大小关系不受渠道替代效用的影响，但仍然受潜在市场规模和“搭便车”行为程度的影响。与实体渠道作为领导者情形类似，网络渠道作为市场领导者时也不能始终获得高于市场跟随者的利润。

2.2.3 零售商实体渠道与网络渠道同时决策模式

在这种博弈模式下，零售商实体渠道和网络渠道分别以自身渠道利润最大化为目标做出自身最优定价/售前服务决策。我们用上标 B 来表示零售商双渠道同时决策时的情形。通过上述描述，可以得到定理 2.3。

定理 2.3：在零售商双渠道同时决策情形下，零售商双渠道的最优定价/服务策略为：

$$p_1^B=\frac{A_3}{C_3},\ S^B=\frac{r-\beta}{\eta},\ p_2^B=\frac{B_3}{2C_3} \tag{2.10}$$

其中，$A_3=\eta a(2+\theta)+3(r-\beta)^2+\theta\beta(r-\beta)$，

$B_3=B_2=2\eta a(2+\theta)+3\theta(r-\beta)^2+4\beta(r-\beta)$，

$C_3=\eta(4-\theta^2)$。

由上述均衡策略，可得零售商双渠道的需求和利润分别为：

$$\begin{cases} d_1^B = \dfrac{D_3}{2C_3}, \ d_2^B = \dfrac{B_3}{2C_3} \\ \pi_1^B = \dfrac{D_3^2}{4C_3^2}, \ \pi_2^B = \dfrac{B_3^2}{4C_3^2} \end{cases} \tag{2.11}$$

其中，$D_3 = 2\eta a(2+\theta)+(2+\theta^2)(r-\beta)^2+2\beta\theta(r-\beta)$。

由式(2.10)和式(2.11)可知，在存在"搭便车"行为的市场中，当零售商双渠道同时决策时，其双渠道定价/服务策略以及需求和利润满足性质2.6。

性质2.6：

(ⅰ)零售商双渠道价格 p_i^B、需求 d_i^B 和利润 π_i^B 关于潜在市场规模 a 和服务水平弹性系数 r 单调递增，关于服务成本因子 η 单调递减；售前服务水平 S^B 关于服务水平弹性系数 r 单调递增，关于"搭便车"行为程度 β 和服务成本因子 η 单调递减。

(ⅱ)零售商实体渠道价格 p_1^B、需求 d_1^B 和利润 π_1^B 在区间[0，r]内关于"搭便车"行为程度 β 始终单调递减。

(ⅲ)当渠道替代效用 $0<\theta\leq\dfrac{2}{3}$ 时，零售商网络渠道价格 p_2^B、需求 d_2^B 和利润 π_2^B 在区间[0，$\beta^\#$]内关于"搭便车"行为程度 β 单调递增，但是在[$\beta^\#$，r]内关于"搭便车"行为程度 β 单调递减；当渠道替代效用 $\dfrac{2}{3}<\theta<1$ 时，零售商网络渠道价格 p_2^B、需求 d_2^B 和利润 π_2^B 在区间[0，r]内关于"搭便车"行为程度 β 始终单调递减。

(ⅳ)定义 $\Delta p^B = p_1^B - p_2^B$，$\Delta p^B$ 在区间[0，$\beta^\diamond$]内关于"搭便车"行为程度 β 单调递减，但是在区间[$\beta^\diamond$，r]内关于"搭便车"行为程度 β 单调递增。

(ⅴ)零售商双渠道的总需求 d^B 和总利润 π^B 关于"搭便车"行为程度 β 始终单调递减。

其中，$\beta^\# = \dfrac{r(3\theta-2)}{3\theta-4}$，$\beta^\diamond = \dfrac{4r}{5}$。

由性质2.6可知，当零售商双渠道同时决策时，各模型参数对零售商双渠道定价/服务策略、需求和利润的影响，结论与零售商实体渠道/网络渠道作为市场领导者情形类似，这里不再赘述。

性质2.7：当满足参数 $\beta\leq\beta_Z$ 时，零售商实体渠道利润高于网络渠道利润，即 $\pi_1^B\geq\pi_2^B$；否则，零售商实体渠道利润低于网络渠道利润，即 $\pi_1^B<\pi_2^B$。

其中，$\beta_Z=\frac{r(1-\theta)}{3-\theta}$。

由性质 2.7 可知，当零售商双渠道同时决策时，双渠道的利润大小与“搭便车”行为程度密切相关。当“搭便车”行为程度相对较低时，零售商实体渠道利润高于网络渠道利润；否则，实体渠道利润将低于网络渠道利润。

2.3 分散决策模式下零售商双渠道运作策略和利润对比分析

本节对上述三种不同博弈模式下零售商双渠道的最优运作策略和利润进行对比和分析，探讨三种不同博弈模式对零售商双渠道最优运作策略和利润的不同影响，得到定理 2.4。

定理 2.4：在上述三种不同的博弈模式下，零售商双渠道最优定价/售前服务和利润的大小关系为：

(ⅰ)零售商实体渠道售前服务水平满足 $S^{TC}>S^{OC}=S^{B}$。

(ⅱ)零售商实体渠道价格满足 $p_1^{TC}>p_1^{OC}>p_1^{B}$；零售商实体渠道利润满足 $\pi_1^{TC}>\pi_1^{B}$，$\pi_1^{OC}>\pi_1^{B}$；进一步地，当 $a\leqslant a_x$ 时，有 $\pi_1^{TC}\geqslant\pi_1^{OC}$，当 $a>a_x$ 时，有 $\pi_1^{TC}<\pi_1^{OC}$。

(ⅲ)零售商网络渠道价格满足 $p_2^{TC}>p_2^{B}$，$p_2^{OC}>p_2^{B}$；当 $a\leqslant a_y$ 时，有 $p_2^{TC}\geqslant p_2^{OC}$，当 $a>a_y$，有 $p_2^{TC}<p_2^{OC}$；零售商网络渠道利润满足 $\pi_2^{TC}>\pi_2^{OC}>\pi_2^{B}$。

其中，$a_x=\frac{2(2r-2\beta+\theta\beta)^2-(r-\beta)\sqrt{4-2\theta^2}\left[4\theta\beta+3(4-\theta^2)(r-\beta)\right]}{2\eta\left[(4+2\theta-\theta^2)(\sqrt{4-2\theta^2}-1)+\theta^2+\theta^3\right]}$，

$a_y=\frac{6(\theta r-\theta\beta+\beta)^2+\beta^2(2-\theta^2)}{2\eta\theta(2-\theta^2)}$。

由定理 2.4(ⅰ)可以得出，在上述三种不同的博弈模式下，当零售商实体渠道作为领导者时，实体渠道提供的售前服务水平达到最高，也就是说，当市场中存在“搭便车”行为时，如果零售商实体渠道为领导者，就有较大的动机通过先入市场并提供较高水平的售前服务来吸引更多顾客订货，赢得更大的市场份额。从定理 2.4(ⅱ)中我们也可以看出，当零售商实体渠道作为领导者时，其产品销售价格也达到最高，即此时，较高的服务水平能为其渠道产品赢得较高的产品销售价格。零售商网络渠道定价则不同，当潜在市场规模相对较小时，网络渠道为领导者时的定价会低于其作为跟随者时的定价。此时，网络渠道通过先入市场以及低价策略来吸引更多顾客订货，获得价格

竞争优势，进而赢取更大的市场份额。

由定理 2.4 也可以看出，零售商双渠道先后决策时的渠道价格高于同时决策时的渠道价格，从而可得，当零售商双渠道同时决策时，两渠道间的价格冲突会变得最为激烈，零售商双渠道价格达到最低。我们也可以得到，零售商双渠道先后决策时各渠道的利润会高于零售商双渠道同时决策时的利润。因此，我们得到以下管理学启示：当零售商双渠道独立运作时，零售商双渠道先后决策模式会优于双渠道同时决策模式。

由定理 2.4 我们还可以得到另外一个有意思的管理学启示：当潜在市场规模相对较小时，零售商实体渠道更喜欢作为领导者，首先进入市场做出自身决策，从而获得更多利润；但是，当潜在市场规模相对较大时，零售商实体渠道更愿意作为市场跟随者，观察到网络渠道定价策略后再制定自身策略，从而获得更多利润。网络渠道则始终喜欢作为市场跟随者，观察到实体渠道策略后再制定自身策略，从而获得更多利润。因此，对双渠道企业管理者来说，当市场潜在规模相对较小(如一个新的产品刚刚投放市场)时，应让零售商实体渠道先入市场，并通过提供较高水平的售前服务，有效扩大产品的市场份额，减弱两渠道间的价格竞争，为两渠道均带来更多利润；但是，当潜在市场规模相对较高(如成熟产品或者消费者迫切需要和喜欢的产品)时，零售商实体渠道通过先入市场且提供较高服务水平来刺激顾客需求的动机减弱，此时，两个渠道都希望作为市场跟随者，利用信息优势，在观察到对方的渠道策略后，再制定相应的策略，从而获得更多利润。

2.4 一体化模式下零售商双渠道销售模式选择和运作策略

在 2.2 和 2.3 节中，我们讨论了当零售商双渠道独立运作时零售商渠道的最优运作策略。然而，在现实中，也有很多企业是一体化运作的，如大型零售商 Gap、Office Depot 等。本节我们进一步讨论当零售商双渠道一体化运作时零售商的最优渠道运作模式选择和策略变化。

由式(2.5)可得，当零售商实体渠道售前服务水平 S 给定时，零售商双渠道总利润是关于双渠道价格 p_1 和 p_2 的联合凹函数。我们用上标 I 来表示一体化模式情形。在给定售前服务水平 S 时，零售商双渠道的最优定价策略为：

$$\begin{cases} p_1^I=\dfrac{\eta S^2}{4}+\dfrac{a(1+\theta)+(r-\beta)S+\beta S\theta}{2(1-\theta^2)} \\ p_2^I=\dfrac{a(1+\theta)+(r-\beta)S\theta+\beta S}{2(1-\theta^2)} \end{cases} \tag{2.12}$$

由式(2.12)可得，$\dfrac{dp_1^I}{dS}>0$，$\dfrac{dp_2^I}{dS}>0$，即随着售前服务水平 S 的提高，零售商双渠道价格 p_1 和 p_2 也不断增大。此时，售前服务水平的提高促进了渠道需求的增加，而产品需求的增加又进一步促进了零售商渠道定价的提高。

由零售商双渠道最优定价策略(p_1^I，p_2^I)可得，此时双渠道的最优需求分别为：

$$\begin{cases} d_1=\dfrac{2a+2(r-\beta)S-\eta S^2}{4} \\ d_2=\dfrac{2a+2\beta S+\theta\eta S^2}{4} \end{cases} \tag{2.13}$$

性质 2.8：当零售商实体渠道售前服务水平 $S\geqslant S_0$ 时，实体渠道需求为0，即 $d_1=0$。

其中，$S_0=\dfrac{r-\beta+\sqrt{(r-\beta)^2+2a\eta}}{\eta}$。

由性质 2.8 可以得到以下管理学启示：当零售商实体渠道售前服务水平高于某个阈值时($S\geqslant S_0$)，实体渠道的价格会变得很高。此时，实体渠道的需求将降为零，所有顾客在实体店接受体验服务后会转移到网络渠道完成购买，零售商实体渠道实际上转化为了网络渠道的“体验店”，即零售商此时采用“体验店+网络渠道销售”模式来分销产品。在现实中，我们也观察到，这种双渠道运作模式正逐渐被很多企业尝试和采用。

因为零售商实体渠道需求不能为负，所以易得零售商实体渠道的售前服务水平满足 $0\leqslant S\leqslant S_0$，其中 $S_0=\dfrac{r-\beta+\sqrt{(r-\beta)^2+2a\eta}}{\eta}$ 为零售商实体渠道所能提供的最高售前服务水平。

2.4.1 特例：零售商实体渠道为“体验店”模式

这一部分我们讨论性质 2.8 中提到的零售商双渠道一体化模式下的特殊情形，即“体验店+网络渠道销售”模式，并用上标 SI 来表示，此时实体渠道转化为“体验店”，顾客到实体渠道体验产品，然后转移到网络渠道购买。在此情形下，实体渠道服务水平达到最大，但需求为零。由式(2.12)可得，此时零售商双渠道的最优定价和服务策略为：

$$\begin{cases} p_1^{SI}=\dfrac{\eta S_0^2}{4}+\dfrac{a(1+\theta)+(r-\beta)S_0+\beta S_0\theta}{2(1-\theta^2)} \\ p_2^{SI}=\dfrac{a(1+\theta)+(r-\beta)S_0\theta+\beta S_0}{2(1-\theta^2)} \\ S^{SI}=S_0 \end{cases} \tag{2.14}$$

从而可得零售商的双渠道利润：

$$\pi^{SI}=\frac{[2a-\eta S_0^2+2(r-\beta)S_0]^2+(2a+\theta\eta S_0^2+2\beta S_0)[2a(1+2\theta)+2S_0(\beta+2\theta r-2\theta\beta)-\theta\eta S_0^2]}{16(1-\theta^2)} \tag{2.15}$$

由式(2.14)和式(2.15)可知，在存在“搭便车”行为的市场中，当零售商采用“体验店+网络渠道销售”模式时，其双渠道定价/服务策略以及需求和利润满足性质2.9。

性质2.9：

(ⅰ)当$a\geqslant a_z=\dfrac{r^2}{2\eta(1-\theta)^2}$时，零售商网络渠道价格$p_2^{SI}$、需求$d_2^{SI}$和利润$\pi_2^{SI}$在区间$[0,r]$内关于“搭便车”行为程度$\beta$始终单调递增；否则，网络渠道价格$p_2^{SI}$、需求$d_2^{SI}$和利润$\pi_2^{SI}$在区间$[0,\beta_0]$内关于“搭便车”行为程度$\beta$单调递增，但在区间$[\beta_0,r]$内关于“搭便车”行为程度$\beta$单调递减。

(ⅱ)零售商实体渠道售前服务水平S_0关于潜在市场规模a和服务水平弹性系数r始终单调递增，关于“搭便车”行为程度β和服务成本因子η始终单调递减。

(ⅲ)零售商网络渠道价格p_2^{SI}、需求d_2^{SI}和利润π_2^{SI}关于潜在市场规模a和服务水平弹性系数r始终单调递增，关于服务成本因子η始终单调递减。

其中，$\beta_0=\dfrac{a\eta(1-\theta)}{r}+\dfrac{(1-2\theta)r}{2(1-\theta)}$。

由性质2.9可得，当零售商实体渠道为“体验店”时，潜在市场规模和服务水平弹性系数的增大会促进实体渠道服务水平及网络渠道价格、需求以及渠道总利润的增加；进一步地，服务成本因子对零售商会产生消极影响，随着服务成本因子的增大，实体渠道服务水平及网络渠道价格、需求以及渠道总利润会不断下降。

由性质2.9也可以看出，当零售商实体渠道为“体验店”时，在大多数情况下，“搭便车”行为会对零售商网络渠道价格、需求和渠道总利润产生积极影响，促进双渠道零售商利润的增大。因此，“搭便车”行为并非始终对双渠道零售商有害。尽管如此，当潜在市场规模相对较小而“搭便车”行为较多时，“搭便车”行为会损害双渠道零售商的利润。

为了探讨一体化模式下零售商“体验店+网络渠道销售”模式是否优于零售商双渠道独立运作模式，我们对比分析了在上述几种不同运作模式下双渠道零售商的利润，得出性质2.10。

性质2.10：

（i）当$\chi \leqslant 4\eta^2 a^2 \varepsilon + 4\eta a(\omega - \zeta) + \xi$时，零售商“体验店+网络渠道销售”模式下的利润高于零售商实体渠道作为领导者时的利润（$\pi^{SI} \geqslant \pi_1^{TC} + \pi_2^{TC}$）；否则，零售商“体验店+网络渠道销售”模式下的利润低于零售商实体渠道作为领导者时的利润（$\pi^{SI} < \pi_1^{TC} + \pi_2^{TC}$）。

（ii）当$\chi_1 \leqslant 4\eta^2 a^2 \varepsilon_1 + \dfrac{4\eta a[\omega - (2-\theta^2)^2 \zeta_1] + \xi}{(2-\theta^2)^2}$时，零售商“体验店+网络渠道销售”模式下的利润高于零售商网络渠道作为领导者时的利润（$\pi^{SI} \geqslant \pi_1^{OC} + \pi_2^{OC}$）；否则，零售商“体验店+网络渠道销售”模式下的利润低于零售商网络渠道作为领导者时的利润（$\pi^{SI} < \pi_1^{OC} + \pi_2^{OC}$）。

（iii）当$\chi_2 \leqslant 4\eta^2 a^2 \varepsilon_2 + 4\eta a(\omega_1 - \zeta_2) + \xi_1$时，零售商“体验店+网络渠道销售”模式下的利润高于零售商双渠道同时决策时的利润（$\pi^{SI} \geqslant \pi_1^B + \pi_2^B$）；否则，零售商“体验店+网络渠道销售”模式下的利润低于零售商双渠道同时决策时的利润（$\pi^{SI} < \pi_1^B + \pi_2^B$）。

其中，$\varepsilon = \theta^2(2-\theta^2)^2(1+\theta)(8+4\theta-3\theta^2-\theta^3)$，

$\varepsilon_1 = 5\theta^4 - 2\theta^6 - 6\theta^3 - 7\theta^2 + 14\theta + 12$，$\varepsilon_2 = 2\theta^2(2+\theta)^2(1+\theta)$，

$\omega = 4K(2-\theta^2)^4[K(\theta^2-1) + 2r(1+\theta)]$，$\omega_1 = \dfrac{\omega(4-\theta^2)^2}{4(2-\theta^2)^4}$，

$\chi = (2r-2\beta+\theta\beta)^2(1-\theta^2)[4(r-\beta)^2(4+7\theta^2) + 4\beta\theta(r-\beta)(28-5\theta^2) + \beta^2(64-12\theta^2-\theta^4)]$，

$\chi_1 = (1-\theta^2)(r-\beta)^2[9(r-\beta)^2(16-4\theta^2-\theta^4) + 24\beta\theta(r-\beta)(8-3\theta^2) + 16\beta^2(4-\theta^2)]$，

$\chi_2 = (r-\beta)^2[(r-\beta)^2(4+13\theta^2+\theta^4) + 4\beta\theta(r-\beta)(8+\theta^2) + 4\beta^2(4+\theta^2)]$，

$\xi = 4(2-\theta^2)^4 K^2\{K(1-\theta^2)[K-4(r-\beta)] + 4[(r-\beta)^2 + 2\beta\theta(r-\beta) + \beta^2]\}$，

$\xi_1=\dfrac{\xi(4-\theta^2)^2}{4(2-\theta^2)^4}$，$K=r-\beta+\sqrt{(r-\beta)^2+2a\eta}$，

$\zeta=(2-\theta^2)(1-\theta^2)[4(r-\beta)^2(8+16\theta+2\theta^2-5\theta^3)+4\beta(r-\beta)(16+16\theta+4\theta^2-2\theta^3-3\theta^4)+\beta^2\theta(32+24\theta-8\theta^2-6\theta^3-\theta^4)]$，

$\zeta_1=(1-\theta^2)(r-\beta)[3(r-\beta)(16+16\theta-4\theta^2-6\theta^3-\theta^4)+4\beta(8+8\theta-2\theta^2-3\theta^3)]$，

$\zeta_2=4(2+\theta)^2(1-\theta^2)[(r-\beta)^2(1+\theta)+2\beta(r-\beta)]$。

由性质2.10可知，在零售商双渠道一体化模式下，零售商采用“体验店+网络渠道销售”模式相对于零售商双渠道独立运作模式来说，并不一定始终是最优的。相反地，在一定市场条件下，零售商双渠道独立运作模式相对于“体验店+网络渠道销售”模式，能为零售商带来更多的渠道利润。

2.4.2 一体化模式下零售商双渠道最优运作策略

由前文分析可知，一体化模式下零售商采用“体验店+网络渠道销售”模式并不一定能带来更多利润，有时候会低于双渠道独立运作模式下的利润，即在一定情形下，双渠道同时销售模式会优于一个渠道作为“体验店”而另一个渠道完成销售的模式。那么，在双渠道一体化模式下，零售商何时采用双渠道同时销售模式、何时采用“体验店+网络渠道销售”模式就成为企业亟待解决的问题。下面我们进一步针对这个问题进行探讨。

将式(2.12)代入式(2.5)，可得零售商双渠道利润函数：

$$\pi^I=\frac{[2a-\eta S^2+2(r-\beta)S]^2+(2a+\theta\eta S^2+2\beta S)[2a(1+2\theta)+2S(\beta+2\theta r-2\theta\beta)-\theta\eta S^2]}{16(1-\theta^2)} \tag{2.16}$$

在一体化模式下，零售商双渠道总利润函数是关于售前服务水平S的四次方函数，通过分析可得定理2.5。

定理2.5：

(ⅰ)当满足$2[\beta+\theta(r-\beta)]^2\geqslant(1-\theta^2)[(r-\beta)^2+2a\eta]$时，零售商双渠道总利润函数在区间$[0, S_0]$内是关于售前服务水平$S$的单调递增函数，从而可得零售商最优售前服务水平$S_0$。

(ⅱ)当满足$2[\beta+\theta(r-\beta)]^2<(1-\theta^2)[(r-\beta)^2+2a\eta]$时，如果有$\Psi\leqslant 0$，仍然可得零售商双渠道总利润函数在区间$[0, S_0]$内是关于售前服务水平$S$的单调递增函数，零售商最优售前服务水平为$S_0$；否则，零售商双渠道总利润函数在区间$[0, S_0]$内是关于售前服务水平$S$的$S$型函数，此时零售商最优售前

服务水平为 $S^*=\arg\max\{\pi(S_3),\ \pi(S_0)\}$。

其中，$S_3=\frac{r-\beta}{\eta}-(\cos\frac{k}{3}-\sqrt[3]{3}\sin\frac{k}{3})\sqrt{\frac{\Delta}{3\eta^2(\theta^2-1)}}$，

$\Psi=9(1-\theta^2)(\beta+\theta r-\theta\beta)[(r-\beta)(\beta+\theta r-\theta\beta)+a\eta(1+\theta)]+\Delta\sqrt{3\Delta(\theta^2-1)}$，

$\Delta=2(\beta+\theta r-\theta\beta)^2-(1-\theta^2)[(r-\beta)^2+2a\eta]$，

$k=\arccos\frac{9(\theta^2-1)(\beta+\theta r-\theta\beta)[(r-\beta)(\beta+\theta r-\theta\beta)+a\eta(1+\theta)]}{\Delta\sqrt{3\Delta(\theta^2-1)}}$。

由定理 2.5 可得，不等式 $2[\beta+\theta(r-\beta)]^2\geqslant(1-\theta^2)[(r-\beta)^2+2a\eta]$ 等价于 $a\leqslant\Omega\equiv\frac{2[\beta+\theta(r-\beta)]^2-(1-\theta^2)(r-\beta)^2}{2\eta(1-\theta^2)}$。进而我们可得出在零售商双渠道一体化模式下，当潜在市场规模相对较小时，零售商双渠道将采用“体验店+网络渠道销售”模式，实体渠道只提供服务，由网络渠道完成销售。但是，由定理 2.5（ii）可知，当潜在市场规模相对较大时，零售商双渠道同时销售模式可能为零售商带来更多利润。

2.5 数值仿真及分析

例 2.1：我们通过数值例子探讨在不同的潜在市场规模下，当零售商双渠道一体化运作时，零售商渠道销售模式选择（双渠道同时销售模式或者“体验店+网络渠道销售”模式）以及对应的渠道定价/服务策略和利润。同时，也探讨了当零售商双渠道独立运作时，在三种不同博弈结构下，零售商双渠道最优定价/服务策略和利润。模型参数设定如下：$r=7$，$\beta=2$，$\theta=0.4$，$\eta=0.1$。假设市场潜在规模从小到大依次为 $a_1=40$，$a_2=70$，$a_3=500$，$a_4=3500$，$a_5=5000$，可得表 2.1。

由表 2.1 可知，不同情形下双渠道零售商的最优渠道销售模式选择以及对应的定价/服务策略和利润。同时，我们得到以下两个管理学启示：①无论潜在市场规模如何变化，零售商双渠道一体化模式下的渠道总利润总是优于双渠道独立运作模式下的渠道总利润。在一体化模式下，当潜在市场规模相对较小（$a\leqslant500$）时，零售商将采用“体验店+网络渠道销售”模式；否则，零售商将采用双渠道同时销售模式。②在一体化模式下，零售商双渠道的最优定价和服务水平总是高于独立运作模式下零售商双渠道的定价和服务水平。

表 2.1　不同情形下零售商双渠道最优渠道销售模式选择以及对应的定价/服务策略和利润

潜在市场规模 a	一体化模式					实体渠道为领导者模式						网络渠道为领导者模式						同时决策模式								
	p_1^{I*}	S^{I*}	p_2^{I*}	π^{I*} (×10⁴)	销售模式	p_1^{TC}	S^{TC}	p_2^{TC}	d^{TC}	π_1^{TC} (×10⁴)	π_2^{TC} (×10⁴)	π^{TC} (×10⁴)	p_1^{OC}	S^{OC}	p_2^{OC}	d^{OC}	π_1^{OC} (×10⁴)	π_2^{OC} (×10⁴)	π^{OC} (×10⁴)	p_1B	S^B	p_2B	d^B	π_1B (×10⁴)	π_2B (×10⁴)	π^B (×10⁴)
40	—	107.4	289	7.0	体验店模式	284	58.7	136	239	1.2	1.8	3.0	232	50	121	218	1.1	1.4	2.5	231	50	2116	222	1.1	1.3	2.5
70	—	112.5	326	8.9	体验店模式	304	58.7	155	276	1.6	2.4	4.0	251	50	141	255	1.6	1.8	3.4	249	50	135	259	1.5	1.8	3.4
500	—	161.8	802	54.0	体验店模式	584	58.7	426	805	15.6	18.1	33.7	522	50	421	784	15.7	16.3	32.1	518	50	404	797	15.4	16.3	31.8
3500	3879	139.0	3248	1146.6	双渠道模式	2541	58.7	2317	4496	516.2	536.8	1053.0	2413	50	2378	4476	523.5	520.1	1043.6	2393	50	2279	4547	514.5	519.2	1033.7
5000	5140	140.1	4500	2258.0	双渠道模式	3519	58.7	3263	6342	1030.6	1064.4	2095.0	3359	50	3356	6321	1045.7	1036.2	2081.8	3331	50	3216	6422	1027.7	1034.4	2062.0

例 2.2：我们进一步针对上述四种不同的运作模式，探讨在不同的潜在市场规模下，“搭便车”行为程度β、服务成本因子η、服务水平弹性系数r是如何影响双渠道零售商的最优定价/服务策略、需求和利润的。具体模型参数设定如下：$r=7$，$\beta=1$，$\theta=0.4$，$\eta=0.05$。数值结果如图 2.2 至图 2.4 所示。

由图 2.2 至图 2.4 可以得到以下管理学启示：①无论市场参数如何变化，零售商双渠道在一体化模式下的渠道最优总利润始终高于在分散竞争模式下的渠道最优总利润。②在一体化模式下，当潜在市场规模相对较大时，随着“搭便车”行为的增多，零售商双渠道总利润不断增大，“搭便车”行为对零售商渠道总利润产生积极效应。但是，在零售商双渠道分散决策模式下，双渠道总利润总是随着“搭便车”行为的增多而不断减少，“搭便车”行为对双渠道零售商始终产生消极影响。进一步地，当潜在市场规模相对较小时，零售商双渠道总利润会随着“搭便车”行为的增多先增加后减少，网络渠道价格会随着“搭便车”行为的增多先提高后降低。当零售商选择双渠道同时销售产品时，实体渠道服务水平会随着“搭便车”行为的增多不断提升，但是当零售商选择“体验店+网络渠道销售”模式时，实体渠道的服务水平会随着“搭便车”行为的增多不断降低(如图 2.2 所示)。③无论在哪种渠道运作模式下，服务成本因子对双渠道零售商价格、售前服务水平和利润始终产生消极影响，随着售前服务成本因子的增大，零售商双渠道价格和服务水平会不断降低，利润会不断减少。因此，在实践中，零售商实体店应该以尽可能低的服务成本创造尽可能高的服务水平，从而有效降低服务成本因子，提高服务效率，增加渠道利润。例如，零售商可以通过培训员工提高其服务能力、针对不同客户提供不同的个性化服务等方法来提高服务水平。④在一体化模式下，当潜在市场规模相对较大而“搭便车”行为较少或者服务水平弹性系数相对较低时，或者当市场潜在规模较大、服务成本因子相对较高时，零售商更愿意选择双渠道同时销售产品模式；否则，零售商更愿意选择“体验店+网络渠道销售”模式，让实体渠道转化为“体验店”，仅通过网络渠道进行销售。⑤无论在哪种渠道运作模式下，消费者服务敏感系数始终会对双渠道零售商价格、服务水平和利润产生积极影响，随着消费者服务敏感性的提高，零售商双渠道价格、售前服务水平会不断提高，利润会不断增加。

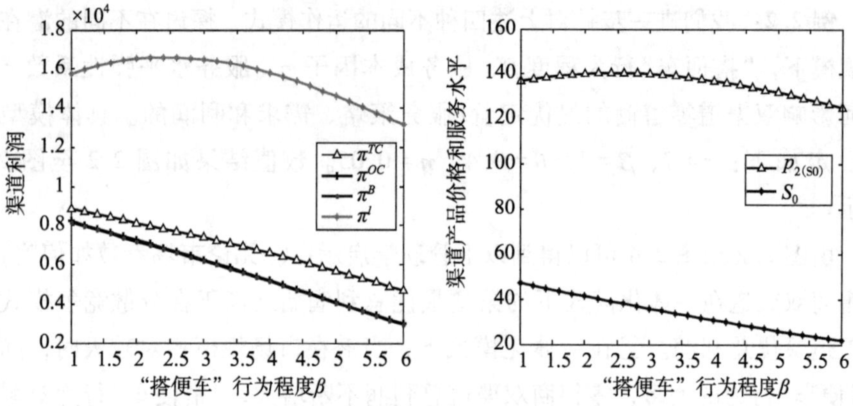

（a）相对较小的潜在市场规模（a=50）

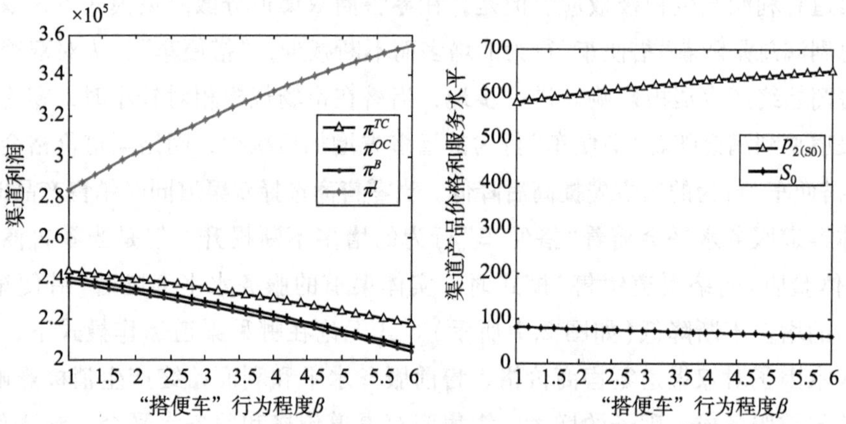

（b）中等潜在市场规模（a=500）

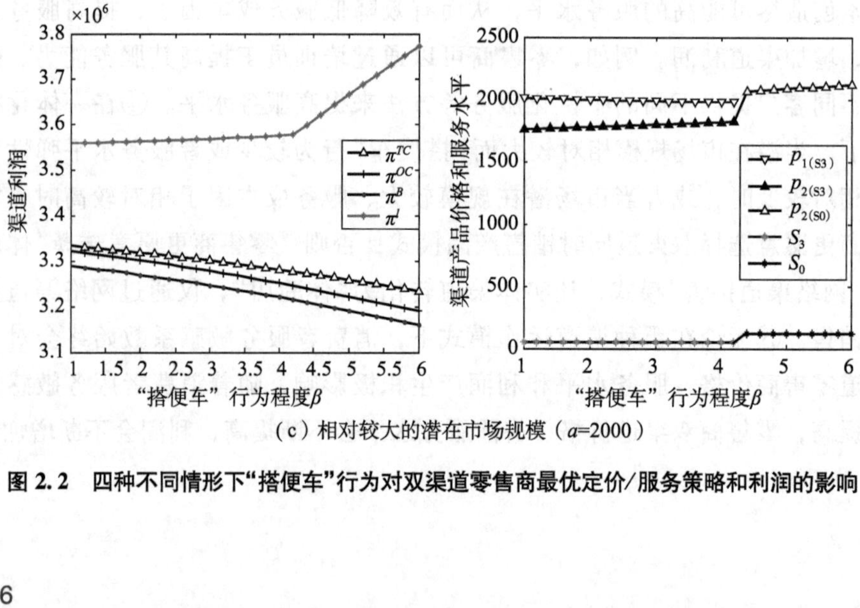

（c）相对较大的潜在市场规模（a=2000）

图 2.2　四种不同情形下“搭便车”行为对双渠道零售商最优定价/服务策略和利润的影响

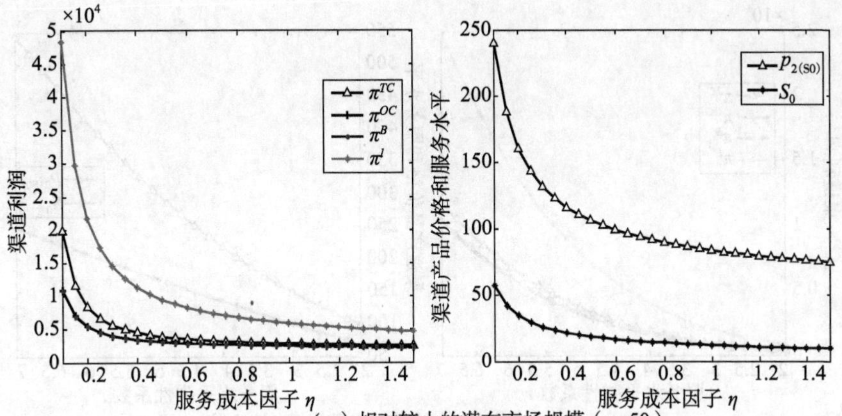

（a）相对较小的潜在市场规模（a=50）

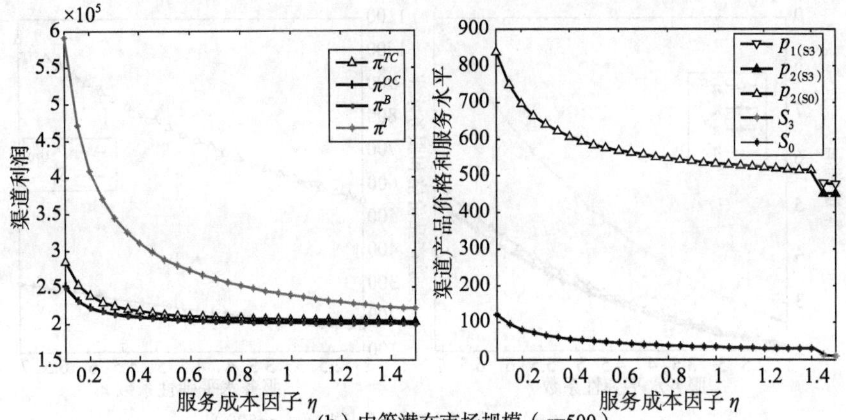

（b）中等潜在市场规模（a=500）

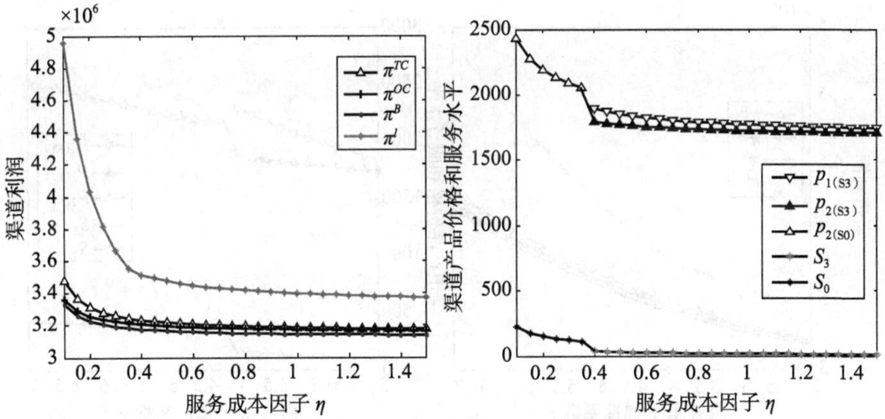

（c）相对较大的潜在市场规模（a=2000）

图 2.3　四种不同情形下服务成本因子对双渠道零售商最优定价/服务策略和利润的影响

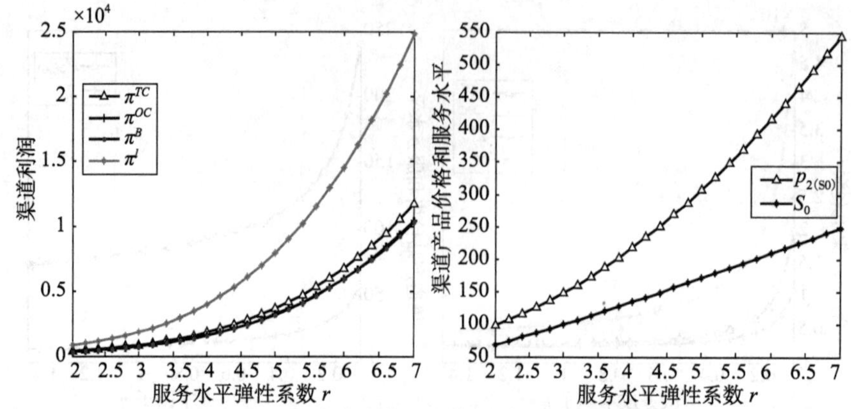

（a）相对较小的潜在市场规模（a=50）

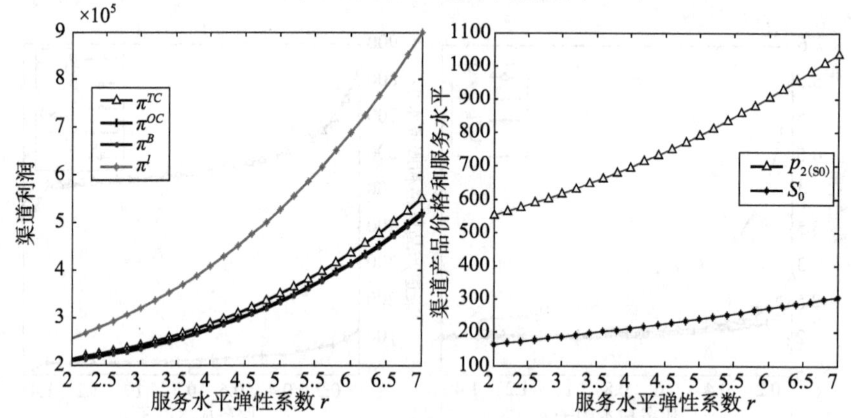

（b） 中等潜在市场需求规模（a=500）

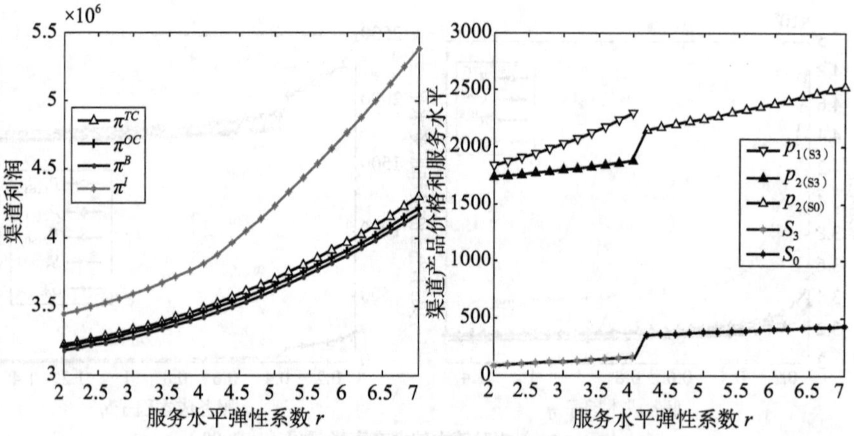

（c）相对较大的潜在市场规模（a=2000）

图 2.4　四种不同情形下服务水平弹性系数对双渠道零售商最优定价/服务策略和利润的影响

2.6 本章小结

本章以电子商务环境下，零售商既通过自身实体渠道销售产品又开辟网络直销渠道销售产品为实际背景，研究了当市场中存在“搭便车”行为时双渠道零售商的最优渠道销售模式选择与运作策略。当零售商双渠道独立运作时，“搭便车”行为削弱了零售商实体渠道提供较高水平售前服务的动机，降低了市场需求，会对零售商实体渠道和双渠道总利润产生消极影响。尽管“搭便车”行为在一定程度上可以增加网络渠道需求，但是对网络渠道并非始终有益，当“搭便车”行为程度很高时，双渠道间的冲突会变得十分激烈，此时，网络渠道的利润会随着“搭便车”行为的增多而不断减少。我们还发现，在分散决策情形下，零售商双渠道先后决策模式要优于双渠道同时决策模式。进一步地，当零售商双渠道一体化运作时，在一定市场条件下，零售商可能会采用“体验店+网络渠道销售”模式，即实体渠道为客户提供产品体验，而产品销售则通过网络渠道来完成。此时，随着“搭便车”行为强度的增大，零售商双渠道利润也会不断增加。本章的结论可以为相关企业决策者提供理论上的指导。

第3章 消费者“搭便车”行为下双层双渠道供应链运作策略

“搭便车”行为不仅发生在零售商双渠道间，当制造商通过双渠道(传统零售商渠道和自身网络直销渠道)销售产品时，“搭便车”行为也会发生，一些消费者会在传统零售商渠道体验服务却最终到制造商网络渠道完成购买。因“搭便车”行为会削弱零售商提供服务的动机，进而影响产品的市场需求以及零售商和制造商的利润，所以在存在“搭便车”行为的市场中，当制造商通过双渠道销售产品时，如何缓和制造商和零售商之间的渠道冲突，不降低传统零售商提供服务的动机，成为很多企业以及学者十分关注的问题，双渠道冲突的协调问题也成为一个研究热点。

在企业实践中，一些双渠道制造商(如蓝月亮和雀巢咖啡)会通过设计“服务成本分摊合同”(service-cost sharing contract)来为零售商分担一些售前服务成本，以提高零售商的服务动机和服务水平(如为零售商提供一些免费促销咨询服务，将自己的销售人员派到零售商店帮助零售商销售等)，从而减弱“搭便车”行为对零售商提供售前服务动机的消极影响。此外，为了完全避免“搭便车”行为对零售商的影响，一些零售商转变为商业地产商或者制造商的“产品体验中心”，不再销售制造商产品，而是通过提供较高水平的服务吸引制造商进驻零售商店，为制造商提供产品售前体验场所，吸引消费者在零售商实体店中体验产品，然后到制造商网络渠道完成购买。此时，零售商主要通过收取制造商入场费及店面租金等方式获得利润。

那么，为什么会出现这些现象？制造商服务成本分摊合同是否真的能降低“搭便车”行为对零售商售前服务的影响，进而刺激零售商服务水平的提高？服务成本分摊合同能否为制造商带来更多利润？当存在“搭便车”行为时，制造商服务成本分摊合同对制造商和零售商的运作策略会产生怎样的影响？在什么情况下，零售商愿意转变为制造商的“产品体验中心”，以及此时制造商和零售商的运作策略会有怎样的变化？本章将对上述问题一一进行解答。

3.1 模型设定

本节研究一个两层双渠道供应链系统，其中制造商既通过传统零售商分销自己的产品，也开通了自身的网络直销渠道分销产品。传统渠道零售商以批发价 w 在制造商处批发产品，同时为了刺激顾客需求，提供 S 水平的售前服务，产品销售价格为 p_1，制造商网络渠道产品销售价格为 p_2。由于“搭便车”行为的存在，制造商提供服务成本分摊合同，为零售商分摊一定比例的服务成本，从而刺激传统零售商提供较高水平的售前服务，如图3.1所示。

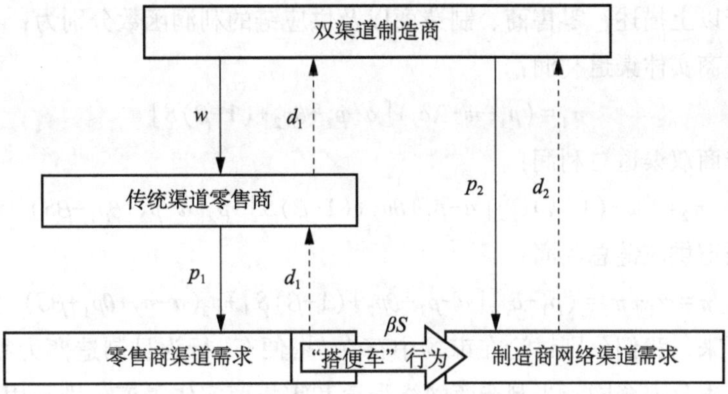

图3.1 “搭便车”行为下的双渠道供应链分销系统结构

在制造商和零售商组成的双渠道分销系统中，制造商网络渠道需求和零售商渠道需求关于自身渠道价格递减，关于对方渠道价格递增。同时，由于“搭便车”行为的影响，零售商渠道售前服务水平不仅能提高自身渠道需求，也会提高制造商网络渠道需求。参考 Tsay 和 Agrawal (2000)、Yue 和 Liu (2006)的相关研究，可得零售商实体渠道和制造商网络渠道的需求函数分别为：

零售商实体渠道需求：$d_1=a_1-p_1+\theta_1 p_2+(1-\beta)S$ (3.1)

制造商网络渠道需求：$d_2=a_2-p_2+\theta_2 p_1+\beta S$ (3.2)

其中，$d_i(i=1, 2)$分别为零售商实体渠道和制造商网络渠道的需求；$p_i(i=1, 2)$分别为零售商实体渠道和制造商网络渠道的产品销售价格；S为零售商实体渠道所提供的售前服务水平，服务成本为 $c_s=\frac{\eta S^2}{2}$，其中，$\eta>0$ 为服务成本影响因子；$a_i(i=1, 2)$分别为零售商实体渠道和制造商网络渠道的潜在市场规模；$\theta_i(0<\theta_i<1)$为制造商网络渠道与零售商实体渠道的替代效用系数(竞争强度)；$\beta(0\leqslant\beta\leqslant r)$为“搭便车”行为程度，用来衡量享受零售商实体渠道售前服务后却转移到制造商网络渠道购买产品的顾客比例。与第 2 章类似，我们仍然假设“搭便车”行为程度 β 为外生变量。

因制造商为零售商提供服务成本分摊合同，零售商部分服务成本由制造商分摊，设零售商分摊的服务成本比例为 $\lambda(0\leqslant\lambda\leqslant1)$，则剩下的比例 $1-\lambda$ 由制造商分摊。由此可见，λ 值越小，零售商分摊的比例越小，制造商分摊的比例越大。为了便于分析，参考 Yue 和 Liu(2006)、Xia 和 Gilbert(2007)、Yan(2010)等的研究，我们设 $a_1=a_2=a$，$\theta_1=\theta_2=\theta$。

基于以上描述，零售商、制造商以及供应链的利润函数分别为：

零售商实体渠道利润：

$$\pi_1=(p_1-w-\lambda c_s)[a-p_1+\theta p_2+(1-\beta)S] \tag{3.3}$$

制造商双渠道总利润：

$$\pi_2=[w-(1-\lambda)c_s][a-p_1+\theta p_2+(1-\beta)S]+p_2(a-p_2+\theta p_1+\beta S) \tag{3.4}$$

双渠道供应链总利润：

$$\pi=\pi_1+\pi_2=(p_1-c_s)[a-p_1+\theta p_2+(1-\beta)S]+p_2(a-p_2+\theta p_1+\beta S) \tag{3.5}$$

接下来，我们分别讨论在市场中存在“搭便车”行为且制造商为零售商提供服务成本分摊合同，当制造商网络渠道和零售商实体渠道分别采用“价格非一致”模式和“价格一致”模式时，制造商和零售商的最优渠道运作策略和利润。

3.2 “价格非一致”模式下双渠道供应链运作策略

本节研究制造商主导的双渠道供应链结构，即制造商为市场领导者，零售商为跟随者，制造商与零售商进行 Stackelberg 博弈。首先，制造商以自身利润最大化为目标设置产品批发价格 w、服务成本分摊比例 $1-\lambda$ 和自身网络渠道产品价格 p_2。其次，零售商根据制造商给定的策略，站在自身利润最大化角度，进一步制定自身渠道的价格 p_1 和售前服务水平 S。我们用上标 S1 来表示供应链渠道“价格非一致”模式的情形。采用逆向递归法，求出当制造商策略给定时，零售商的最优反应函数。

3.2.1 零售商的最优反应策略

结合前文描述，当制造商策略(w, λ, p_2)给定时，可以得到零售商的最优反应策略(p_1, S)，见定理3.1。

定理3.1：当制造商策略(w, λ, p_2)给定时，零售商的最优产品销售价格p_1和售前服务水平S分别为：

$$p_1^{S1}=\frac{a+\theta p_2+w}{2}+\frac{3(1-\beta)^2}{4\lambda\eta},\ S^{S1}=\frac{1-\beta}{\lambda\eta} \tag{3.6}$$

由上述均衡策略，可得零售商的需求和利润函数：

$$d_1^{S1}=\frac{a+\theta p_2-w}{2}+\frac{(1-\beta)^2}{4\lambda\eta},\ \pi_1^{S1}=\left[a+\theta p_2-w+\frac{(1-\beta)^2}{2\lambda\eta}\right]^2 \tag{3.7}$$

3.2.2 制造商的最优运作策略

将式(3.6)代入式(3.4)并化简，可将制造商的利润函数转化为：

$$\begin{aligned}\pi_2^{S1}=&\left[w-\frac{(1-\lambda)(1-\beta)^2}{2\lambda^2\eta}\right]\left[a-\frac{2\lambda\eta(a+\theta p_2+w)+3(1-\beta)^2}{4\lambda\eta}+\theta p_2+\frac{(1-\beta)^2}{\lambda\eta}\right]+\\&p_2\left[a-p_2+\frac{2\lambda\eta\theta(a+\theta p_2+w)+3\theta(1-\beta)^2}{4\lambda\eta}+\frac{\beta(1-\beta)}{\lambda\eta}\right]\end{aligned} \tag{3.8}$$

由式(3.8)可得，制造商双渠道总利润是关于批发价w和网络渠道价格p_2的联合凹函数$\left(\frac{\partial^2\pi_2^{S1}}{\partial p_2^2}=\theta^2-2<0,\ \frac{\partial^2\pi_2^{S1}}{\partial w^2}=-1,\ \frac{\partial^2\pi_2^{S1}}{\partial p_2\partial w}=\frac{\partial^2\pi_2^{S1}}{\partial w\partial p_2}=\theta\right)$。接下来，我们运用两阶段优化技术来求出制造商最优利润。当售前服务成本分摊合同比例λ给定时，可求出制造商的最优批发价$w(\lambda)$和网络渠道价格$p_2(\lambda)$，然后以制造商双渠道总利润$\pi_2(\lambda)$最大化为目标，求出最优的服务成本分摊比例λ^*，从而可得制造商最优渠道运作策略和利润。

定理3.2：当制造商服务成本分摊比例λ给定时，制造商最优网络渠道销售价格p_2^{S1}、批发价格w^{S1}和网络渠道需求d_2^{S1}分别为：

$$p_2^{S1}=\frac{B_1}{C_1},\ w^{S1}=\frac{D_1}{2\lambda C_1},\ d_2^{S1}=\frac{F_1}{8\lambda^2\eta} \tag{3.9}$$

其中，$B_1=\lambda\eta a(1+\theta)+\theta(1-\beta)^2+\beta(1-\beta)$，$C_1=2\lambda\eta(1-\theta^2)$，

$D_1=2\lambda^2\eta a(1+\theta)+(1-\theta^2+2\lambda\theta^2)(1-\beta)^2+2\lambda\theta\beta(1-\beta)$，

$F_1=2\lambda^2\eta a(2+\theta)+\theta(2\lambda+1)(1-\beta)^2+4\lambda\beta(1-\beta)$。

由式(3.9)可得，当制造商服务成本分摊比例 λ 给定时，制造商双渠道最优利润 π_2^{S1} 为：

$$\pi_2^{S1}=\frac{[\lambda\eta D_1-(1-\lambda)(1-\beta)^2C_1]E_1+2\lambda^2\eta B_1F_1}{16\lambda^4\eta^2C_1} \tag{3.10}$$

其中，$E_1=2\lambda^2\eta a+(2\lambda-1)(1-\beta)^2$。

将式(3.9)分别代入式(3.6)和式(3.7)，得到零售商的最优渠道定价 p_1^{S1}、售前服务水平 S、需求 d_1^{S1} 和利润 π_1^{S1}：

$$\begin{cases} p_1^{S1}=\dfrac{A_1}{4\lambda C_1},\quad S^{S1}=\dfrac{1-\beta}{\lambda\eta} \\ d_1^{S1}=\dfrac{E_1}{8\lambda^2\eta},\quad \pi_1^{S1}=\dfrac{E_1^2}{64\lambda^4\eta^2} \end{cases} \tag{3.11}$$

其中，$A_1=2\lambda^2\eta a(3+2\theta-\theta^2)+(6\lambda+1-\theta^2-2\lambda\theta^2)(1-\beta)^2+4\lambda\theta\beta(1-\beta)$。

因零售商边际利润和需求不能为负，即 $d_1^{S1}=p_1-w-\lambda c_s\geqslant0$，可得制造商提供服务成本分摊比例满足 $\lambda\geqslant\xi$，其中 $\xi=\dfrac{-(1-\beta)^2+\sqrt{(1-\beta)^4+2a\eta\ (1-\beta)^2}}{2a\eta}<1$；否则，零售商边际利润和需求为负，退出市场。我们始终假设制造商分摊比例满足 $\lambda\geqslant\xi$。

接下来，我们探讨制造商服务成本分摊比例对供应链各主体的运作策略、需求和利润的影响。由定理 3.2，可得性质 3.1。

性质 3.1：

(ⅰ) $\dfrac{\partial p_1^{S1}}{\partial\lambda}<0$，$\dfrac{\partial p_2^{S1}}{\partial\lambda}<0$，$\dfrac{\partial w^{S1}}{\partial\lambda}<0$，$\dfrac{\partial S^{S1}}{\partial\lambda}<0$；

(ⅱ) $\dfrac{\partial d_1^{S1}}{\partial\lambda}>0$，$\dfrac{\partial d_2^{S1}}{\partial\lambda}<0$，$\dfrac{\partial\pi_1^{S1}}{\partial\lambda}>0$。

由性质 3.1(ⅰ)可知，制造商和零售商的最优渠道运作策略 p_2^{S1}、w^{S1}、p_1^{S1} 和 S^{S1} 均关于服务成本分摊比例 λ 单调递减。在存在"搭便车"行为的市场中，随着零售商分摊的服务成本比例不断提高，为了节约服务成本，他们将逐渐降低自身渠道的服务水平，并通过设置较低的产品销售价格来进一步刺激渠道需求。对制造商来说，因为"搭便车"行为的存在，随着零售商分摊的服务成本比例不断升高(λ 增大)，作为对零售商服务成本的补偿，制造商将逐渐降低零售商产品批发价格，但因零售商渠道价格下降，制造商网络渠道价格也会相应下降，从而保持自身网络渠道的价格竞争优势。

由性质 3.1(ⅱ)可得到一个有意思的管理学启示，我们称之为“反利润的成本分摊”现象，即随着零售商售前服务成本分摊比例的增大，零售商利润会不断增加。在这种情形下，制造商为零售商分摊的服务成本比例越高，即零售商分摊的服务成本比例越低，零售商的利润越低。事实上，这个现象也不难解释：在存在“搭便车”行为的市场中，零售商要求分摊售前服务成本的比例越小，制造商分摊的服务成本比例就会越大，这将直接导致制造商通过提高对零售商的产品批发价格来弥补因服务成本分摊比例增大所带来的损失，最终导致零售商渠道销售价格提高。此时，尽管零售商分摊的服务成本比例降低，其提供的服务水平提高，但服务水平提高对需求增加带来的正效应被其价格提高带来的需求减少负效应所抵消，最终引起零售商渠道需求减少，从而导致零售商利润降低。图 3.2 从数值例子的角度对我们的上述解释做了进一步的验证。具体模型参数设置如下：$a=50$，$\beta=0.2$，$\theta=0.8$，$\eta=0.4$。

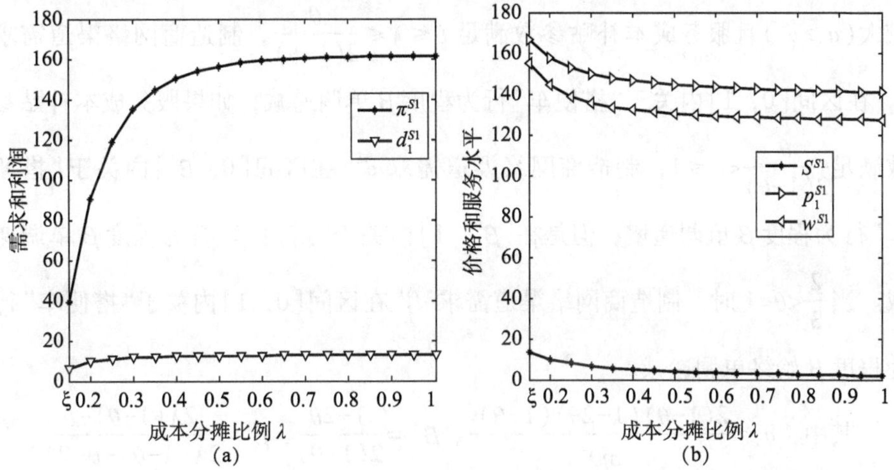

图 3.2 售前服务成本分摊比例 λ 对零售商渠道策略、需求和利润的影响

我们进一步分析当制造商提供服务成本分摊合同时，市场中的“搭便车”行为对供应链各主体的运作策略、需求和利润的影响，可得性质 3.2。

性质 3.2：

(ⅰ)零售商传统渠道价格 p_1^{S1}、售前服务水平 S^{S1}、制造商批发价格 w^{S1} 在区间[0，1]内关于“搭便车”行为程度β单调递减。当$0<\theta<\frac{1}{2}$时，制造商网络渠道价格p_2^{S1}在区间[0，β^*]内关于“搭便车”行为程度β单调递增，但是在[β^*，1]内关于“搭便车”行为程度β单调递减；当$\frac{1}{2}\leqslant\theta<1$时，制造商网络渠道价格$p_2^{S1}$在区间[0，1]内关于“搭便车”行为程度$\beta$始终单调递减。

（ⅱ）当服务成本分摊比例满足$\xi\leqslant\lambda<\frac{1}{2}$时，零售商传统渠道需求$d_1^{S1}$和利润$\pi_1^{S1}$在区间[0，1]内关于“搭便车”行为程度$\beta$单调递增；否则，当$\frac{1}{2}\leqslant\lambda\leqslant1$时，零售商传统渠道需求$d_1^{S1}$和利润$\pi_1^{S1}$在区间[0，1]内关于“搭便车”行为程度$\beta$单调递减。

（ⅲ）当$0<\theta\leqslant\frac{2}{3}$时，如果潜在市场规模相对较小（$a<a_x$），制造商网络渠道需求$d_2^{S1}$在区间[0，$\beta^\#$]内关于“搭便车”行为程度$\beta$单调递增，但是在区间[$\beta^\#$，1]内关于“搭便车”行为程度$\beta$单调递减；否则，如果潜在市场规模相对较大（$a\geqslant a_x$）且服务成本补贴参数满足$\xi\leqslant\lambda\leqslant\frac{\theta}{2(1-\theta)}$，制造商网络渠道需求$d_2^{S1}$在区间[0，1]内关于“搭便车”行为程度$\beta$单调递减，如果服务成本补贴参数满足$\frac{\theta}{2(1-\theta)}<\lambda\leqslant1$，制造商网络渠道需求$d_2^{S1}$在区间[0，$\beta^\#$]内关于“搭便车”行为程度$\beta$单调递增，但是在[$\beta^\#$，1]内关于“搭便车”行为程度$\beta$单调递减。当$\frac{2}{3}<\theta<1$时，制造商网络渠道需求$d_2^{S1}$在区间[0，1]内关于“搭便车”行为程度$\beta$始终单调递减。

其中，$a_x=\frac{2(1-\theta)(1-2\theta)(1-\beta)^2}{\eta\theta^2}$，$\beta^*=\frac{1-2\theta}{2(1-\theta)}$，$\beta^\#=\frac{2\lambda(1-\theta)-\theta}{2\lambda(1-\theta)-\theta+2\lambda}$。

由性质3.2（ⅰ）可知，无论服务成本分摊比例λ如何变化，随着“搭便车”行为的增多，零售商传统渠道价格p_1^{S1}、售前服务水平S^{S1}、制造商批发价格w^{S1}会不断下降，即随着“搭便车”行为的增多，越来越多的顾客在零售商渠道体验产品服务却转移到制造商网络渠道购买产品，从而削弱了零售商提供服务的动机，使服务水平不断下降。同时，为了进一步保持竞争优势，刺激顾客需求，零售商产品价格会下降。对制造商而言，随着“搭便车”行为的增多，越来越多的顾客会转移到制造商网络渠道购买产品，作为对零售商的补偿，制造商产品批发价格会下降。进一步地，随着“搭便车”行为的增多，尽管零售商产品销售价格越来越低，但由于“搭便车”效应，网络渠道需求增加，制造商网络渠道价格并非始终下降，而是受到渠道替代效用系数(竞争强度)的影响。当渠道替代效用系数(竞争强度)相对较高$\left(\frac{1}{2}\leqslant\theta<1\right)$时，即当双渠道间替代效应比较强、价格竞争比较激烈时，“搭便车”行为对网络渠道价格也会产生消极影响，随着“搭便车”行为的增多，制造商网络渠道价格会不断下降。但是，当渠道替代效用系数(竞争强度)相对较低时，在较小的“搭便车”行为程度$\left(0<\theta<\frac{1}{2},\ \beta\leqslant\beta^*\right)$下，制造商网络渠道价格会随着“搭便车”行为程度的提高而提高。

由性质3.2(ⅱ)可得，在不同的服务成本分摊比例下，“搭便车”行为对零售商传统渠道需求和利润会产生不同的影响。当服务成本分摊比例λ相对较低$\left(\xi\leqslant\lambda<\frac{1}{2}\right)$时，即零售商承担的服务成本比例相对较低时，随着“搭便车”行为的增多，零售商传统渠道需求和利润会不断增加；当服务成本分摊比例λ相对较高时$\left(\frac{1}{2}\leqslant\lambda\leqslant1\right)$，即零售商承担的服务成本比例相对较高时，随着“搭便车”行为的增多，零售商传统渠道需求和利润会不断减少。由此，我们得到一个有意思的管理学启示：当制造商为零售商提供服务成本分摊合同时，“搭便车”行为对零售商并非始终有害；相反地，当制造商分摊的服务成本比例相对较高时，零售商仅分摊较低比例的服务成本，却能提供较高水平的服务，服务水平提高带来的零售商渠道需求增加的正效应抵消了“搭便车”行为增多带来的零售商渠道需求减少的负效应，最终导致零售商传统渠道需求和利润的增加。

由性质3.2(ⅲ)可知，“搭便车”行为对制造商网络渠道需求的影响不仅与渠道替代效用系数(竞争强度)、潜在市场规模有关，而且与服务成本分摊比例有关。当渠道替代效用系数(竞争强度)相对较小$\left(0<\theta\leqslant\frac{2}{3}\right)$而潜在市场规模相对较大($a\geqslant a_x$)时，如果零售商承担了较高比例的售前服务成本$\left(\frac{\theta}{2(1-\theta)}<\lambda\leqslant1\right)$，那么随着“搭便车”行为的增多，制造商网络渠道需求会先

增加后减少；否则，制造商网络渠道需求会随着"搭便车"行为的增多而不断减少。当渠道替代效用系数（竞争强度）和潜在市场规模均相对较小$\left(0<\theta\leqslant\frac{2}{3},\ a<a_x\right)$时，随着"搭便车"行为的增多，制造商网络渠道需求会先增加后减少。当渠道替代效用系数（竞争强度）相对较大$\left(\frac{2}{3}<\theta<1\right)$时，双渠道间的替代效应较强，价格竞争较为激烈，随着"搭便车"行为的增多，制造商网络渠道需求会不断减少，"搭便车"行为对制造商网络渠道需求始终产生消极影响。

基于上述分析，我们进一步确定存在"搭便车"行为时制造商的最优服务成本分摊比例。首先，我们分析服务成本分摊比例对制造商利润的影响，然后进一步确定制造商最优的服务成本分摊比例，可得定理 3.3 和结论 3.1。

定理 3.3：

（ⅰ）当潜在市场规模满足 $a\leqslant a^*$ 时，制造商双渠道利润 π_2^{S1} 在区间$[\xi,1]$内关于服务成本分摊比例 λ 单调递减。

（ⅱ）当潜在市场规模满足 $a>a^*$ 时，如果 $\Omega_1>0$，制造商双渠道利润 π_2^{S1} 在区间$[\xi,1]$内关于服务成本分摊比例 λ 单调递减；否则，如果 $\Omega_1\leqslant 0$ 且 $\Psi<0$，制造商双渠道利润 π_2^{S1} 在区间$[\xi,1]$内是关于服务成本分摊比例 λ 的凹函数。如果 $\Omega_1\leqslant 0$ 且 $\Psi\geqslant 0$，制造商利润 π_2^{S1} 在区间$[\xi,1]$内是关于服务成本分摊比例 λ 的 S 型函数。

其中，$a^*=\dfrac{(5\theta^2-1)(1-\beta^2)+8\beta\theta(1-\beta)+4\beta^2}{2\eta(1-\theta^2)}$，

$\Delta=(5\theta^2-1)(1-\beta^2)+8\beta\theta(1-\beta)+4\beta^2-2a\eta(1-\theta^2)$，

$\Omega_1=M_1+\sqrt{M_1^2+72a\eta(1-\theta^2)(1-\beta)^3(1+\theta)(\beta-\beta\theta+1+\theta)}-6(1-\beta)^3(1-\theta^2)-2(1-\beta)^2\sqrt{3\Delta(\theta^2-1)}$，

$M_1=4(1-\beta)[\theta^2(1-\beta)^2+4\beta\theta(1-\beta)+3\beta^2-2\beta+1-a\eta(1-\theta^2)]$，

$\Psi=2\eta a(2\eta a-3N)(1-\theta^2)3^{+}N^3(1+\theta)(\beta-\theta\beta+1+\theta)+N^2[-2a\eta(1-\theta^2)(1-\beta)-6\beta^3-6\beta+8\beta\theta-2\beta^3\theta^2+8\beta^3\theta+6\beta^2\theta^2-6\beta\theta^2+2\theta^2-16\theta\beta^2+2+10\beta^2]$，

$N=-(1-\beta)^2+\sqrt{(1-\beta)^4+2a\eta\,(1-\beta)^2}$。

结论 3.1：在存在"搭便车"行为的情形下，当潜在市场规模满足 $a\leqslant a^*$ 时，制造商最优服务成本分摊比例为 $\lambda^*=\xi$。当潜在市场规模满足 $a>a^*$ 时，

如果 $\Omega_1>0$，制造商最优服务成本分摊比例仍为 $\lambda^*=\xi$；如果 $\Omega_1\leqslant 0$，$\Psi<0$，制造商最优服务成本分摊比例为 $\lambda^*=\lambda^{\$}$；如果 $\Omega_1\leqslant 0$，$\Psi>0$，制造商最优服务成本分摊比例为 $\lambda^*=\arg\mathrm{Max}\{\pi(\lambda^{\$}),\ \pi(\xi)\}$。

其中，$\lambda^{\$}=\dfrac{3(1-\theta^2)(1-\beta)}{3(1-\theta^2)(1-\beta)+(\cos\dfrac{k}{3}-\sqrt[3]{3}\sin\dfrac{k}{3})\sqrt{3\Delta(\theta^2-1)}}$。

由定理 3.3 可知，当潜在市场规模相对较小($a\leqslant a^*$)时，制造商分摊的服务成本比例越高，制造商利润越高。当市场潜在需求规模相对较大($a>a^*$)时，如果满足 $\Omega_1>0$，仍然可以得到以下结论：制造商承担的服务成本比例越高，制造商利润越高；否则，在区间$[\xi,1]$内存在一个最优的服务成本分摊比例，能够使制造商获得最高利润。从定理 3.3 可以看出，服务成本分摊合同能为制造商带来更多利润，且大部分情况下，制造商承担的服务成本比例越高，其所获得的利润越高。

进一步地，由结论 3.1 可得，在不同的市场参数下，制造商会选择不同的渠道销售模式(双渠道同时销售模式或者“零售商产品体验中心+网络渠道销售”模式)。当潜在市场需求相对较小($a\leqslant a^*$)时，零售商分摊的服务成本比例最小($\lambda^*=\xi$)，但此时零售商的服务水平以及销售价格达到最高[性质 3.1(ⅰ)]，而零售商需求为零(定理 3.2)，即所有的顾客在零售商处体验服务，但是最终在制造商网络渠道完成购买。此时，零售商转化为了制造商的“产品体验中心”，而制造商的产品仅仅通过网络渠道销售。此时，制造商采用“零售商产品体验中心+网络渠道销售”模式能获得最大的渠道利润。进一步，当潜在市场规模相对较大($a>a^*$)时，对制造商来说，在满足一定市场条件(例如，$\Omega_1\leqslant 0$，$\Psi<0$)时，采用双渠道同时销售模式是最好的，IBM 就是采用双渠道同时销售模式获得成功的典型例子。

3.3 “价格一致”模式下双渠道供应链运作策略

在上一节中，我们针对市场中存在“搭便车”行为且制造商为零售商提供服务成本分摊合同情形，讨论了在制造商领导的 Stackelberg 博弈结构下，当制造商网络渠道和零售商实体渠道采用“价格非一致”模式时，制造商和零售商的最优渠道运作策略和利润。但是，在现实中，我们也观察到，很多制造商经常采用自身网络渠道价格与零售商实体渠道价格一致模式来缓和渠道间的价格冲突。例如，Ernst(2001)通过实证研究指出，在现实中大概有2/3的双渠道制造商采用自身网络渠道价格与零售商实体渠道价格一致模式。这里我们进一步讨论在双渠道“价格一致”模式下，双渠道制造商和零售商的最优渠道运作策略和利润。

仍然考虑制造商为市场领导者，与零售商进行Stackelberg博弈。因为制造商采用自身网络渠道价格与零售商实体渠道价格一致模式，所以制造商不再制定自身网络渠道价格，而是在零售商制定出自身实体渠道价格后直接仿制，即$p_2=p_1$。在这种模式下，制造商首先站在自身利润最大化角度设置产品批发价格w以及服务成本分摊比例$1-\lambda$。零售商观察到制造商的策略后，以自身利润最大化为目标设置自身产品销售价格p_1和售前服务水平S。

基于以上描述，在双渠道“价格一致”模式下，零售商和制造商的利润函数分别为：

零售商实体渠道利润：

$$\pi_1=(p_1-w-\lambda c_s)[a-p_1+\theta p_1+(1-\beta)S] \tag{3.12}$$

制造商双渠道总利润：

$$\pi_2=[w-(1-\lambda)c_s][a-p_1+\theta p_1+(1-\beta)S]+p_1(a-p_1+\theta p_1+\beta S) \tag{3.13}$$

采用逆向递归法，首先求出当制造商策略给定时零售商的最优反应函数。我们用上标$S2$来表示渠道“价格一致”模式下的情形。

3.3.1 零售商的最优反应策略

在双渠道“价格一致”模式下，当制造商策略(w,λ)给定时，可得到零售商的最优反应策略(p_1,S)，见定理3.4。

定理3.4：当制造商策略(w,λ)给定时，零售商的最优产品销售价格p_1和服务水平S分别为：

$$p_1^{S2}=\frac{a+(1-\theta)w}{2(1-\theta)}+\frac{3\nu}{\lambda},\ S^{S2}=\frac{1-\beta}{\lambda\eta(1-\theta)} \tag{3.14}$$

其中，$\nu=\dfrac{(1-\beta)^2}{4\eta(1-\theta)^2}$。

由上述均衡策略，可得零售商的需求和利润函数：

$$\begin{cases} d_1^{S2}=\dfrac{a-(1-\theta)w}{2}+\dfrac{\nu(1-\theta)}{\lambda} \\ \pi_1^{S2}=\dfrac{[a\lambda-(1-\theta)w\lambda+2\nu(1-\theta)]^2}{4\lambda^2(1-\theta)} \end{cases} \tag{3.15}$$

由式(3. 14)和式(3. 15)可得，当制造商策略(w, λ)给定时，零售商的产品销售价格和售前服务水平会随着零售商成本分摊比例的降低而不断提高，最终引起零售商利润的不断增加。因此，在“价格一致”模式下，制造商服务成本分摊合同可以有效刺激零售商服务水平的提高。

3. 3. 2 制造商的最优运作策略

将式(3. 14)代入式(3. 13)并化简，可将制造商双渠道的利润函数转化为：

$$\pi_2=\left[w-\frac{2\nu(1-\lambda)}{\lambda^2}\right]\left[\frac{a-(1-\theta)w}{2}+\frac{\nu(1-\theta)}{\lambda}\right]+\left[\frac{a+(1-\theta)w}{2(1-\theta)}+\frac{3\nu}{\lambda}\right]\left[\frac{a-(1-\theta)w}{2}+\frac{u}{\lambda}\right] \tag{3.16}$$

其中，$u=\dfrac{(1-\beta)(7\beta-3)}{4\eta(1-\theta)}$。

因为双渠道需求不能为负，即$d_1^{S2}\geqslant 0$，$d_2^{S2}\geqslant 0$，可将制造商最优策略问题转化为以下含有约束的优化问题：

P1　　$\mathrm{Max}\,\pi_2(w, \lambda)$

s. t.　　$\dfrac{a-(1-\theta)w}{2}+\dfrac{\nu(1-\theta)}{\lambda}\geqslant 0$

$\dfrac{a-(1-\theta)w}{2}+\dfrac{u}{\lambda}\geqslant 0$

$0<\lambda\leqslant 1$

为了简化，我们令$y=\dfrac{1}{\lambda}$，由式(3. 16)可得制造商新的利润函数形式，从而将约束优化问题变为：

P1′　　$\mathrm{Max}\,\pi_2(w, y)$

s. t.　　$\dfrac{a-(1-\theta)w}{2}+\nu y(1-\theta)\geqslant 0$

$\dfrac{a-(1-\theta)w}{2}+uy\geqslant 0$

$y\geqslant 1$

上述优化问题的 K-T 条件如下：

$$
\begin{cases}
-2\gamma\nu(3-2\gamma)(1-\theta)+2\gamma u+2(a-3w+3\theta w)-2(1-\theta)(\gamma_1+\gamma_2)=0 \\
4\gamma\nu(1-\theta)[(1-\theta)(2\nu+w-3\nu\gamma)+3u-a]+w(1-\theta)(u-3\nu+3\theta\nu)+a(u+5\nu-5\nu\theta)+ \\
2(1-\theta)[\nu(1-\theta)\gamma_1+u\gamma_2+\gamma_3]=0 \\
\gamma_1[\dfrac{a-(1-\theta)w}{2}+\nu\gamma(1-\theta)]=0 \\
\gamma_2[\dfrac{a-(1-\theta)w}{2}+u\gamma]=0 \\
\gamma_3(\gamma-1)=0
\end{cases}
$$

其中，$\gamma_1 \geqslant \gamma_2 \geqslant \gamma_3 \geqslant 0$ 为拉格朗日乘子。

解上述 K-T 条件，可以得到制造商最优的批发价格 w^* 和服务成本分摊比例 λ^*。将制造商最优决策(w^*，λ^*)分别代入式(3.14)、式(3.15)和式(3.16)，可得零售商最优定价/服务策略以及供应链各主体的利润。

3.4 数值仿真及分析

我们进一步通过数值仿真分析在“价格非一致”和“价格一致”模式下，各市场参数变化对制造商和零售商最优渠道运作策略和利润的影响。具体模型参数设置如下：$a=500$，$\beta=0.4$，$\eta=1.0$。假设渠道替代效用系数(竞争强度)分别为 $\theta=0.3$ 和 $\theta=0.8$，可得表 3.1 和表 3.2。

由表 3.1 可知，在“价格非一致”模式下：当渠道替代效用系数(竞争强度)相对较小($\theta=0.3$)时，即双渠道间替代效应比较小、价格竞争相对较弱时，制造商更喜欢选择双渠道同时销售产品模式来分销产品。但是，当渠道替代效用系数(竞争强度)相对较大($\theta=0.8$)时，如果市场中的“搭便车”行为程度 β 相对较高，或者零售商服务成本因子 η 相对较小，制造商将采用“零售商产品体验中心+网络渠道销售”模式来分销产品。当制造商选择双渠道同时销售产品模式时，随着“搭便车”行为程度 β 的提高，零售商售前服务水平 S 会不断提高。此时，尽管“搭便车”行为不断增多，但制造商分摊的服务成本比例会不断提高。可见，制造商服务成本分摊合同有效刺激了零售商售前服务水平的提高。然而，当制造商采用“零售商产品体验中心+网络渠道销售”模式分销产品时，随着“搭便车”行为程度 β 的提高，尽管制造商分摊的服务成本比例不断提高，但因零售商不再销售产品，因而不再有动机通过提高售前服务水平来提高产品需求，此时随着“搭便车”行为的增多，零售商售前服务水平

表 3.1 价格不一致模式下制造商和零售商的最优策略和利润

参数		θ=0.3							θ=0.8						
		p_1^{S1}	S^{S1}	p_2^{S1}	λ^{S1}	π_1^{S1} (×10^5)	π_2^{S1} (×10^5)	π^{S1} (×10^5)	p_1^{S1}	S^{S1}	p_2^{S1}	λ^{S1}	π_1^{S1} (×10^5)	π_2^{S1} (×10^5)	π^{S1} (×10^5)
β	0.2	484.1	2.06	357.6	0.3883	0.1560	1.4759	1.6318	1403.1	10.1	1261.7	0.0794	0.1307	5.9927	6.1234
	0.4	484.0	2.26	357.9	0.2650	0.1555	1.4764	1.6319	1403.5	10.4	1262.8	0.0575	0.1276	5.9957	6.1231
	0.6	483.9	2.47	358.1	0.1619	0.1550	1.4770	1.6320	—	32.0	1290.9	0.0125	—	5.9993	5.9993
	0.8	483.8	2.68	358.4	0.0746	0.1543	1.4777	1.6321	—	31.8	1292.4	0.0063	—	6.0134	6.0134
η	0.5	486.0	4.54	358.6	0.2641	0.1547	1.4796	1.6343	—	45.9	1306.1	0.0261	—	6.1417	6.1417
	0.7	484.8	3.24	358.2	0.2646	0.1552	1.4778	1.6329	—	38.7	1297.3	0.0222	—	6.0583	6.0583
	0.9	484.2	2.52	358.0	0.2649	0.1554	1.4768	1.6322	—	34.0	1291.6	0.0196	—	6.0053	6.0053
	1.1	483.8	2.06	357.8	0.2650	0.1556	1.4761	1.6317	1400.5	9.4	1261.5	0.0582	0.1307	5.9900	6.1207

表 3.2 价格一致模式下制造商和零售商的最优策略和利润

参数		θ=0.3							θ=0.8						
		p_1^{S2}	S^{S2}	w^{S2}	λ^{S2}	π_1^{S2} (×10^5)	π_2^{S2} (×10^5)	π^{S2} (×10^5)	p_1^{S2}	S^{S2}	w^{S2}	λ^{S2}	π_1^{S2} (×10^5)	π_2^{S2} (×10^5)	π^{S2} (×10^5)
β	0.2	477.1	1.24	237.8	1.0000	0.3986	1.1904	1.5889	1677.4	4.20	829.3	1.0000	1.4099	4.1656	5.5755
	0.4	476.9	1.20	238.0	0.7509	0.3978	1.1916	1.5893	1675.6	3.98	832.7	0.7531	1.4002	4.1800	5.5802
	0.6	477.3	1.84	238.7	0.3329	0.3968	1.1929	1.5897	1679.4	6.02	839.9	0.3317	1.3884	4.1968	5.5852
	0.8	477.7	2.72	240.0	0.1244	0.3943	1.1947	1.5890	1684.5	8.14	855.2	0.1229	1.3603	4.2197	5.5800
η	0.5	477.7	2.37	237.8	0.7518	0.3987	1.1926	1.5913	1684.2	7.93	832.0	0.7562	1.4113	4.1932	5.6046
	0.7	477.3	1.70	237.9	0.7513	0.3982	1.1920	1.5902	1679.3	5.68	832.4	0.7545	1.4050	4.1856	5.5906
	0.9	477.0	1.33	238.0	0.7510	0.3979	1.1917	1.5895	1676.6	4.42	832.7	0.7535	1.4014	4.1814	5.5829
	1.1	476.8	1.09	238.1	0.7508	0.3977	1.1915	1.5891	1674.8	3.62	832.8	0.7529	1.3992	4.1788	5.5779

会不断下降。随着“搭便车”行为的增多，零售商的利润会不断减少，制造商的利润会不断增加。随着售前服务成本因子 η 的增大，制造商产品价格会不断降低、利润会不断减少，同时零售商价格和售前服务水平也会不断降低，这跟我们的直觉是一致的。进一步地，我们发现一个有意思的现象，随着服务成本因子 η 的增加，零售商的利润也会不断增加。此时，由于 η 的增大，λ 不断增大，零售商分摊的服务成本比例不断提高。由“反利润的成本分摊”现象(性质 3.1)可以得出，此时零售商的利润会不断增加。随着售前服务成本因子 η 的增加，制造商和零售商的渠道利润会不断下降，即服务成本因子的增大会对双渠道供应链总利润产生消极影响。因此，为了提高供应链总利润，零售商可以通过加强对销售人员的培训、改进技术、提供个性化服务等方法，尽可能地降低服务成本因子、提高服务效率。

由表 3.2 可知，在“价格一致”模式下：随着“搭便车”行为程度的不断提高，零售商的利润会不断减少，制造商的利润会不断增加，这个结论跟“价格非一致”模式下零售商和制造商的利润变化是一致的。当市场中的“搭便车”行为程度相对较低($\beta \leqslant 0.6$)时，制造商为零售商分摊售前服务成本的动机较弱，分摊的服务成本比例较低。此时，随着“搭便车”行为的增多，零售商售前服务水平不断降低，制造商服务成本分摊合同没能有效促使零售商服务水平提高。但是，当“搭便车”行为程度相对较高($\beta = 0.8$)时，制造商有较强动机为零售商分摊售前服务成本，分摊的服务成本比例较高，从而会进一步刺激零售商提高服务水平的动机，此时零售商将提供较高水平的售前服务。与“价格非一致”模式不同，随着服务成本因子 η 的增大，不仅制造商产品价格和利润不断降低，而且零售商价格、售前服务水平和利润也不断降低。此时，随着服务成本因子 η 的增大，λ 不断减小，即零售商分摊的服务成本比例不断降低。由“反利润的成本分摊”现象容易得出，零售商的利润会不断减少。

通过对比上述两种不同的价格模式，我们得到以下管理学启示：制造商在“价格非一致”模式下分摊的售前服务成本比例始终高于在“价格一致”模式下所分摊的比例，从而使零售商在“价格非一致”模式下提供的售前服务水平始终高于在“价格一致”模式下提供的售前服务水平。在“价格一致”模式下，零售商能获得更高利润，即零售商更喜欢“价格一致”模式；对制造商而言，在“价格非一致”模式下，制造商能获得更多利润。综上所述，可以得出以下结论：制造商采用“价格一致”模式往往是为了缓和与零售商传统渠道间的冲突，从而吸引更多零售商在其处批发产品，但这需要制造商以损失部分销售利润为代价。

3.5 本章小结

本章针对制造商和零售商组成的双渠道供应链系统，研究了在存在“搭便车”行为的市场中，在不同的价格模式下，制造商为零售商提供服务成本分摊合同时，制造商和零售商的最优渠道运作策略。研究结果表明，当潜在市场规模相对较小时，零售商转化为了制造商的“产品体验中心”，而制造商的产品仅通过网络渠道销售。此时，制造商采用“零售商产品体验中心+网络渠道销售”模式分销产品。同时，我们发现一个有意思的结论，即“反利润的成本分摊”现象，随着零售商售前服务成本分摊比例的减小，零售商利润会不断减少。进一步地，在服务成本分摊合同下，当制造商通过双渠道销售产品时，随着“搭便车”行为程度的提高，零售商售前服务水平会不断提高。此时，制造商服务成本分摊合同的设计有助于零售商服务水平的提高。对比两种不同的价格模式，我们发现，尽管“价格一致”模式能有效缓解双渠道间的价格冲突，对零售商有益，但会减少制造商的利润。

第4章 不同价格模式下双层混合渠道供应链运作策略

在第2章和第3章，我们分别研究了当零售商、制造商采用双渠道销售模式时，零售商和制造商的最优渠道销售模式选择和运作策略。在现实供应链中，往往会存在制造商和零售商同时通过双渠道模式销售产品的情形，即上游制造商不仅通过实体零售商分销产品，还会建立自身网络直销渠道销售产品，下游零售商也会同时采用双渠道销售模式进行销售。在这种双层混合渠道模式下，制造商和零售商之间往往存在两种不同的定价模式：①制造商不为零售商提供网络渠道指导价格，制造商网络渠道与零售商网络渠道自主定价，两个不同供应链主体的网络渠道产生直接价格竞争；②制造商为零售商提供网络渠道指导价格，零售商也按照制造商提供的网络渠道指导价格定价，两个不同主体网络渠道的价格相等，从而避免了两个网络渠道间的直接价格竞争，缓解了制造商和零售商间的渠道冲突。进一步地，为了提高实体渠道的竞争力，同时缓和渠道冲突，零售商实体渠道通常在制造商提供的基础产品上增加增值服务来强化实体渠道和网络渠道产品间的差异，如沃尔玛、苏宁等。此时，双渠道制造商和双渠道零售商之间的渠道运作策略会变得更加复杂。本章将进一步分析供应链中当制造商和零售商同时采用双渠道销售模式时，供应链各主体的最优渠道运作策略。

4.1 模型设定

制造商和零售商组成的双层混合渠道供应链结构如图4.1所示，其中制造商已经建立了较稳定的实体零售商销售渠道以及自身网络直销渠道，如IBM、Hewlett-Packard、Mattel和Nike等。与此同时，零售商也通过自身实体渠道和网络渠道进行销售，如 Barnes & Noble、Wal-Mart 和 Suning 等。为了增强实体渠道竞争力，零售商通常在制造商提供的基础产品上增加部分增值服务。设制造商和零售商在各自网络渠道上的产品销售价格分别为 p_{Md}、p_{Rd}，零售商在其实体渠道的产品销售价格为 p_{Rr}，零售商为基本产品提供的价值增值服务为 v，每单位价值增值服务的成本为 $c_v=\frac{\eta v^2}{2}$，$\eta>0$。这里的价值增值服务是指零售商在制造商基础产品上提供的额外服务，是一种附加服务，其成本一般不会高于基础产品本身的成本，因此，我们假设：$w>c_v$，w 为制造商提供给零售商产品的批发价，且为外生参数。因为顾客在零售商实体渠道能获得部分产品增值服务，所以顾客在零售商实体渠道购买产品的有效感知价格转变为 $P_{Rr}-v$。我们将制造商和零售商在各自网络渠道上产品的需求分别定义为 Q_{Md} 和 Q_{Rd}，将零售商实体渠道需求定义为 Q_{Rd}。本章模型的决策变量分别为制造商网络渠道定价 p_{Md}，零售商双渠道价格 p_{Rr}、p_{Rd}，实体渠道产品服务增值水平 v。

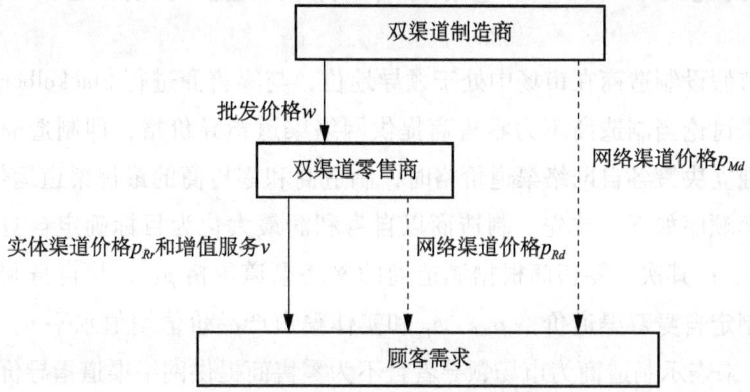

图 4.1 双层混合渠道供应链分销系统结构

基于上述背景描述，参考 Yue 和 Liu(2006)、Mukhopadhyay 等(2008)的模型，制造商网络渠道和零售商双渠道的需求函数分别为：

制造商网络渠道需求：$Q_{Md}=a_1-p_{Md}-b_1(p_{Md}-p_{Rd})-c_1[p_{Md}-(p_{Rr}-v)]$ (4.1)

零售商实体渠道需求：$Q_{Rr}=a_2-(p_{Rr}-v)-c_2(p_{Rr}-v-p_{Rd})-c_3(p_{Rr}-v-p_{Md})$ (4.2)

零售商网络渠道需求：$Q_{Rd}=a_3-p_{Rd}-b_2(p_{Rd}-p_{Md})-c_4[p_{Rd}-(p_{Rr}-v)]$ (4.3)

其中，$a_i(i=1, 2, 3)$分别为制造商网络渠道、零售商双渠道(实体渠道和网络渠道)的潜在市场规模；$b_i(i=1, 2)$和 $c_i(i=1, 2, 3, 4)\geq 0$ 为不同渠道的价格替代效用系数(竞争强度)。其中，$b_i(i=1, 2)$代表网络渠道与网络渠道间的价格替代效用系数，$c_i(i=1, 2, 3, 4)$代表网络渠道与实体渠道间的价格替代效用系数；不失一般性，我们假设制造商产品的生产成本为 $c_M=0$。为了分析方便，参考 Yue 和 Liu(2006)、Xia 和 Gilbert(2007)、Yan(2010)等的研究，我们令 $a_1=a_2=a_3=a$，$b_1=b_2=b$，$c_1=c_2=c_3=c_4=c$。

基于以上描述，制造商双渠道和零售商双渠道的利润函数分别为：

制造商双渠道利润函数：$\pi_M=w(Q_{Rr}+Q_{Rd})+p_{Md}Q_{Md}$ (4.4)

零售商双渠道利润函数：$\pi_R=(p_{Rr}-w-c_v)Q_{Rr}+(p_{Rd}-w)Q_{Rd}$ (4.5)

接下来，在不同的博弈结构模型(制造商/零售商为市场领导者，零售商/制造商为市场跟随者)下，我们分别讨论当制造商不为零售商提供网络渠道指导价格和提供网络渠道指导价格时制造商和零售商的最优渠道运作策略和利润。

4.2 制造商 Stackelberg 情形下的两种定价策略模型

本节假设制造商在市场中处于领导地位，与零售商进行 Stackelberg 博弈。我们先来讨论当制造商不为零售商提供网络渠道指导价格，即制造商和零售商分别独立决策各自网络渠道价格时，制造商和零售商的最优渠道运作策略。具体博弈顺序如下：首先，制造商以自身利润最大化为目标确定自身网络渠道价格 p_{Md}；其次，零售商根据制造商的网络渠道价格 p_{Md}，从自身利润最大化角度制定自身双渠道价格 p_{Rd}、p_{Rr}和实体渠道产品价值增值水平 v。我们用上标 $M1$ 来表示制造商为市场领导者且不为零售商提供网络渠道指导价格时的情形。

进一步地，我们讨论当制造商为零售商提供网络渠道产品指导价格，零售商根据制造商网络渠道指导价格来定价时，双渠道制造商和零售商定价策略的变化。作为市场领导者，制造商首先给出自身网络渠道价格 p_{Md}，使自身利润达到最大。制造商的网络渠道价格即零售商的网络渠道指导价格，即 $p_{Rd}=p_{Md}=p_d$。接着，零售商根据制造商的网络指导价格 p_d，从自身利润最大化的角度设置自身实体渠道价格 p_{Rr}和实体渠道产品的价值增值水平 v。我们用上标 $M2$ 来表示制造商为市场领导者且为零售商提供网络渠道指导价格时的情形。

4.2.1 制造商不提供网络渠道指导价格模型

结合上述背景描述，将式(4.2)和式(4.3)代入式(4.5)并化简，可得此情形下零售商的利润函数：

$$\pi_R^{M1}=(p_{Rr}-w-c_v)[a-(p_{Rr}-v)(1+2c)+c(p_{Rd}+p_{Md})]+ (p_{Rd}-w)[a-p_{Rd}(1+b+c)+bp_{Md}+c(p_{Rr}-v)] \tag{4.6}$$

4.2.1.1 零售商最优反应策略

当制造商网络渠道价格 p_{Md} 给定时，我们容易得到零售商的最优反应策略 $(p_{Rd},\ p_{Rr},\ v)$，见定理4.1。

定理4.1：当制造商网络渠道价格 p_{Md} 给定时，零售商的最优双渠道定价策略 p_{Rd}、p_{Rr} 和实体渠道产品价值增值水平 v 分别为：

$$\begin{cases} p_{Rd}^{M1}=\dfrac{w}{2}+\dfrac{a(1+3c)+p_{Md}(b+2bc+c^2)}{2(1+b+2bc+3c+c^2)} & (4.7)\\ p_{Rr}^{M1}=\dfrac{2\eta w+3}{4\eta}+\dfrac{a(1+2c+b)+cp_{Md}(1+2b+c)}{2(1+b+2bc+3c+c^2)} & (4.8)\\ v^{M1}=\dfrac{1}{\eta} & (4.9)\end{cases}$$

由定理4.1可得，零售商最优双渠道价格 p_{Rd} 和 p_{Rr} 与制造商网络渠道价格 p_{Md} 成正比，会随着制造商网络渠道价格的提高而提高。我们也得到一个有意思的结论，即零售商实体渠道提供的产品价值增值水平 v 的高低不受制造商网络渠道价格 p_{Md} 的影响，而只依赖于自身实体渠道所提供的价值增值水平的成本结构 $\left(\dfrac{1}{\eta}\right)$。

接下来，制造商根据零售商的最优反应策略 $(p_{Rd}^{M1},\ p_{Rr}^{M1},\ v^{M1})$ 制定自身网络渠道价格 p_{Md}，从而使自身利润达到最大。

4.2.1.2 制造商的最优决策

将式(4.1)、式(4.2)和式(4.3)代入式(4.4)并化简，可以得到制造商的利润函数：

$$\pi_M^{M1}=w[2a-(p_{Rr}-v)(1+c)-p_{Rd}(1+b)+p_{Md}(b+c)]+p_{Md}[a-p_{Md}(1+b+c)+bp_{Rd}+c(p_{Rr}-v)] \tag{4.10}$$

将式(4.7)、式(4.8)和式(4.9)代入式(4.10)并化简，可以得到定理4.2。

定理 4.2：不提供网络渠道指导价格时，制造商的最优网络渠道价格为：

$$p_{Md}^{M1}=\frac{(4\eta wb+4\eta wc-c)B+2\eta aC}{4\eta A} \tag{4.11}$$

将式(4.11)分别代入式(4.7)和式(4.8)并化简，可以得到零售商的最优双渠道定价策略：

$$p_{Rd}^{M1}=\frac{wB+a(1+3c)}{2B}+\frac{(b+2bc+c^2)[(4\eta wb+4\eta wc-c)B+2\eta aC]}{8\eta AB} \tag{4.12}$$

$$p_{Rr}^{M1}=\frac{2AB(2\eta w+3)+c(1+2b+c)[(4\eta wb+4\eta wc-c)B+2\eta aC]+4\eta aA(1+2c+b)}{8\eta AB} \tag{4.13}$$

其中，$A=7c^2+2b^2c+3bc^2+b^2+2+c^3+8c+4b+12bc$，$B=1+b+2bc+3c+c^2$，$C=7c+2+4c^2+8bc+3b$。

通过对比制造商网络渠道与零售商双渠道最优定价，可以得到性质 4.1。

性质 4.1：

$$(\text{i})\begin{cases}p_{Rd}^{M1}\geqslant p_{Md}^{M1}，\text{如果 } 0\leqslant b\leqslant b^{*}\\ p_{Rd}^{M1}\geqslant p_{Md}^{M1}，\text{如果 } b>b^{*}\text{ 且 } a\leqslant a_x\\ p_{Rd}^{M1}<p_{Md}^{M1}，\text{如果 } b>b^{*}\text{ 且 } a>a_x\end{cases}$$

$$(\text{ii})\begin{cases}p_{Rr}^{M1}\geqslant p_{Md}^{M1}，\text{如果 } 0\leqslant b\leqslant b^{\#}\text{ 且 } a\varphi\leqslant a_y\\ p_{Rr}^{M1}<p_{Md}^{M1}，\text{如果 } 0\leqslant b\leqslant b^{\#}\text{ 且 } a\varphi>a_y\\ p_{Rr}^{M1}\geqslant p_{Md}^{M1}，\text{如果 } b>b^{\#}\text{ 且 } a\varphi>a_y\\ p_{Rr}^{M1}<p_{Md}^{M1}，\text{如果 } b>b^{\#}\text{ 且 } a\varphi\leqslant a_y\end{cases}$$

$$(\text{iii})\begin{cases}p_{Rr}^{M1}\geqslant p_{Rd}^{M1}，\text{如果 } 0\leqslant b\leqslant c\text{ 且 } a\leqslant a_z\\ p_{Rr}^{M1}<p_{Rd}^{M1}，\text{如果 } 0\leqslant b\leqslant c\text{ 且 } a>a_z\\ p_{Rr}^{M1}\geqslant p_{Rd}^{M1}，\text{如果 } b>c\text{ 且 } a>a_z\\ p_{Rr}^{M1}<p_{Rd}^{M1}，\text{如果 } b>c\text{ 且 } a\leqslant a_z\end{cases}$$

其中，$b^{*}=\dfrac{2c^3+9c^2+3c+(1+3c)\sqrt{c(4c^3+28c^2+33c+8)}}{2+8c+8c^2}$，

$$a_x=\frac{4\eta wB(5bc+2+2b+c^2+6c)+Bc(b+2bc+c^2+2+6c)}{2\eta C(b+2bc+c^2+2+6c)-4\eta A(1+3c)},$$

$$b^{\#}=\frac{5c+2+\sqrt{(5c+2)^2+8(c^2+3c+1)}}{2},$$

$\varphi=2\eta[C(2B-c-2bc-c^2)-2A(2c+1+b)]$,

$a_y=4\eta wB[2(c^2+3c+1)+b(5c+2-b)]+B[6A+c(5c+2bc+c^2+2+2b)]$,

$a_z=\dfrac{B(6A+bc-c^2)+4\eta wB(c^2-b^2)}{2\eta(c-b)(2A-C)}$。

由性质4.1可得，当制造商不为零售商提供网络渠道指导价格时，零售商双渠道价格与制造商网络渠道价格的高低依赖市场参数，尤其是潜在市场规模以及不同渠道的价格替代效用系数(竞争强度)。

由性质4.1(ⅰ)可得，当制造商与零售商的网络渠道价格替代效用系数(竞争强度)相对较小($0\leqslant b\leqslant b^*$)，即制造商与零售商网络渠道间的竞争不是很激烈时，无论潜在市场规模 a 如何变化，制造商网络渠道价格将始终低于零售商网络渠道价格，从而会吸引更多的顾客从零售商网络渠道转移到制造商的网络渠道。进一步地，当制造商与零售商的网络渠道价格替代效用系数(竞争强度)相对较大($b>b^*$)，即制造商与零售商网络渠道间的竞争比较激烈时，只有当潜在市场规模相对较小($a\leqslant a_x$)时，制造商网络渠道价格才会低于零售商网络渠道价格，从而吸引更多的顾客从零售商网络渠道转移到制造商网络渠道，当潜在市场规模相对较大($a>a_x$)时，即制造商网络渠道需求相对较大时，制造商不再有足够的动机通过设置较低的网络渠道价格来增加渠道需求从而增加利润，而是通过设置高于零售商的网络渠道价格，以较高的产品价格来增加产品的边际利润，从而获得更多的渠道利润。由性质4.1(ⅱ)、性质4.1(ⅲ)可以得到类似的结论，这里不再赘述。

将式(4.9)、式(4.11)、式(4.12)、式(4.13)代入式(4.6)和式(4.10)，可以得到结论4.1。

结论4.1：在无网络渠道指导价格情形下，零售商和制造商的最优利润分别为：

$$\begin{cases}\pi_R^{M1}=\dfrac{(\xi_1-8\eta wAB-4AB)(2\xi_3-\eta wB\xi_2)+(\xi_4-8\eta wAB)(2\xi_6-\eta wB\xi_5)}{16\eta^2A^2B^2}\\ \pi_M^{M1}=\dfrac{\eta wA(2a\eta\zeta_1+cB\zeta_2-4\eta wB\zeta_3+\zeta_4)+\zeta_5(4\eta wB\zeta_6+2a\eta\zeta_7-cB\zeta_8)}{8\eta^2A^2B}\end{cases}$$

其中，

$\xi_1=2AB(2\eta w+3)+c(1+2b+c)[(4\eta wb+4\eta wc-c)B+2\eta aC]+4\eta aA(2c+1+b)$,

$\xi_2=c(1+b)(3c^2+b)+A(1+c)-2cB(b+c)+c^2(2b^2+4b+1+c^2)$,

$$\xi_3=\frac{2\eta a(2B-1-2bc-c^2-3c-b)(2A+cC)+B(2A+4Ac+3c^3+c^4+c^2+2bc^3-2Bc^2+c^2b)}{8},$$

$$\xi_4=4\eta A[Bw+a(1+3c)]+[(4\eta wb+4\eta wc-c)B+2\eta aC](b+2bc+c^2),$$

$$\xi_5=2b^3c-2bcB+Ab+3bc^2+b^2+4b^2c+3b^2c^2+bc^3+b^3+A+bc-2Bb^2,$$

$$\xi_6=\frac{2\eta a(2B-1-2bc-c^2-3c-b)(2A+bC)+Bc(2b^2c-2A+3bc-2bB+b+bc^2+b^2)}{8},$$

$$\zeta_1=2BC(b+c)+4AB-C(2b^2c+c+b+3c^2+4bc),$$

$$\zeta_2=2A-2B(b+c)+(3c^2+b)(1+b)+c(c^2+2b^2),$$

$$\zeta_3=(b+c)^2(1-2B)+A(b+c+2)+b^2(b+2bc+5c+5c^2)+c^2(c^2+7b+3c+4bc),$$

$$\zeta_4=B(2A+c^2+4bc^2)-2\eta aC(b^2+c^3+3bc^2),$$

$$\zeta_5=\frac{(4\eta wb+4\eta wc-c)B+2\eta aC}{4},$$

$$\zeta_6=(b+c)[2b^2c+b^2+3c^2b+c^3+c^2+A-2B(1+b+c)],$$

$$\zeta_7=C(2b^2c+b^2+3c^2b+c^3+c^2)+4A(B+bc)-2BC(1+b+c)+2A(2c+1)(b+c),$$

$$\zeta_8=2A-2B(1+b+c)+2b^2c+b^2+3bc^2+c^3+c^2。$$

4.2.1.3 *数值仿真及分析*

由定理4.2和结论4.1可以看出，制造商和零售商的最优渠道策略和利润均受到不同渠道间价格替代效用系数（竞争强度）b 和 c 的影响。这部分我们主要针对渠道间价格替代效用系数（竞争强度）b 和 c 做灵敏性分析。具体模型参数设置如下：$a=500$，$w=20$，$\eta=0.4$。通过数据仿真，可得表4.1和表4.2。

由表4.1可知：零售商的传统渠道价格 p_{Rr} 和制造商的网络渠道价格 p_{Md} 均会随渠道间价格替代效用系数（竞争强度）b 和 c 的增大而降低，即当渠道间价格竞争变得越来越激烈时，两个渠道都会降低产品价格从而吸引顾客从另一个渠道转移到自身渠道上来，增加自身渠道需求。对于零售商网络渠道价格，我们得到一个有意思的结论：当网络渠道间价格替代效用系数（竞争强度）b 相对较高（$b\geqslant0.5$）时，零售商网络渠道价格 p_{Rd} 会随着渠道间价格替代效用系数 c 的增大而先提高后降低（见表4.1中加粗数据）。综上所述，可以得到以下管理学启示：当网络渠道间价格替代效用系数 b 相对较高，即制造商和零售商网络渠道间价格竞争比较激烈时，渠道间价格替代效用系数 c 的增大并不一定始终引起零售商网络渠道价格 p_{Rd} 的降低；当渠道间价格替代效用系数 c 并不是很高时，随着渠道间价格替代效用系数 c 的增大，零售商网络渠道价格 p_{Rd} 会不断提高。

表 4.1 制造商为市场领导者且不提供网络渠道指导价格时供应链各主体的运作策略(v=2.5)

参数		p_{Rr}^{M1}					p_{Rd}^{M1}					p_{Md}^{M1}				
		c=0.01	c=0.1	c=0.5	c=0.9	c=1.3	c=0.01	c=0.1	c=0.5	c=0.9	c=1.3	c=0.01	c=0.1	c=0.5	c=0.9	c=1.3
b	0.01	260.6	250.8	222.0	202.8	187.9	258.8	257.8	245.8	231.3	217.7	247.7	238.5	209.2	189.6	175.0
	0.1	260.5	250.0	219.3	200.0	185.3	248.2	247.8	237.5	224.3	211.7	238.6	230.7	204.5	186.3	172.4
	0.5	260.0	245.6	209.7	189.8	175.5	**211.8**	**212.8**	**207.9**	199.0	189.8	208.9	204.4	187.2	173.5	162.3
	0.9	259.6	242.8	202.7	182.0	167.9	**186.6**	**188.3**	**186.4**	180.1	173.1	188.4	185.7	173.5	162.7	153.3
	1.3	259.4	240.7	197.1	175.8	161.7	**167.8**	**170.0**	**170.0**	165.4	159.8	172.5	171.0	162.1	153.4	145.5

表 4.2 制造商为市场领导者且不提供网络渠道指导价格时供应链各主体的利润及供应链的总利润(v=2.5)

参数		$\pi_R^{M1}(\times 10^5)$					$\pi_M^{M1}(\times 10^4)$					$\pi^{M1}(\times 10^5)$				
		c=0.01	c=0.1	c=0.5	c=0.9	c=1.3	c=0.01	c=0.1	c=0.5	c=0.9	c=1.3	c=0.01	c=0.1	c=0.5	c=0.9	c=1.3
b	0.01	1.1545	1.1509	1.1226	1.0852	1.0459	7.2206	7.2502	7.2571	7.1920	7.0977	1.8765	1.8760	1.8483	1.8044	1.7556
	0.1	1.1509	1.1444	1.1105	1.0721	1.0331	7.2499	7.2935	7.3088	7.2313	7.1244	1.8759	1.8737	1.8413	1.7952	1.7455
	0.5	1.1276	1.1124	1.0623	1.0209	0.9828	7.1790	7.2790	**7.3657**	7.2780	7.1493	1.8455	1.8403	1.7989	1.7488	1.6977
	0.9	1.1016	1.0811	1.0212	0.9779	0.9403	6.9670	7.1090	7.2751	7.2079	7.0845	1.7983	1.7920	1.7487	1.6987	1.6488
	1.3	1.0762	1.0520	0.9850	0.9404	0.9033	6.7204	6.8916	7.1252	7.0857	6.9769	1.7482	1.7411	1.6975	1.6489	1.6010

由表 4.2 可知，随着渠道间价格替代效用系数(竞争强度) b 和 c 的增大，即三个渠道间的价格竞争变得越来越激烈时，零售商的利润以及供应链的总利润均会随着渠道间价格替代效用系数(竞争强度) b 和 c 的增大而不断减少，这跟我们的直觉是一致的。对于制造商的利润变化，我们发现一个有意思的现象：随着渠道间价格替代效用系数(竞争强度) b 和 c 的增大，制造商的利润并不是始终减少的，三条渠道间适当的价格竞争($b=c=0.5$)能为制造商带来更多利润(见表 4.2 中加粗数据)。因此，制造商引入网络渠道虽然会引起制造商和零售商渠道间的冲突，但是如果三条渠道间能保持适当的竞争，则可使制造商获得更多利润。

4.2.2 制造商提供网络渠道指导价格模型

前文我们讨论了在制造商领导的 Stackelberg 博弈结构下，当制造商不提供网络渠道指导价格时双渠道制造商和双渠道零售商的最优渠道运作策略和利润。在现实中，我们也经常观察到，很多双渠道制造商会为零售商网络渠道提供指导价格，使自身网络渠道价格与零售商网络渠道价格保持一致，从而缓解渠道间的价格冲突。例如，三星针对手机产品 N9008S 为苏宁的网络渠道提供指导价格。此时，苏宁网络渠道和三星网络渠道的该产品价格保持一致。这部分我们进一步讨论当制造商为零售商提供网络渠道指导价格，即零售商网络渠道价格等于制造商网络渠道价格($p_{Rd}=p_{Md}=p_d$)时，双渠道制造商和双渠道零售商的最优渠道运作策略和利润。

将式(4.2)和式(4.3)代入式(4.5)并化简，可得当制造商提供网络渠道指导价格时，零售商的最优利润函数：

$$\pi_R^{M2}=(p_{Rr}-w-c_v)[a-(p_{Rr}-v)-2c(p_{Rr}-v-p_d)]+(p_d-w)\{a-p_d-c[p_d-(p_{Rr}-v)]\} \tag{4.14}$$

4.2.2.1 零售商的最优反应策略

当制造商网络渠道指导价格 p_d 给定时，可以得到零售商的最优反应策略 (p_{Rr}, v)，见定理 4.3。

定理 4.3：当制造商网络渠道指导价格 p_d 给定时，零售商的最优实体渠道价格 p_{Rr} 和产品价值增值水平 v 分别为：

$$\begin{cases} p_{Rr}^{M2}=\dfrac{2\eta(a+w+wc)+3(1+2c)+6\eta cp_d}{4\eta(1+2c)} & (4.15) \\ v^{M2}=\dfrac{1}{\eta} & (4.16) \end{cases}$$

由定理4.3可知，在制造商网络渠道指导价格 p_d 给定时，零售商最优实体渠道价格 p_{Rr} 会随着制造商网络渠道指导价格的提高而提高。进一步地，我们可以得出结论：零售商实体渠道提供的产品价值增值水平 v 的高低不受制造商网络渠道指导价格 p_d 的影响，而只依赖自身实体渠道所提供的价值增值水平的成本结构($\dfrac{1}{\eta}$)。这个结论与制造商不提供网络渠道指导价格时零售商的最优反应策略一致。

接下来，制造商根据零售商的最优反应策略 P_{Rr}^{M2}、v^{M2} 制定网络渠道指导价格 p_{Md}，从而使自身利润达到最大。

4.2.2.2 制造商的最优决策

将式(4.1)、式(4.2)和式(4.3)代入式(4.4)并化简，可得制造商的最优利润函数：

$$\pi_M^{M2}=w[2a-(p_{Rr}-v)(1+c)-p_d(1-c)]+p_d\{a-p_d-c[p_d-(p_{Rr}-v)]\} \quad (4.17)$$

将式(4.15)和式(4.16)代入式(4.17)并化简，可以得到定理4.4。

定理4.4：

制造商最优网络渠道指导价格：

$$p_d^{M2}=\frac{2\eta a(5c+2)-4\eta w(2c-c^2+1)-c(1+2c)}{4\eta(6c+2+c^2)} \quad (4.18)$$

将式(4.18)代入式(4.15)并化简，可以得到零售商的最优定价策略：

$$p_{Rr}^{M2}=\frac{2\eta a(18c+4+17c^2)+4\eta w(5c+2+c^2+4c^3)+3(20c+4+25c^2+2c^3)}{8\eta(6c+2+c^2)(1+2c)} \quad (4.19)$$

通过对比零售商实体渠道价格和制造商网络渠道指导价格，可得性质4.2。

性质4.2：当 $a\leqslant a^{\#}$ 时，$p_{Rr}^{M2}\geqslant p_{Rd}^{M2}=p_{Md}^{M2}=p_d^{M2}$；当 $a>a^{\#}$ 时，$p_{Rr}^{M2}<p_{Rd}^{M2}=p_{Md}^{M2}=p_d^{M2}$。

其中，$a^{\#}=\dfrac{4\eta w(13c+4+7c^2)+12+83c^2+14c^3+62c}{6\eta c^2}$。

由性质4.2可知，在制造商提供网络渠道指导价格情形下，当潜在市场规模相对较小($a\leqslant a^{\#}$)时，制造商的网络渠道指导价格总是低于零售商的实体渠道价格。此时，制造商主要通过低价优势吸引更多的顾客从零售商的实体渠道转移到自身网络渠道上来，从而增加自身渠道需求和利润。当潜在市场规模相对较大($a>a^{\#}$)时，制造商不再有足够的动机通过设置较低的网络渠道价格来增加渠道需求从而增加利润，而是通过设置高于零售商的实体渠道价格来增加产品的边际利润，从而获得更多的渠道利润。

将式(4.16)、式(4.18)和式(4.19)代入式(4.14)和式(4.17)，可以得到结论4.2。

结论4.2：在制造商提供网络渠道指导价格情形下，零售商和制造商的最优利润分别为：

$$\begin{cases}\pi_R^{M2}=\dfrac{8\eta w(1+3c)\chi_1+\chi_2}{2(6c+2+c^2)\chi_5}\\ \pi_M^{M2}=\dfrac{8\eta w(1+3c)\chi_3+\chi_4}{\chi_5}\end{cases}$$

其中，

$\chi_1=2\eta w(59c^3-7c^2-32c-8)-2\eta a(164c^2+96c+16+63c^3)-2c^4-117c^3-146c^2-60c-8$，

$\chi_2=4\eta^2a^2(32+704c^3+169c^4+256c+696c^2)-4\eta a(2c+1)(5c^4-82c^3-196c^2-104c-16)+(c^4+12c^3+148c^2+96c+16)^2$，

$\chi_3=2\eta a(4+4c^2+11c)-2\eta w(4c^2+3c+1)+7c+2+6c^2$，

$\chi_4=[2\eta a(2+5c)-2c^2-c]^2$，

$\chi_5=32\eta^2(2c+1)(6c+2+c^2)$。

4.2.2.3　*数值仿真及分析*

从定理4.4和结论4.2可以看出，制造商和零售商的最优渠道策略和利润均受到渠道间价格替代效用系数(竞争强度)c的影响，见表4.3。这部分我们主要针对渠道间价格替代效用系数(竞争强度)c做灵敏性分析。具体模型参数与制造商不提供网络渠道指导价格时保持一致，设置如下：$a=500$，$w=20$，$\eta=0.4$。

由表4.3可知：随着渠道间价格替代效用系数(竞争强度)c的不断增大，渠道间的价格竞争会变得更加激烈，零售商实体渠道价格和制造商网络渠道指导价格都会不断下降。随着渠道间价格替代效用系数(竞争强度)c的不断增大，零售商和供应链的利润会不断减少。但是，制造商的利润会先增加后减少。可见，渠道间适当的价格竞争($c=0.1$)能为制造商带来更多利润(见表 4.3 中加粗数据)。因此，制造商引入网络渠道虽然会引起制造商和零售商渠道间的冲突，但是如果渠道间能保持适当的竞争，则有助于制造商获得更多利润。这个结论与制造商不提供网络渠道指导价格情形时一致。

表 4.3　制造商为市场领导者且存在网络渠道指导价格时供应链各主体的策略和利润($v=2.5$)

参数		p_{Rr}^{M2}	p_d^{M2}	π_R^{M2}	π_M^{M2}	π^{M2}
c	0.01	260.4	238.9	115002	72483	187485
	0.1	248.2	230.3	114058	**72916**	186973
	0.5	212.2	207.5	110063	72555	182618
	0.9	191.0	192.9	106632	70920	177552
	1.3	176.0	181.4	103457	69032	172489

4.2.3　制造商 Stackelberg 情形下不同定价策略的利润对比分析

在制造商领导的 Stackelberg 博弈结构下，针对两种不同的定价策略(制造商不提供网络渠道指导价格和制造商提供网络渠道指导价格)，我们分别讨论了双渠道制造商和双渠道零售商的最优运作策略和利润。这一部分，我们对不同价格模式下双渠道制造商和双渠道零售商的利润进行对比分析，给出不同市场条件下制造商和零售商对不同价格模式的偏好。由结论 4.1 和结论 4.2，可以得到定理 4.5。

定理 4.5：

(ⅰ)对零售商而言，当满足市场条件 $\Psi_1 \geq 8\eta^2A^2B^2[8\eta w(1+3c)\chi_1+\chi_2]$ 时，零售商更偏爱无网络渠道指导价格模式；当满足市场条件 $\Psi_1<8\eta^2A^2B^2[8\eta w(1+3c)\chi_1+\chi_2]$ 时，零售商更偏爱有网络渠道指导价格模式。

(ⅱ)对制造商而言，当满足市场条件 $\Psi_2 \geq 8\eta^2A^2B[8\eta w(1+3c)\chi_3+\chi_4]$ 时，制造商更偏爱无网络渠道指导价格模式；当满足市场条件 $\Psi_2<8\eta^2A^2B[8\eta w(1+3c)\chi_3+\chi_4]$ 时，制造商更偏爱有网络渠道指导价格模式。

其中，

$$\Psi_1=(6c+2+c^2)[(\xi_1-8\eta wAB-4AB)(2\xi_3-\eta wB\xi_2)+(\xi_4-8\eta wAB)(2\xi_6-\eta wB\xi_5)]\chi_5,$$

$$\Psi_2=[\eta wA(2a\eta\zeta_1+cB\zeta_2-4\eta wB\zeta_3+\zeta_4)+\zeta_5(4\eta wB\zeta_6+2a\eta\zeta_7-cB\zeta_8)]\chi_5。$$

由定理 4.5 可知，制造商提供网络渠道指导价格模式并非始终是最优的。在不同的市场条件下，制造商和零售商对两种不同的价格模式会有不同的偏好。在现实中，我们经常会观察到，在不同的市场条件下，企业会选择不同的价格模式。例如：制造商三星与零售商苏宁，针对不同产品的市场条件会选择不同的价格模式，如三星对自身手机产品 G9006V 就不为苏宁提供网络渠道指导价格，此时该产品在苏宁网络渠道和三星网络渠道的价格不一致，但对产品 N9008S，三星就提供了网络渠道指导价格，此时，苏宁网络渠道和三星网络渠道的产品 N90085 价格保持一致。

在现实中，有许多大型零售商，如沃尔玛、国美、苏宁等，它们在供应链中处于核心地位，比制造商拥有更大的权利，从而成为供应链中的领导者，并与制造商进行 Stackelberg 博弈。下文我们将进一步讨论当零售商为 Stackelberg 领导者时，双渠道制造商和双渠道零售商的最优运作策略和利润的变化。

4.3 零售商 Stackelberg 情形下的两种定价策略模型

在这一节，我们假定零售商为 Stackelberg 领导者，制造商为跟随者，分别探讨在两种价格模式下，制造商和零售商的最优运作策略和利润。

当制造商不提供网络渠道指导价格时，零售商从自身利润最大化角度设定自身双渠道价格 p_{Rd}、p_{Rr}，以及实体渠道价值增值水平 v；在观察到零售商的策略后，制造商会从利润最大化角度设定自身网络渠道价格 p_{Md}。我们用上标 $R1$ 来表示无网络渠道指导价格且零售商为 Stackelberg 领导者时的情形。

当制造商为零售商提供网络渠道指导价格时，零售商作为 Stackelberg 领导者，首先从自身利润最大化角度给定自身实体渠道价格 p_{Rr} 和实体渠道产品的价值增值水平 v；接着，作为跟随者，制造商根据零售商的最优决策制定网络渠道指导价格 p_{Md}($p_{Rd}=p_{Md}=p_d$)，使自身利润达到最大。我们用上标 $R2$ 来表示存在网络渠道指导价格时零售商为 Stackelberg 领导者时的情形。

4.3.1 零售商 Stackelberg 情形下无网络渠道指导价格模型

结合上述背景描述，可得此情形下制造商的利润函数：

$$\pi_M^{R1}=w[2a-(p_{Rr}-v)(1+c)-p_{Rd}(1+b)+p_{Md}(b+c)]+ p_{Md}[a-p_{Md}(1+b+c)+bp_{Rd}+c(p_{Rr}-v)] \tag{4.20}$$

4.3.1.1 制造商的最优反应策略

当零售商双渠道价格 p_{Rd}、p_{Rr}及服务增值水平 v 给定时，可得到制造商的最优定价策略 p_{Md}，见定理 4.6。

定理 4.6：当零售商双渠道价格 p_{Rd}、p_{Rr}及服务增值水平 v 给定时，制造商网络渠道的最优定价策略为：

$$p_{Md}^{R1}=\frac{w(b+c)+a+bp_{Rd}+cp_{Rr}-cv}{2(1+b+c)} \tag{4.21}$$

由定理 4.6 可知，制造商网络渠道价格 p_{Md}与零售商双渠道价格 p_{Rd}和 p_{Rr}成正比，会随着零售商双渠道价格的提高而提高。同时，制造商网络渠道价格 p_{Md}与零售商实体渠道服务增值水平 v 成反比，会随着零售商实体渠道服务增值水平的提高而降低。因此，服务增值水平可以作为零售商实体渠道与制造商网络渠道竞争的有效手段，零售商实体渠道服务增值水平越高，制造商面临的竞争压力越大，制造商网络渠道价格 p_{Md}越低。

接下来，零售商会根据制造商的最优反应策略 p_{Md}^{R1}制定自身双渠道价格 p_{Rd}、p_{Rr}及服务增值水平 v，从而使自身利润达到最大。

4.3.1.2 零售商的最优决策

与制造商领导的 Stackelberg 情形一致，零售商的利润函数仍然为：

$$\pi_R^{R1}=(p_{Rr}-w-c_v)[a-(p_{Rr}-v)(1+2c)+c(p_{Rd}+p_{Md})]+ (p_{Rd}-w)[a-p_{Rd}(1+b+c)+bp_{Md}+c(p_{Rr}-v)] \tag{4.22}$$

将式(4.21)代入式(4.22)并化简，可以得到定理 4.7。

定理 4.7：零售商的最优双渠道价格 p_{Rd}、p_{Rr}及服务增值水平 v 分别为：

$$\begin{cases} p_{Rd}^{R1}=\dfrac{w[A+bc(2b+3c+1)+b^2+c^3]+a[C+c(1+2c+b)]}{2A} & (4.23) \\ p_{Rr}^{R1}=\dfrac{2\eta w[A+bc(2b+3c+1)+c^2+c^3]+2\eta a[C+b(1+b+c)+c^2]+3A}{4\eta A} & (4.24) \\ v^{R1}=\dfrac{1}{\eta} & (4.25) \end{cases}$$

将式(4.23)、式(4.24)和式(4.25)代入式(4.21)并化简，可以得到制造商的最优网络渠道价格：

$$p_{Md}^{R1}=\frac{2\eta w(b+c)[3A+b(2bc+3c^2+b)+c^2+c^3]+2\eta a[2A+C(b+c)+b(2bc+3c^2+2c)+c^3]-Ac}{8\eta A(1+b+c)} \tag{4.26}$$

其中，$A=7c^2+2b^2c+3bc^2+b^2+2+c^3+8c+4b+12bc$，$C=7c+2+4c^2+8bc+3b$。

通过对比制造商网络渠道与零售商双渠道的最优定价，可以得到性质4.3。

性质4.3：

(ⅰ) $\begin{cases}p_{Rd}^{R1}\geqslant p_{Md}^{R1}，如果\ a\geqslant a_X\\ p_{Rd}^{R1}<p_{Md}^{R1}，如果\ a<a_X\end{cases}$

(ⅱ) $\begin{cases}p_{Rr}^{R1}\geqslant p_{Md}^{R1}，如果\ a\geqslant a_Y\\ p_{Rr}^{R1}\geqslant p_{Rd}^{R1}，如果\ a<a_Y\end{cases}$

(ⅲ) $\begin{cases}p_{Rr}^{R1}\geqslant p_{Rd}^{R1}，如果\ 0\leqslant b\leqslant c\ 且\ a\leqslant a_Z\\ p_{Rr}^{R1}<p_{Rd}^{R1}，如果\ 0\leqslant b\leqslant c\ 且\ a>a_Z\\ p_{Rr}^{R1}\geqslant p_{Rd}^{R1}，如果\ b>c\ 且\ a\geqslant a_Z\\ p_{Rr}^{R1}<p_{Rd}^{R1}，如果\ b>c\ 且\ a<a_Z\end{cases}$

其中，$a_X=\frac{4\eta w(b^2c+2c^3+3c^2b-2-3b-7c-7bc-3c^2)-Ac}{2\eta(5c^3+7c^2+2c+4bc+4b^2c+b^2+9c^2b)}$，

$$a_Y=\frac{4\eta w(2b^2c+b^3+c^3+b^2+2c^2b-2-3b-7c-7bc-4c^2)-A(6+7c+6b)}{2\eta(3c^3+5b^2+2b^3+3c^2+2b+4bc+6b^2c+7c^2b)},$$

$$a_Z=\frac{2\eta w(c^2-b^2)+3A}{2\eta(1+b+c)(c-b)}。$$

由性质4.3可知，在零售商作为市场领导者情形下，当制造商不为零售商提供网络渠道指导价格时，零售商双渠道价格与制造商网络渠道价格的高低依赖市场参数，尤其是潜在市场规模和不同渠道的价格替代效用系数（竞争强度）。

由性质4.3(ⅰ)可知，与制造商为市场领导者时的定价策略正好相反，当零售商为市场领导者时，如果潜在市场规模相对较小($a\leqslant a_X$)，零售商网络渠道价格会低于制造商网络渠道价格，从而吸引更多的顾客从制造商网络渠道转移到零售商网络渠道。当潜在市场规模相对较大($a>a_X$)时，即零售商网

络渠道需求已经较大，零售商不再有足够的动机通过设置较低的网络渠道价格来增加渠道需求从而增加利润，而是通过设置高于制造商的网络渠道价格来增加产品的边际利润，从而获得更多的渠道利润。由性质4.3(ⅱ)、性质4.3(ⅲ)可以得到类似的结论，这里不再赘述。

将式(4.23)、式(4.24)、式(4.25)和式(4.26)代入式(4.20)和式(4.22)，可以得到结论4.3。

结论4.3：在制造商不提供网络渠道指导价格情形下，零售商和制造商的最优利润分别为：

$$\begin{cases}\pi_R^{R1}=\dfrac{[2\eta w(\Theta_1-2A)+2a\eta\Theta_2+A]\Theta_3+2\eta\Theta_6(w\Theta_4+a\Theta_5-2Aw)}{32\eta^2A(b+c+1)}\\ \pi_M^{R1}=\dfrac{[2\eta(w\Omega_1+a\Omega_2)-Ac][2\eta(a\Omega_4-2w\Omega_3)-Ac]+8\eta wA^2\Omega_5}{64\eta^2A^2(b+c+1)}\end{cases}$$

其中，$\Theta_1=A+c^2+c^3+bc(1+3c+2b)$，

$\Theta_2=C+c^2+b(1+b+c)$，

$\Theta_3=2a\eta(2+3c+2b)-4\eta w(b+2c+1)+3c^2+2+4bc+6c+2b$，

$\Theta_4=A+b^2+c^3+bc(1+3c+2b)$，

$\Theta_5=C+c(1+b+2c)$，

$\Theta_6=(2a\eta-c)(2+2c+3b)-4\eta w(2b+c+1)$，

$\Omega_1=(b+c)[3A+c^2+c^3+b(2bc+b+3c^2)]$，

$\Omega_2=2A+C(b+c)+b(2bc+2c+3c^2)+c^3$，

$\Omega_3=(b+c)(1+3c)(2b+c+1)$，

$\Omega_4=21c^2+18c+7c^3+21c^2b+36bc+14b^2c+10b+5b^2+4$，

$\Omega_5=2a\eta(4+5c+5b)-4\eta w(3b+3c+2)+c^2+2+4c+2b$。

4.3.1.3 数值仿真及分析

从定理4.7和结论4.3可以看出，当零售商为Stackelberg领导者时，制造商和零售商的最优渠道策略和利润均会受到不同渠道间价格替代效用系数(竞争强度)b和c的影响，见表4.4和表4.5。这部分我们主要针对渠道间价格替代效用系数(竞争强度)b和c做灵敏性分析。具体模型参数设置如下：$a=500, w=20$，$\eta=0.4$。

表 4.4　无网络渠道指导价格且零售商为市场领导者时供应链各主体的运作策略（$v=2.5$）

参数		p_{Rr}^{R1}					p_{Rd}^{R1}					p_{Md}^{R1}				
		$c=0.01$	$c=0.1$	$c=0.5$	$c=0.9$	$c=1.3$	$c=0.01$	$c=0.1$	$c=0.5$	$c=0.9$	$c=1.3$	$c=0.01$	$c=0.1$	$c=0.5$	$c=0.9$	$c=1.3$
b	0.01	260.6	251.3	226.4	210.6	198.1	258.8	257.9	247.4	235.1	223.5	247.8	238.6	206.8	185.3	169.4
	0.1	260.5	250.5	224.5	208.5	196.0	248.7	248.6	240.2	229.2	218.5	238.6	230.7	202.2	182.1	167.0
	0.5	260.2	247.6	217.3	200.5	188.1	216.8	218.5	215.5	208.0	200.0	205.7	201.8	183.8	168.8	156.7
	0.9	259.9	245.3	211.4	193.8	181.4	195.0	197.5	197.3	192.0	185.6	182.3	180.5	168.8	157.3	147.4
	1.3	259.7	243.3	206.5	188.1	175.7	178.3	181.4	183.0	179.0	173.8	164.6	164.1	156.4	147.5	139.3

表 4.5　无网络渠道指导价格且零售商为市场领导者时供应链各主体以及供应链的利润（$v=2.5$）

参数		$\pi_R^{R1}(\times10^5)$					$\pi_M^{R1}(\times10^4)$					$\pi^{R1}(\times10^5)$				
		$c=0.01$	$c=0.1$	$c=0.5$	$c=0.9$	$c=1.3$	$c=0.01$	$c=0.1$	$c=0.5$	$c=0.9$	$c=1.3$	$c=0.01$	$c=0.1$	$c=0.5$	$c=0.9$	$c=1.3$
b	0.01	1.1545	1.1510	1.1198	1.0763	1.0301	7.2206	7.2501	7.2882	7.2918	7.2784	1.8765	1.8760	1.8486	1.8055	1.7579
	0.1	1.1509	1.1443	1.1071	1.0623	1.0161	7.2499	7.2937	7.3470	7.3435	7.3200	1.8759	1.8737	1.8418	1.7966	1.7481
	0.5	1.1240	1.1086	1.0539	1.0055	0.9603	7.2174	7.3207	7.4646	7.4613	7.4179	1.8457	1.8407	1.8004	1.7517	1.7021
	0.9	1.0905	1.0700	1.0057	0.9560	0.9120	7.0845	7.2323	7.4589	7.4728	7.4283	1.7989	1.7932	1.7516	1.7032	1.6549
	1.3	1.0572	1.0329	0.9623	0.9120	0.8695	6.9207	7.1015	7.3954	7.4295	7.3909	1.7493	1.7431	1.7018	1.6550	1.6086

由表4.4和表4.5可知，在零售商为Stackelberg领导者时，当渠道间价格替代效用系数(竞争强度)b和c不断变化时，制造商和零售商的最优渠道运作策略和利润的变化与前文制造商为Stackelberg领导者时类似，这里不再赘述。

4.3.2 零售商Stackelberg情形下有网络渠道指导价格模型

这部分我们进一步讨论在零售商为Stackelberg领导者情形下，当制造商为零售商提供网络渠道指导价格，即零售商网络渠道价格等于制造商网络渠道价格($p_{Rd}=p_{Md}=p_d$)时，双渠道制造商和双渠道零售商的最优渠道运作策略和利润。将式(4.1)、式(4.2)和式(4.3)代入式(4.4)并化简，可以得到制造商的最优利润函数：

$$\pi_M^{R2}=w[2a-(p_{Rr}-v)(1+c)-p_d(1-c)]+p_d\{a-p_d-c[p_d-(p_{Rr}-v)]\} \quad (4.27)$$

4.3.2.1 制造商的最优反应策略

当零售商实体渠道价格p_{Rr}和服务增值水平v给定时，可以得到制造商的最优网络渠道指导价格p_d，见定理4.8。

定理4.8：当零售商实体渠道价格p_{Rr}和服务增值水平v给定时，制造商网络渠道的最优指导价格p_d为：

$$p_d^{R2}=\frac{a-w+wc+cp_{Rr}-cv}{2(1+c)} \quad (4.28)$$

由定理4.8可知，制造商网络渠道指导价格p_d会随着零售商实体渠道价格p_{Rr}的提高而提高，随着零售商实体渠道服务增值水平v的降低而降低。因此，服务增值水平v可以作为零售商实体渠道与制造商网络渠道竞争的有效手段，对制造商网络渠道价格产生威慑。

接下来，零售商会根据制造商的最优反应策略p_d^{R2}制定自身实体渠道价格p_{Rr}和服务增值水平v，使自身利润达到最大。

4.3.2.2 零售商的最优决策

将式(4.2)、式(4.3)代入式(4.5)并化简，可以得到零售商的利润函数：

$$\pi_R^{R2}=(p_{Rr}-w-c_v)[a-(p_{Rr}-v)-2c(p_{Rr}-v-p_d)]+(p_d-w)\{a-p_d-c[p_d-(p_{Rr}-v)]\} \quad (4.29)$$

将式(4.28)代入式(4.29)并化简，可以得到定理4.9。

定理 4.9：零售商的最优实体渠道价格 p_{Rr} 和价值增值水平 v 分别为：

$$p_{Rr}^{R2}=\frac{\eta a(5c+2)+\eta w(3c^2+3c+2)+2c^2+9c+3}{\eta(3c^2+12c+4)} \tag{4.30}$$

$$v^{R2}=\frac{1}{\eta} \tag{4.31}$$

将式(4.30)、式(4.31)代入式(4.28)，可以得到制造商的最优网络渠道指导价格：

$$p_d^{R2}=\frac{2\eta a(7c+2+4c^2)-2\eta w(3c+2-6c^2-3c^3)-c(3c+1+c^2)}{2\eta(1+c)(3c^2+12c+4)} \tag{4.32}$$

通过对比零售商实体渠道价格与制造商网络渠道指导价格，可以得到性质 4.4。

性质 4.4：$p_{Rr}^{R2} \geqslant p_{Rd}^{R2}=p_{Md}^{R2}=p_d^{R2}$。

由性质 4.4 可知，当零售商为 Stackelberg 领导者时，如果制造商为零售商提供网络渠道指导价格，那么无论潜在市场规模或者渠道间价格替代效用系数(竞争强度)如何变化，零售商实体渠道价格始终高于制造商网络渠道指导价格，这个结论与制造商为 Stackelberg 领导者时的结论有很大差异。

将式(4.30)、式(4.31)和式(4.32)代入式(4.27)和式(4.29)并化简，可以得到结论 4.4。

结论 4.4：在制造商提供网络渠道指导价格情形下，零售商和制造商的最优利润分别为：

$$\pi_R^{R2}=\frac{2\eta w(1+3c)\delta_1+\delta_2}{\delta_5}$$

$$\pi_M^{R2}=\frac{4\eta w(1+3c)\delta_3+\delta_4}{(12c+4+3c^2)\delta_5}$$

其中，$\delta_1=4\eta w(3c-1)-8\eta a(2c+1)-c^2-7c-2$，

$\delta_2=4\eta^2a^2(7c^2+8c+2)+2\eta a(2+c^3+9c+10c^2)+(c^2+3c+1)^2$，

$\delta_3=\eta a(9c^4+49c^3+104c^2+76c+16)-\eta w(9c^4+42c^3+65c^2+28c+4)+2(2c+1)(c+2)(c^2+3c+1)$，

$\delta_4=[2\eta a(2+7c+4c^2)-c^3-3c^2-c]^2$，

$\delta_5=4\eta^2(c+1)(12c+4+3c^2)$。

4.3.2.3 数值仿真及分析

从定理 4.9 和结论 4.4 可以看出，制造商和零售商的最优渠道策略和利

润均受到渠道间价格替代效用系数(竞争强度)c 的影响，见表 4.6。这部分我们主要针对渠道间价格替代效用系数(竞争强度)c 做灵敏性分析。具体模型参数与制造商不提供网络渠道指导价格情形保持一致，设置如下：$a=500$，$w=20$，$\eta=0.4$。

表 4.6 零售商为市场领导者且存在网络渠道指导价格时供应链各主体的策略和利润($v=2.5$)

参数		p_{Rr}^{M2}	p_d^{M2}	π_R^{M2}	π_M^{M2}	π^{M2}
c	0.01	260.5	239.0	115008	72481	187489
	0.1	249.8	230.3	114056	72917	186973
	0.5	219.1	199.4	108146	73160	181306
	0.9	198.7	177.5	101388	72426	173815
	1.3	183.0	161.0	94857	71323	166180

由表 4.6 可知，在零售商为 Stackelberg 领导者且制造商提供网络渠道指导价格情形下，当渠道间价格替代效用系数(竞争强度)c 不断变化时，制造商和零售商的最优渠道运作策略和利润的变化，结论与前文中制造商为 Stackelberg 领导者时的结论类似，这里不再赘述。

4.3.3 零售商 Stackelberg 情形下不同定价策略的利润对比分析

在零售商领导的 Stackelberg 博弈结构下，针对两种不同的定价策略(制造商不提供网络渠道指导价格和制造商提供网络渠道指导价格)，我们分别讨论了双渠道制造商和双渠道零售商的最优运作策略和利润。这部分我们对不同定价策略下双渠道制造商和双渠道零售商的利润进行对比分析，给出不同市场条件下制造商和零售商对不同价格模式的偏好。由结论 4.3 和结论 4.4，可以得到定理 4.10。

定理 4.10：

(i)对零售商而言，当满足市场条件 $\Phi_1 \geq 32\eta^2A(1+b+c)[2\eta w(1+3c)\delta_1+\delta_2]$时，零售商偏爱无网络渠道指导价格模式；当满足市场条件 $\Phi_1<32\eta^2A(1+b+c)[2\eta w(1+3c)\delta_1+\delta_2]$时，零售商偏爱有网络渠道指导价格模式。

(ii)对制造商而言，当满足市场条件 $\Phi_2 \geq 64\eta^2A^2(1+b+c)[4\eta w(1+3c)\delta_3+\delta_4]$时，制造商偏爱无网络渠道指导价格模式；当满足市场条件 $\Phi_2<64\eta^2A^2(1+b+c)[4\eta w(1+3c)\delta_3+\delta_4]$时，制造商偏爱有网络渠道指导价格模式。

其中，$\Phi_1=\{[2\eta w(\Theta_1-2A)+2a\eta\Theta_2+A]\Theta_3+2\eta\Theta_6(w\Theta_4+a\Theta_5-2Aw)\}\delta_5$，$\Phi_2=(12c+4+3c^2)\{[2\eta(w\Omega_1+a\Omega_2)-Ac][2\eta(a\Omega_4-2w\Omega_3)-Ac]+8\eta wA^2\Omega_5\}\delta_5$。

从定理 4.10 可以看出，当零售商为市场领导者时，在不同的市场条件下，零售商和制造商会偏爱不同的定价策略。

4.4 不同博弈结构下零售商和制造商运作策略和利润比较分析

在这一节，我们进一步对比分析在制造商和零售商分别为市场 Stackelberg 领导者情形下，当渠道间价格替代效用系数(竞争强度)b 和 c 不断变化时，制造商和零售商各自渠道运作策略和利润的变化(见表 4.1 至表 4.6)。

首先，针对制造商不提供网络渠道指导价格情形，我们分别对比分析在制造商为市场 Stackelberg 领导者及零售商为市场 Stackelberg 领导者时，各供应链主体的运作策略和利润。对比分析表 4.1 和表 4.4，可以得出以下结论：无论渠道间价格替代效用系数(竞争强度)b 和 c 如何变化，零售商为市场领导者时所设置的双渠道价格始终高于零售商为市场跟随者时所设置的双渠道价格。与零售商的定价策略不同，对制造商来说，当渠道间价格替代效用系数(竞争强度)b 和 c 相对较大时，制造商为领导者时的网络渠道价格高于制造商为跟随者时的网络渠道价格；然而，当渠道间价格替代效用系数(竞争强度)b 和 c 相对较小时，制造商为领导者时的网络渠道价格低于制造商为跟随者时的网络渠道价格，此时，制造商通过先入市场优势及制定较低的网络渠道价格来吸引更多的顾客转移到其网络渠道上来。当渠道间的价格替代效用系数(竞争强度)b 和 c 相对较大，即各渠道间的价格竞争比较激烈时，制造商和零售商都更愿意作为市场跟随者，在观察到对手的决策后再制定自身决策。但是，当渠道间价格替代效用系数(竞争强度)b 和 c 相对较小，即各渠道间的价格竞争不太激烈时，制造商和零售商都更愿意作为市场领导者，通过先入市场优势及较低的渠道价格来获得更多需求和利润。对比两种博弈结构下的供应链总利润，我们发现，无论渠道间价格替代效用系数(竞争强度)b 和 c 如何变化，零售商为市场领导者时供应链的利润始终高于零售商为跟随者时供应链的利润。因此，我们得到以下管理学启示：在双层混合渠道供应链中，当零售商在供应链中的地位不断上升，成为供应链中的核心企业时，供应链总体的运作效率会提高。原因可能是零售商更接近和熟悉顾客，并通过先入市场优势有效设定了双渠道价格及实体渠道服务增值水平，从而能更有效地满足顾客需求，为供应链带来更多利润。

其次，针对制造商提供网络渠道指导价格情形，我们进一步对比分析了在制造商为市场领导者和零售商为市场领导者时各供应链主体的运作策略和利润。对比分析表4.3和表4.6，可以得出以下结论：无论渠道间价格替代效用系数(竞争强度)b和c如何变化，零售商为市场领导者时所设置的实体渠道价格始终高于零售商为市场跟随者时所设置的实体渠道价格。与零售商的定价策略不同，对制造商来说，当渠道间价格替代效用系数(竞争强度)b和c相对较小时，制造商为市场领导者时所设置的网络渠道指导价格低于制造商为市场跟随者时所设置的网络渠道指导价格。此时，制造商通过先入市场优势并制定较低的网络渠道指导价格来吸引更多的顾客转移到其网络渠道上来。但是，当渠道间价格替代效用系数(竞争强度)b和c相对较大时，制造商为市场领导者时所设置的网络渠道指导价格会高于制造商为市场跟随者时所设置的网络渠道指导价格。此时，制造商主要通过增加单位产品边际利润来获得更多利润。当渠道间价格替代效用系数(竞争强度)b和c相对较大时，各渠道间的价格竞争比较激烈，制造商和零售商都更愿意作为市场跟随者，在观察到对方的决策后再制定自身决策。当渠道间价格替代效用系数(竞争强度)b和c相对较小时，各渠道间的价格竞争不太激烈，制造商和零售商都更愿意作为市场领导者，通过先入市场优势和较低的渠道价格来获得更多需求和利润。这一结论与制造商不提供网络渠道指导价格情形下的结论一致。对比两种博弈结构下的供应链总利润，我们发现：在制造商为零售商提供网络渠道指导价格情形下，当渠道间价格替代效用系数(竞争强度)b和c相对较小时，与制造商不提供网络渠道指导价格情形的结论一致，即如果零售商为市场领导者，整个供应链能获得更多利润；但是，当渠道间价格替代效用系数(竞争强度)b和c相对较大，制造商为市场领导者时，整个供应链能获得更多利润。原因可能是当渠道间价格替代效用系数(竞争强度)b和c相对较大时，渠道间价格竞争会变得很激烈，此时如果制造商为市场领导者，为缓解渠道间的冲突，会设置相对较高的网络渠道价格，避免供应链陷入价格白刃战(head-to-head price competition)，从而提高供应链的运作绩效和利润。

4.5 本章小结

本章针对双层混合渠道供应链结构(制造商和零售商同时通过双渠道销售产品)，研究了在不同的定价策略下，当制造商和零售商分别为市场领导者时各供应链主体的最优运作策略和利润变化，得出以下结论：当制造商不提供网络渠道指导价格时，零售商双渠道价格与制造商网络渠道价格依赖市场参数，尤其是潜在市场规模和渠道间价格替代效用系数(竞争强度)；当制造商提供网络渠道指导价格且零售商为市场领导者时，零售商实体渠道价格将始终高于制造商网络渠道指导价格。对比不同模式下制造商和零售商的利润，我们发现，没有哪种定价策略始终是最优的，在不同的市场条件下，制造商和零售商会偏爱不同的定价策略。有意思的是，通过数值仿真及分析我们发现，渠道间价格替代效用系数(竞争强度)对制造商并非始终有害，适当的渠道间价格替代效用系数(竞争强度)所带来的渠道间适度的价格竞争会为制造商带来更多利润。最后，对比不同博弈结构下供应链各主体的利润，我们发现，当渠道间价格替代效用系数(竞争强度)相对较大时，制造商和零售商都喜欢作为市场跟随者，在观察到对手的策略后再制定自身策略；否则，制造商和零售商都喜欢作为市场领导者，通过先入市场以及低价策略获取更多的需求和利润。本章的研究结论可供现实中双层混合渠道供应链中的企业参考。

第5章 不同销售与研发模式下双渠道供应链运作策略

随着电子商务的发展，网络消费越来越受到消费者的青睐。许多制造商开始选择双渠道模式销售，即在自身传统渠道销售模式下，增加网络直销渠道销售，如IBM、惠普、三星、索尼等。采用双渠道（线上和线下渠道）销售模式能够有效增加制造商的产品销售量，也会引发下游零售商的抵触，导致渠道冲突。例如：中国鞋业协会（NSA）和美国国家体育用品协会（NSGA）就建议其会员尽量减少或者避免采用双渠道销售模式；Bernstein 等也指出，采用双渠道销售模式并不一定始终能为制造商带来更多利润，某些情况下可能会损害制造商利润。因此，双渠道销售模式对制造商来说并非始终是最好的。近年来，越来越多的制造商，如 Ralph Lauren、Chanel、MAC、Dior 等开始尝试并接受店中店销售模式，即制造商在零售商的店内开店或在零售商的店内设置柜台、摊位进行销售的一种制造商和零售商合作的商业模式。在店中店模式下，制造商拥有商品销售的全部自主权，包括库存管理、销售定价、店内员工服务等，但因使用零售商店面，需要向零售商支付一定的店面租金或由零售商按制造商销售比例提成。那么，对制造商来说，到底应该选择双渠道模式还是店中店模式？在以上两种不同的销售模式下，制造商定价策略、市场需求和利润会发生怎样的变化？零售商会有怎样的反应？这些问题都是企业十分关注和亟待解决的。

由于经济全球化的冲击和消费者偏好的不断变化，市场竞争越来越激烈，新产品的生命周期大大缩短，生产制造企业自主研发产品的成本压力和风险越来越大，许多企业纷纷考虑并选择与其他企业进行合作研发，有效地运用合作伙伴的经验和专业技术，共担成本、共担风险、共同获益。大量统计调查表明，产品成本因素的80%以上在研究和设计阶段就决定了，成本的降低从根本上说取决于企业的研究与开发水平。因此，研究生产企业产品研发策略(独立研发或合作研发)对降低企业生产成本、改善企业生产绩效具有十分重要的现实意义。在双渠道供应链中，制造商不仅是零售商产品的供应者，其自身网络渠道也销售产品，此时二者之间的关系由竞争转变为既合作又竞争，制造商研发成果带来的生产成本的降低必然导致其自身网络渠道产品销售价格的下降，形成对实体渠道零售商更加明显的价格歧视，从而对零售商的销售价格、运作策略和利润产生更加显著的影响。因此，在制造商拥有双渠道的情形下，研究制造商不同研发策略(不研发、独立研发或合作研发)对供应链各主体运作策略和利润的影响具有更加现实的意义。

5.1 背景描述

首先，针对一个制造商和一个零售商组成的供应链系统，假设制造商生产两种替代性产品，即产品 1 和产品 2。对于产品 1，将其批发给零售商，通过零售商销售给下游顾客。对于产品 2，由制造商通过以下两种方法直接销售给下游顾客：①利用电子商务平台，建立自己的网络销售渠道，通过网络渠道直接将产品销售给顾客；②进驻零售商店，通过店中店模式将产品销售给顾客。我们分析当制造商处于市场领导者地位时，在这两种渠道销售模式下，制造商和零售商的最优定价策略、需求和利润的变化，以及在不同市场条件下，制造商渠道销售模式选择的变化。

其次，针对一个双渠道制造商和一个零售商组成的供应链系统，假设制造商考虑对自身产品进行研发投入，从而有效降低产品的生产成本，提高单位产品利润率和企业竞争力。双渠道制造商主要有两种可选择的研发模式：①制造商独立对产品进行研发，研发成果由自己独享，从而有效降低自身网络渠道产品价格，对零售商实体渠道价格形成歧视，增加自身网络渠道的需求和利润。②制造商与零售商合作研发，研发成果由双方共享。此时，因零售商也进行了产品研发投入，制造商会对零售商的批发价格给予一定的折扣优惠(优惠力度的大小由双方的谈判能力决定)，从而在一定程度上提高零售商的定价能力，减弱网络渠道对实体渠道的价格歧视效应。

本章主要研究在上述两种研发模式下，制造商和零售商的最优运作策略和利润的变化，以及在不同的市场条件下，制造商研发模式选择策略的变化。

5.2 双渠道制造商销售模式选择策略

5.2.1 双渠道供应链销售模式

在双渠道供应链销售模式下，零售商实体渠道可以通过售前销售努力(服务)增加产品销售量，而网络渠道主要通过网络直销价格与零售商渠道竞争。参考 Jerath(2010)等的研究，可以得到以下需求函数：

零售商实体渠道产品 1 的需求：$Q_1=\frac{a}{1+\beta}-\frac{1}{1-\beta^2}p_1+\frac{\beta}{1-\beta^2}p_2+\theta s_1$ (5.1)

制造商网络渠道产品 2 的需求：$Q_2=\frac{a}{1+\beta}-\frac{1}{1-\beta^2}p_2+\frac{\beta}{1-\beta^2}p_1-\theta s_1$ (5.2)

其中，Q_1和Q_2分别为零售商实体渠道产品 1 和制造商网络渠道产品 2 的需求；a 为基本的潜在市场需求规模；$\beta\in[0, 1]$为产品替代性，即消费者感知的产品之间的相似程度，$\beta=0$ 表示产品完全不同，产品间无竞争关系，$\beta=1$表示产品完全相同，即随着β的增大，产品替代性增高，产品间的竞争加剧；p_1和p_2分别为零售商销售的产品 1 和制造商销售的产品 2 的价格；s_1为零售商在店中提供的销售努力服务水平；$\theta>0$ 为顾客对服务水平的敏感因子。零售商实体渠道服务水平 s_1的服务成本为 $c_{s_1}=\frac{\eta s_1^2}{2}$，$\eta>0$ 为服务成本影响因子。

在双渠道销售模式下，零售商和制造商的利润函数分别为：

$$\pi_R=(p_1-w)Q_1-\frac{\eta s_1^2}{2} \tag{5.3}$$

$$\pi_M=wQ_1+p_2Q_2 \tag{5.4}$$

其中，π_R 和 π_M 分别为零售商和制造商的利润；w 为制造商产品 1 的批发价格，由长期的合同价格或者市场价格决定，为模型的外生变量；制造商产品的生产成本为 c，不失一般性，我们假设 $c=0$。

本节考虑在双渠道供应链中，制造商实力较强，居于领导地位，制造商和零售商之间进行 Stackelberg 博弈。博弈顺序如下：制造商先确定自身网络渠道产品 2 的销售价格 p_2，使其利润 π_M 最大；零售商根据制造商网络渠道产品 2 的价格 p_2，确定自身实体渠道产品 1 的价格 p_1，使其利润 π_R 最大。由此可得定理5.1。

定理5.1：在双渠道供应链销售模式中，零售商和制造商的最优定价策略(p_1^*，p_2^*)分别为：

$$p_1^*=\frac{a(4+\beta^3-3\beta^2-2\beta)+\theta s_1(1-\beta^2)(4-\beta^2-2\beta)+4w}{4(2-\beta^2)} \tag{5.5}$$

$$p_2^*=\frac{a(2-\beta-\beta^2)-\theta s_1(1-\beta^2)(2-\beta)+2w\beta}{2(2-\beta^2)} \tag{5.6}$$

将式(5.5)和式(5.6)分别代入式(5.1)和式(5.2)，可得零售商和制造商各自渠道产品的最优需求：

$$Q_1=\frac{\theta s_1(1+\beta)(4-2\beta-\beta^2)+(4+2\beta-\beta^2)a-4w(1+\beta)}{4(1+\beta)(2-\beta^2)} \tag{5.7}$$

$$Q_2=\frac{(2+\beta)a-\theta s_1(2+\beta-\beta^2)}{4(1+\beta)} \tag{5.8}$$

将式(5.5)至式(5.8)分别代入式(5.3)和式(5.4)，可得零售商和制造商的利润。

由定理5.1可得性质5.1和性质5.2。

性质5.1：零售商实体渠道价格和需求与自身提供的服务水平均成正比；制造商网络渠道价格和需求与零售商服务水平均成反比。

由性质5.1可知，相对于制造商网络渠道的产品销售，传统渠道零售商可以通过提高售前服务水平获得竞争优势，从而有效提高产品销售价格和销售量；制造商通过网络渠道销售自身产品，相对零售商来说，尽管具备成本优势($c<w$)，但因无法提供售前服务而成为其增加销售量的一个短板。

性质5.2：当零售商实体渠道服务水平相对较低，即$s_1\leqslant s_1^*$时，服务水平每增加一个单位，服务成本增加量低于需求增加量；否则，服务成本增加量高于需求增加量。

由性质5.2可知，当零售商实体渠道服务水平低于某个阈值时，零售商服务水平每增加一个单位，其所引起的服务成本增加量会低于需求增加量，此时，零售商会有更大的动机来提升自身服务水平以获得更多的需求和利润；但当服务水平超过某个阈值时，服务水平每增加一个单位，其所引起的服务成本增加量会高于需求增加量，此时，零售商想要提高渠道需求需要付出更多的服务成本，他们通过提升服务水平来提高需求和利润的动机会逐渐减弱。这也正好解释了在现实中零售商实体店不是通过不断地提升服务水平来提高需求，而是在服务水平达到一定程度时维持一定的服务水平不变这种现象。

制造商通过网络渠道销售无法提供售前服务，从而会影响其产品 2 的销售量(性质 5.1)，因此，制造商会考虑进驻零售店，采用店中店的销售模式弥补这一缺陷。下面我们进一步考虑制造商在采用店中店销售模式时的最优运作策略和利润变化，以及此时零售商运作策略和利润的变化。

5.2.2 店中店供应链销售模式

在店中店供应链销售模式中，制造商将销售渠道进驻到零售商商店里，此时零售商和制造商两个渠道都可以通过售前努力(服务)增加销售量，从价格和售前努力两个方面展开竞争。因为零售商和制造商销售渠道同时在零售商商店里面，产品 1 的潜在顾客在购买产品 1 的同时，有可能购买产品 2，而产品 2 的潜在顾客在购买产品 2 的同时也有可能购买产品 1，从而增加了产品 1 和产品 2 的潜在需求量，即“客流量”效应。例如，在现实中，很多顾客在商场里购买衬衫的同时也会顺便购买其替代性产品 T 恤衫。参考 Jerath(2010)等的研究，可得以下需求函数：

$$Q_1=\frac{a+T}{1+\beta}-\frac{1}{1-\beta^2}p_1+\frac{\beta}{1-\beta^2}p_2+\theta(s_1-s_2) \tag{5.9}$$

$$Q_2=\frac{a+T}{1+\beta}-\frac{1}{1-\beta^2}p_2+\frac{\beta}{1-\beta^2}p_1+\theta(s_2-s_1) \tag{5.10}$$

其中，T 为店中店模式下“客流量”效应所带来的零售商和制造商各自销售渠道潜在顾客的增加量；$s_i(i=1,\ 2)$ 分别为零售商和制造商提供的售前努力服务水平。

在店中店销售模式下，制造商进驻零售商商店需要向零售商交付一定的店面租金，同时也要将自身销售利润按一定比例交付零售商。该模式下零售商和制造商的利润函数分别为：

$$\pi_R=(p_1-w)Q_1-\frac{\eta s_1^2}{2}+\lambda p_2Q_2+F \tag{5.11}$$

$$\pi_M=wQ_1+(1-\lambda)p_2Q_2-\frac{\eta s_2^2}{2}-F \tag{5.12}$$

其中，$\lambda\in(0,\ 1)$ 为零售商从制造商处收取的销售利润提成，F 为制造商交给零售商的店面租金。

与双渠道供应链销售模式一致，在店中店模式下，制造商实力较强，居于领导地位，制造商和零售商进行 Stackelberg 博弈。博弈顺序如下：制造商先确定自身在店中店渠道产品 2 的价格 p_2，使其利润 π_M 最大；零售商根据制造商店中店渠道价格 p_2 确定自身实体渠道产品 1 的价格 p_1，使其利润 π_R 最大。由此可得定理 5.2。

定理 5.2：在店中店销售模式供应链中，零售商和制造商的最优定价策略（p_1^{**}，p_2^{**}）分别为：

$$p_1^{**}=\frac{\theta(1-\beta^2)[4-\beta(1+\lambda)(2+\beta)](s_1-s_2)+(1-\beta)(a+T)[4+\beta(1+\lambda)(2-\beta)]+4w}{4(2-\beta^2-\lambda\beta^2)} \tag{5.13}$$

$$p_2^{**}=\frac{(a+T)(2-\beta-\beta^2)+\theta(1-\beta^2)(2-\beta)(s_2-s_1)+2w\beta}{2(2-\beta^2-\lambda\beta^2)} \tag{5.14}$$

将式(5.13)和式(5.14)分别代入式(5.9)和式(5.10)，可得零售商和制造商各自渠道产品的最优需求：

$$Q_1=\frac{\theta(1+\beta)(4+2\lambda\beta-2\beta-\beta^2-3\lambda\beta^2)(s_1-s_2)+(a+T)(4+2\beta-\beta^2-2\lambda\beta-3\lambda\beta^2)-4w(1+\beta)}{4(1+\beta)(2-\beta^2-\lambda\beta^2)} \tag{5.15}$$

$$Q_2=\frac{\theta(1+\beta)(2-\beta)(s_2-s_1)+(a+T)(2+\beta)}{4(1+\beta)} \tag{5.16}$$

将式(5.13)至式(5.16)分别代入式(5.11)和式(5.12)，可得到零售商和制造商的利润。

由定理 5.2 可得性质 5.3 和性质 5.4。

性质 5.3：零售商与制造商的渠道价格和需求与自身提供的服务水平均成正比，与对方提供的服务水平成反比。

由性质 5.3 可知，在店中店模式下，零售商和制造商均通过提升自身售前服务水平来提高自身渠道价格、增加需求，服务成为两种渠道获得自身竞争优势的关键。零售商在吸引制造商进驻其店面后，尽管可以收取租金和制造商销售利润提成，并产生“客流量”效应，增加其需求和利润，但也引入了制造商的服务竞争，使自己不再具备“垄断服务”竞争优势，从而有可能减弱自身竞争优势，导致利润损失。

性质 5.4：

（i）在店中店模式下，当零售商（制造商）渠道服务水平相对较低，即 $s_1\leqslant s_1^{\#}$（$s_2\leqslant s_2^{\#}$）时，服务水平每增加一个单位，服务成本增加量会低于需求增加量；否则，服务成本增加量高于需求增加量。

（ⅱ）在店中店模式下，零售商渠道服务水平提升所带来的需求增加量会高于制造商渠道服务水平提升所带来的需求增加量。

由性质 5.4（ⅰ）可得，在店中店销售模式下，制造商和零售商自身渠道仍然不会通过无限制地提升自身服务水平来增加渠道需求，哪怕是两个渠道处于直接的服务竞争中。由性质 5.4（ⅱ）可得，在店中店销售模式下，零售商渠道服务水平每增加一个单位，其渠道需求增加量高于制造商渠道服务水平增加一个单位所引起的渠道需求增加量，即零售商售前服务效率更高，带来的需求更多。因此，零售商允许制造商进驻其店面采用店中店模式销售，虽然会引入制造商的服务竞争，但相对于制造商，零售商的服务效率较高，竞争优势依然存在。

5.2.3 双渠道与店中店供应链销售模式比较

"客流量"效应是店中店销售模式相对于双渠道销售模式所独有的优势，我们进一步探讨相对双渠道销售模式，"客流量"效应对店中店销售模式下供应链各主体定价策略和需求的影响，可得到结论 5.1 和结论 5.2。

结论 5.1：分别存在一个"客流量"效应阈值 T^0 和 T^*，满足：

（ⅰ）当 $T\leqslant T^0$ 时，零售商在双渠道销售模式下的定价始终高于在店中店销售模式下的定价；否则，零售商在双渠道销售模式下的定价始终低于在店中店销售模式下的定价。

（ⅱ）当 $T\leqslant T^*$ 时，制造商在双渠道销售模式下的定价始终高于在店中店销售模式下的定价；否则，制造商在双渠道销售模式下的定价始终低于在店中店销售模式下的定价。

其中，$T^0=\dfrac{\theta(1-\beta^2)[2\lambda\beta s_1(2-\beta)+(2-\beta^2)s_2u_2]-2a\lambda\beta(1-\beta)(2+\beta)-4w\lambda\beta^2}{(1-\beta)(2-\beta^2)u_1}$，

$$T^*=\frac{\theta(1-\beta^2)(2-\beta)[\lambda\beta^2 s_1-(2-\beta^2)s_2]-a\lambda\beta^2(2-\beta-\beta^2)-2w\lambda\beta^3}{u_3},$$

$u_1=4+2\beta+2\lambda\beta-\beta^2-\lambda\beta^2$，

$u_2=4-\beta^2-\lambda\beta^2-2\beta-2\lambda\beta$，

$u_3=4+\beta^3+\beta^4-2\beta-4\beta^2$。

由结论 5.1 可知，当"客流量"效应较小时，制造商和零售商在双渠道模

式下的渠道价格高于在店中店模式下的价格，产品边际利润较高，此时，他们能保持渠道价格优势；当“客流量”效应较大时，他们采用店中店销售模式能获得更多的定价优势，产品价格较高，边际利润较大。

结论 5.2：存在一个“客流量”效应阈值 $T^{\#}$，满足：

（ⅰ）当 $T \leqslant T^{\#}$ 时，零售商在双渠道销售模式下的需求始终高于在店中店销售模式下的需求；否则，零售商在双渠道销售模式下的需求始终低于在店中店销售模式下的需求。

（ⅱ）制造商在双渠道销售模式下的网络渠道需求始终低于在店中店销售模式下的渠道需求。

其中，$T^{\#}=\dfrac{2a\lambda\beta(1-\beta^2)(2+\beta)+4w\lambda\beta^2(1+\beta)-\theta(1+\beta)[2\lambda\beta s_1(1-\beta^2)(2-\beta)+(2-\beta^2)s_2u_5]}{(2-\beta^2)u_4}$，

$u_4=4+2\beta-2\lambda\beta-\beta^2-3\lambda\beta^2$，

$u_5=4+2\lambda\beta-2\beta-\beta^2-3\lambda\beta^2$。

由结论 5.2 可知，当“客流量”效应相对较小时，零售商在双渠道销售模式下的需求高于在店中店模式下的需求，且其产品边际利润较高（结论 5.1），此时，零售商选择双渠道销售模式能有效提高其需求和利润。对制造商来说，无论“客流量”效应大小，制造商产品在店中店模式下的销售量始终高于在双渠道模式下网络渠道的销售量。因此，店中店模式对制造商提升其产品销量具有重要作用。这也可以解释为什么现在电子商务发展十分迅猛，网络销售越来越流行，进驻零售商商店需要向零售商缴纳租金和销售提成，仍然有很多企业选择进驻零售商商店，采用店中店销售模式。

5.2.4 数值仿真及分析

替代性产品间替代度的大小会对制造商和零售商的决策产生重要影响，例 5.1 讨论在双渠道模式和店中店模式下，当产品替代性不断变化时，供应链两主体最优定价策略、需求和利润的变化。

例 5.1：在双渠道供应链和店中店供应链中，分别取参数 $a=500$，$T=50$，$F=1000$，$w=20$，$s_1=4$，$s_2=3$，$\theta=0.4$，$\eta=0.5$，$\lambda=0.3$，分析产品替代性对零售商和制造商定价策略、需求和利润的影响，可得图 5.1 至图 5.4。

由图 5.1 和图 5.3 可知，无论在双渠道模式下还是在店中店模式下，随着两种产品替代性的增加，零售商和制造商价格竞争越来越激烈，两渠道定

价均不断下降。当产品替代性相对较低时，制造商因为具有成本优势($c<w$)，价格会低于零售商价格，从而通过价格优势获取更多市场份额和利润。当产品替代性高于某个阈值时，尽管制造商具有成本优势，其产品价格将高于零售商价格，从而将价格优势转移给零售商，有效缓解渠道冲突，促进零售商渠道产品的销售，增大零售商产品批发量，此时，制造商主要通过零售商产品批发获取更多利润，而不再将自身渠道销售作为利润的主要来源，进而有效缓解两渠道间的冲突。制造商自身渠道需求会随着产品替代性的增强不断下降，但零售商渠道的需求会先下降后上升，渠道总需求也会先下降后增加。因此，产品替代性的增强并不一定引起零售商和渠道总需求的下降，当产品替代性超过某个阈值时，随着产品替代性的增强，零售商和渠道总需求会不断增加。这也可以解释这一现象：在现实中，当制造商分别通过零售商和自身渠道销售两种替代性产品时，如果两种产品替代性很强，尽管制造商有成本优势，制造商自身渠道产品的价格也会高于零售商的销售价格，此时，制造商的销售重点并不在于努力通过自身渠道获取更多需求，而在于尽量缓和制造商和零售商两渠道间的冲突，促进零售商销售，从而从零售商渠道获得更多的产品批发收益。

由图 5.2 和图 5.4 可知，随着产品替代性的增强，零售商、制造商的利润及供应链总利润会不断下降。对制造商来说，在自身技术和研发能力允许的条件下，可以在研发和生产产品时尽量对同类产品进行差异化处理，减弱两种产品间的替代性及产品竞争，从而有效增加自身及零售商的利润。

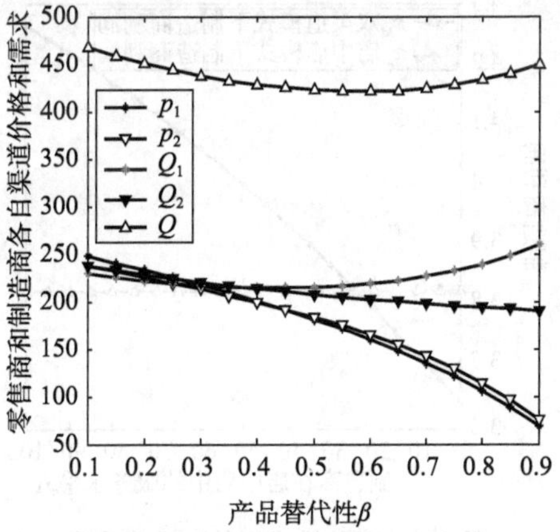

图 5.1　双渠道模式下的渠道价格和需求

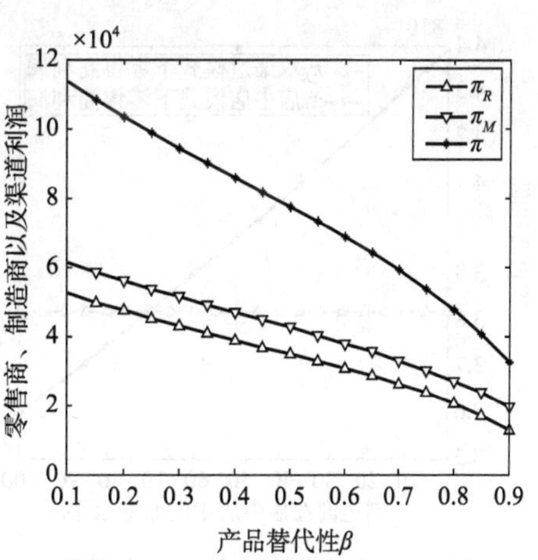

图 5.2　双渠道模式下的渠道利润

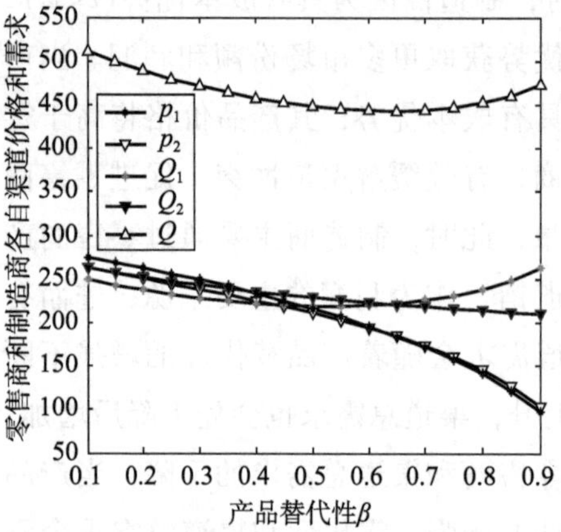

图 5.3　店中店模式下的渠道价格和需求

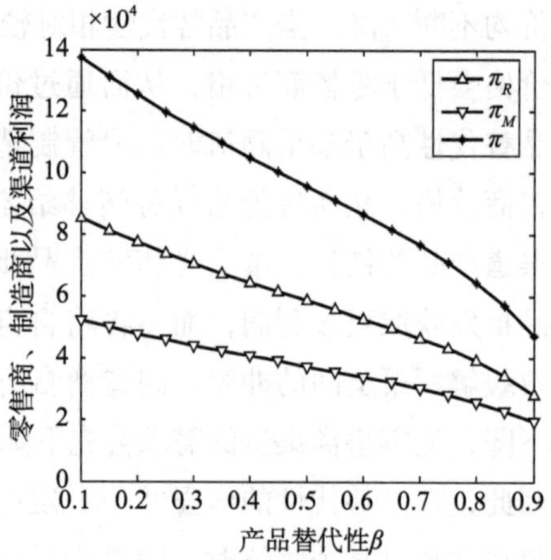

图 5.4　店中店模式下的渠道利润

提供售前服务，进而扩大自身渠道产品需求，是制造商进驻零售店采用店中店销售模式的主要动力。例 5.2 将进一步讨论制造商在店中店模式下提供服务的水平对制造商和零售商渠道销售模式选择的影响。

例 5.2：在双渠道供应链和店中店供应链中，分别取参数 $a=500$，$T=10$，$F=100$，$w=10$，$s_1=20$，$\lambda=0.1$，$\theta=0.7$，$\eta=0.5$，$\beta=0.5$，分析制造商在店中店中的服务水平对零售商和制造商渠道销售模式选择的影响，可得图 5.5 和图 5.6。

由图 5.5 和图 5.6 可知，在店中店模式下，零售商利润会随着制造商服务水平的提高不断下降，制造商利润会不断上升。制造商在店中店模式下可以利用店面优势提供售前服务，与零售商进行服务竞争，从而克服双渠道模式下制造商网络渠道无法提供售前服务的劣势。

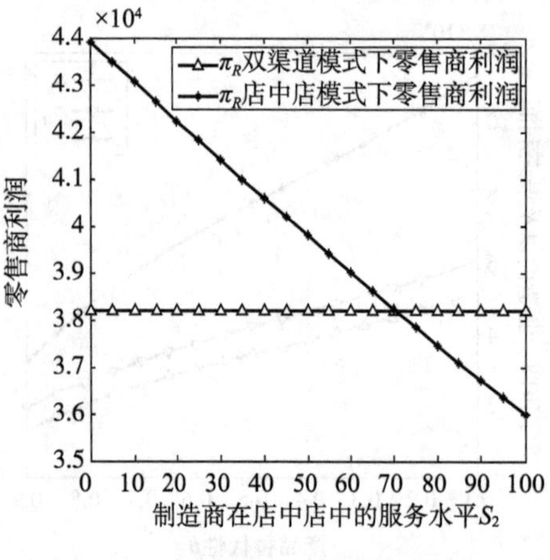

图 5.5　两种模式下的零售商利润

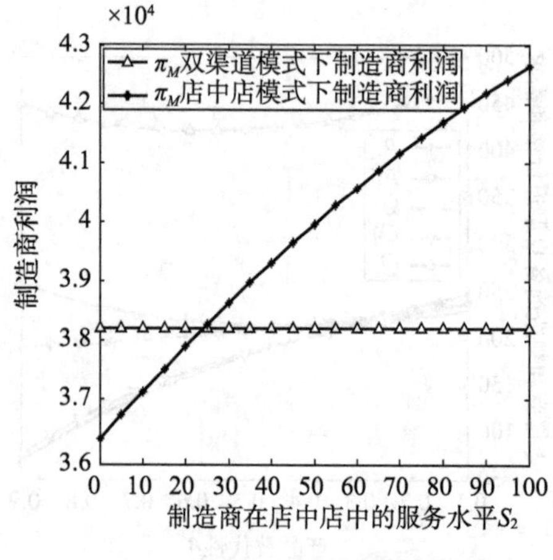

图 5.6　两种模式下的制造商利润

由图 5.5 和图 5.6 还可以看出，制造商是否选择店中店销售模式与自身所能提供的服务水平密切相关。当制造商能提供更好、更优质的服务（$s_2 \geq 24.0411$）时，他们会选择店中店销售模式，从而获得高于其在双渠道销售模式下的利润，否则，制造商将选择双渠道销售模式。对零售商来说，当制造商提供服务水平相对不高（$s_2 \leq 70.4049$）时，他们会允许制造商进驻其店面，接受制造商店中店销售模式，此时，尽管要面对制造商的服务竞争，但零售商具有较高水平的服务效率（性质 5.4），能通过“客流量”效应，以及收取制造商租金和销售提成获得更多利润。但是，当制造商服务水平很高（$s_2 \geq 70.4049$）时，制造商服务竞争将损害零售商的利润，零售商将拒绝制造商进驻零售店，此时制造商只能采用双渠道销售模式。因此，我们可以得出结论：当制造商提供的服务水平介于某两个阈值之间（$24.0411 \leq s_2 \leq 70.4049$）时，制造商和零售商均喜欢采用店中店销售模式，并获得高于双渠道模式下的利润，否则，零售商或制造商至少有一方会拒绝店中店销售模式，制造商将采用双渠道销售模式。

“客流量”效应对供应链成员的定价和需求具有重要影响。例 5.3 将进一步分析“客流量”效应对供应链成员利润及销售模式选择的影响。

例 5.3：在双渠道供应链和店中店供应链中，分别取参数 $a=500$，$F=100$，$w=10$，$s_1=20$，$s_2=35$，$\lambda=0.05$，$\theta=0.5$，$\eta=1.5$，$\beta=0.5$，分析“客流量”效应对零售商和制造商渠道销售模式选择的影响，可得图 5.7 和图 5.8。

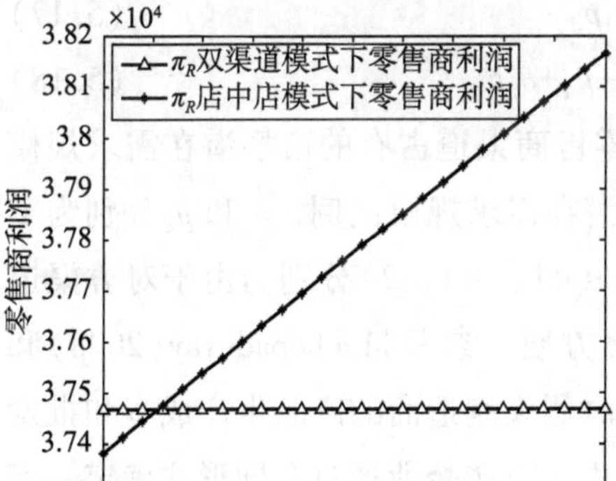

图 5.7　两种模式下的零售商利润

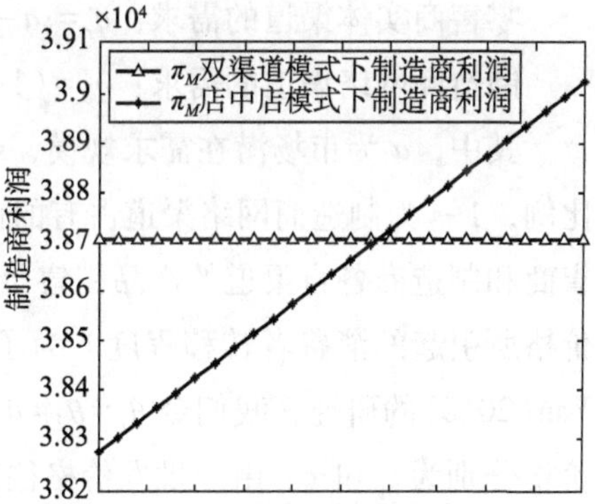

图 5.8　两种模式下的制造商利润

由图 5.7 和图 5.8 可知，在店中店模式下，零售商和制造商的利润均会随着“客流量”效应的增大而增加，“客流量”效应成为零售商和制造商偏爱店中店销售模式的有效驱动力。

从图 5.7 和图 5.8 中还可以看出，零售商和制造商是否选择店中店销售模式与“客流量”效应大小密切相关。当“客流量”效应相对较小($T\leqslant 0.5584$)时，零售商和制造商均偏爱双渠道销售模式；当“客流量”效应适中($0.5584\leqslant T\leqslant 2.8755$)时，零售商偏爱店中店销售模式，但此时制造商仍然偏爱双渠道销售模式；当“客流量”效应相对较大($T\geqslant 2.8755$)时，零售商和制造商均偏爱店中店销售模式。因此，我们可以得出结论：当“客流量”效应相对较大($T\geqslant 2.8755$)时，制造商和零售商均愿意采用店中店销售模式，并获得高于双渠道模式下的利润；否则，零售商或制造商至少有一方会拒绝采用店中店销售模式，制造商将采用双渠道销售模式。

5.3 双渠道制造商研发模式选择策略

5.3.1 无研发情形下的双渠道供应链运作策略

这一部分，我们考虑当双渠道制造商不进行产品研发投入时，供应链各主体的最优运作策略和利润。参考 Tsay 和 Agrawal(2000)、Yue 和 Liu(2006)等的研究，可以得到以下需求函数：

零售商实体渠道的需求：$q_r=sa-p_r+\theta_1 p_d$ (5.17)

制造商网络渠道的需求：$q_d=(1-s)a-p_d+\theta_2 p_r$ (5.18)

其中，a 为市场潜在需求规模，s 为零售商渠道占有的市场潜在需求规模比例，$1-s$ 为制造商网络渠道占有的市场潜在需求规模比例，p_r和 p_d分别为零售商和制造商各自渠道的产品销售价格，$\theta_i<1(i=1,\ 2)$分别为由于对方渠道价格所引起的消费者转移程度。为了计算方便，参考 Mukhopadhyay(2008)和 Yan(2010)的研究，我们令 $\theta_1=\theta_2=\theta$，同时假设制造商的产品生产成本和批发价格分别为 c_0和 w。由于批发价格往往是由上下游企业通过合同形式确定，不能随意改变，因此参考 Blinder(1998)和 Xie 等(2011)的研究，本节假设批发价格是外生给定的。

由以上需求模型可得，在双渠道销售模式下，零售商和制造商的利润函数分别为：

零售商利润函数：$\pi_r=(p_r-w)(sa-p_r+\theta p_d)$ (5.19)

制造商利润函数：$\pi_m=(w-c_0)(sa-p_r+\theta p_d)+(p_d-c_0)[(1-s)a-p_d+\theta p_r]$

(5.20)

本节考虑在双渠道供应链中，制造商实力较强，居于领导地位，制造商和零售商之间进行 Stackelberg 博弈。博弈顺序如下：制造商先确定自身网络渠道产品的销售价格 p_d，使其利润 π_m 最大；零售商根据制造商网络渠道产品的价格 p_d 确定自身实体渠道产品的价格 p_r，使其利润 π_r 最大。采用逆序法，首先考虑当制造商决策给定时零售商的最优决策。

由式(5.19)可得，零售商利润函数是关于 p_r 的凹函数，从而可得：

$$p_r^0=\frac{sa+\theta p_d+w}{2} \tag{5.21}$$

将式(5.21)代入式(5.20)，可得制造商的利润函数：

$$\pi_m=(w-c_0)\left(sa-\frac{sa+\theta p_m+w}{2}+\theta p_d\right)+(p_d-c_0)\left[(1-s)a-p_d+\frac{\theta(sa+\theta p_d+w)}{2}\right] \tag{5.22}$$

由式(5.22)可得，制造商利润函数 π_m 是关于网络渠道价格 p_d 的凹函数，从而可得定理 5.3。

定理 5.3：当制造商不进行研发投入时，双渠道供应链各主体的最优定价策略分别为：

$$p_r^0=\frac{a(4s-s\theta^2+2\theta-2\theta s)+4w+\theta c_0(2+\theta)(1-\theta)}{4(2-\theta^2)} \tag{5.23}$$

$$p_d^0=\frac{a(2-2s+\theta s)+2\theta w+c_0(2+\theta)(1-\theta)}{2(2-\theta^2)} \tag{5.24}$$

将式(5.23)和式(5.24)分别代入式(5.19)和式(5.20)，可得零售商和制造商的利润。

由定理 5.3 可得性质 5.5。

性质 5.5：制造商网络渠道与零售商实体渠道价格均与产品生产成本成正比。

由性质 5.5 可得，制造商通过降低其产品生产成本可以有效降低双渠道供应链各主体的渠道产品销售价格，增强渠道定价优势，吸引更多的消费者需求，有效提升渠道利润。因此，制造商有较强的动机进行产品研发，以降低自身产品的生产成本。下面我们将进一步考虑当制造商进行独立研发时，双渠道供应链各主体运作策略和利润的变化。

5.3.2 双渠道制造商独立研发模式

参考 Gupta(2008)和 Ge 等(2014)的研究，研发产出水平的提高有助于生产成本的降低。设制造商的研发产出水平为 x_m，研发成本为研发产出水平的二次方函数，即 $C(x_m)=\frac{\eta x_m^2}{2}$，其中，$\eta$ 为研发成本敏感系数，可得制造商独立进行研发投入后，其产品的生产成本降低为 $c_1=c_0-x_m$，从而可得零售商和制造商的利润函数：

零售商利润函数：$\pi_r=(p_r-w)(sa-p_r+\theta_1 p_d)$ (5.25)

制造商双渠道的利润函数：

$$\pi_m=[w-(c_0-x_m)](sa-p_r+\theta_1 p_d)+[p_d-(c_0-x_m)][(1-s)a-p_d+\theta_2 p_r]-\frac{\eta x_m^2}{2} \tag{5.26}$$

本部分同样考虑在双渠道供应链中，制造商实力较强，居于领导地位，制造商和零售商之间进行 Stackelberg 博弈。博弈顺序如下：制造商先确定自身研发产出水平 x_m 和网络渠道产品的销售价格 p_d，使其利润 π_m 最大；零售商根据制造商研发产出水平 x_m 和网络渠道产品的价格 p_d，确定自身实体渠道产品的价格 p_r，使其利润 π_r 最大。采用逆序法，首先考虑当制造商决策给定时零售商的最优决策。

由式(5.25)可得，零售商利润函数是关于 p_r 的凹函数，因此可得：

$$p_r^1=\frac{sa+\theta p_d+w}{2} \tag{5.27}$$

将式(5.27)代入式(5.26)，可得制造商的利润函数：

$$\pi_m=[w-(c_0-x_m)]\left(sa-\frac{sa+\theta p_d+w}{2}+\theta_1 p_d\right)+ [p_d-(c_0-x_m)]\left[(1-s)a-p_d+\theta_2\frac{sa+\theta p_d+w}{2}\right]-\frac{\eta x_m^2}{2} \tag{5.28}$$

由式(5.28)可得，制造商利润函数 π_m 关于 (p_d,x_m) 的黑塞矩阵为：

$$H=\begin{bmatrix} -2+\theta^2 & -\frac{2-\theta-\theta^2}{2} \\ -\frac{2-\theta-\theta^2}{2} & -\eta \end{bmatrix}$$，其中，$|H|=(2-\theta^2)\eta-\frac{(2-\theta-\theta^2)}{4}$。

参考 Poyago(1995)和 Gupta(2008)的研究成果，研发成本敏感系数不能太小，即当研发成本敏感系数满足 $\eta>\frac{(2-\theta-\theta^2)}{4(2-\theta^2)}$时，恒有 $|H|>0$，此时 π_m是$(p_d,\ x_m)$的联合凹函数。下面我们始终假设研发成本系数满足 $\eta>\frac{(2-\theta-\theta^2)}{4(2-\theta^2)}$，从而可得定理 5.4。

定理 5.4：当制造商独立研发时，双渠道供应链各主体的最优决策分别为：

$$p_r^1=\frac{2\eta(a\theta+2w)+as\eta(4-2\theta-\theta^2)-(as+w)(2+\theta^3-3\theta)-\theta(2+\theta)(1-\theta)(a-c_0\eta)}{4\eta(2-\theta^2)-(2-\theta-\theta^2)^2} \tag{5.29}$$

$$p_d^1=\frac{4a\eta+as(\theta^3-3\theta+2\theta\eta-4\eta+2)+w(4\theta\eta-3\theta+2+\theta^3)-2(2+\theta)(1-\theta)(a-c_0\eta)}{4\eta(2-\theta^2)-(2-\theta-\theta^2)^2} \tag{5.30}$$

$$x_m^1=\frac{a[s\theta^2(1-\theta)+2(2-\theta)(1+\theta)]-(1-\theta)[c_0(4-3\theta^2-\theta^3)+4w(1+\theta)]}{4\eta(2-\theta^2)-(2-\theta-\theta^2)^2} \tag{5.31}$$

将式(5.29)至式(5.31)分别代入式(5.25)和式(5.26)，可得零售商和制造商的利润。

由定理 5.4 可得性质 5.6。

性质 5.6：制造商的研发产出水平与其研发成本敏感系数成反比。

由性质 5.6 可得，随着研发成本敏感系数的增大，制造商单位研发产出水平的增加需要投入更多的研发成本，从而降低制造商进行研发投入的积极性，制造商研发产出水平会不断下降，研发效率也会不断降低。

为了节约研发成本，提高研发效率，分散研发风险，制造商往往会选择与下游零售商结成联盟，共同研发、共担成本、共享研发成果(产品生产成本下降)，并给予零售商一定的批发价格折扣。因此，供应链中垂直性合作的纵向研发已经成为企业的重要合作方式。下面我们将进一步讨论当制造商与零售商进行合作研发时，双渠道供应链各主体运作策略和利润的变化。

5.3.3 双渠道制造商与零售商合作研发模式

本部分进一步考虑双渠道制造商为节约研发成本并提高研发效率而与零

售商进行合作研发，参考 Gupta(2008)和 Ge 等(2014)的研究，设合作研发模式下制造商和零售商的研发产出水平分别为 x_m 和 x_r，研发成本分别为 $C(x_m)=\frac{\eta x_m^2}{2}$和 $C(x_r)=\frac{\eta x_r^2}{2}$，从而可得合作研发投入后制造商产品的生产成本降低为 $c_2=c_0-x_m-\gamma x_r$。其中，$0\leqslant\gamma\leqslant1$ 为零售商研发产出水平外溢系数，并满足零售商研发产出水平对产品生产成本降低作用不高于制造商研发产出水平对产品生产成本的降低作用。

由于制造商要求零售商与其一同进行产品研发，因此合作研发成果由制造商和零售商共享。此时，制造商将给予零售商一定的产品批发价格折扣，从而使产品批发价格转变为 λw，其中，$\frac{c_0}{w}\leqslant\lambda\leqslant1$。$\lambda$ 为制造商给予零售商的批发价折扣系数，能反映上游企业的谈判能力。当 $\lambda\to1$ 时，上游企业谈判能力不断增强，从而可使合作研发后给予下游企业的批发价格折扣优惠减小。当 $\lambda\to\frac{c_0}{w}$时，上游企业的谈判能力不断减弱，而下游企业的谈判能力不断增强，在合作研发后，上游企业不得不给予下游企业更大的批发价格优惠，从而可得制造商与零售商进行产品合作研发时双渠道供应链各主体的利润函数：

零售商利润函数：$\pi_r=(p_r-\lambda w)(sa-p_r+\theta_1 p_d)-\frac{\eta x_r^2}{2}$ (5.32)

制造商双渠道的利润函数：

$$\pi_m=[\lambda w-(c_0-x_m-\gamma x_r)](sa-p_r+\theta_1 p_d)+[p_d-(c_0-x_m-\gamma x_r)][(1-s)a-p_d+\theta_2 p_r]-\frac{\eta x_m^2}{2} \tag{5.33}$$

在合作研发模式下，上下游企业首先通过沟通、谈判、协议等方式联合决定供应链研发产出水平，以使供应链总利润最大，而在接下来的产销阶段独立决策各自渠道的产品销售价格，以使各自利润最大，用模型表示为 $\max\limits_{x_m,x_r}\pi_{sc}\to\max\limits_{p_m}\pi_m\to\max\limits_{p_r}\pi_r$。由此可得，在合作研发模式下，第一阶段整个供应链的利润为：

$$\begin{aligned}\pi_{sc}=&[p_r-(c_0-x_m-\gamma x_r)](sa-p_r+\theta_1 p_d)+\\&[p_d-(c_0-x_m-\gamma x_r)][(1-s)a-p_d+\theta_2 p_r]-\frac{\eta x_m^2}{2}-\frac{\eta x_r^2}{2}\end{aligned} \tag{5.34}$$

由式(5.34)可得，双渠道供应链总利润函数 π_{SC} 是关于 (x_m, x_r) 的联合凹函数，从而可得：

$$x_r^A=\frac{\gamma[a-(1-\theta)(p_r+p_d)]}{\eta} \tag{5.35}$$

$$x_m^A=\frac{a-(1-\theta)(p_r+p_d)}{\eta} \tag{5.36}$$

第二阶段，制造商和零售商分别独立决策自身渠道价格，以使自身利润最大。此时，同样考虑在双渠道供应链中，制造商实力较强，居于领导地位，制造商和零售商之间进行 Stackelberg 博弈。博弈顺序如下：制造商决策自身网络渠道产品的销售价格 p_d，使其利润 π_m 最大；零售商根据制造商网络渠道产品的价格 p_d，决策自身实体渠道产品的价格 p_r，使其利润 π_r 最大。采用逆序法，首先考虑当制造商决策给定时，零售商的最优决策。

将式(5.35)代入式(5.32)，可将零售商的利润函数转化为：

$$\pi_r=\frac{2\eta(p_r-\lambda w)(sa-p_r+\theta_1 p_d)-\gamma^2[a-(1-\theta)(p_r+p_d)]^2}{2\eta} \tag{5.37}$$

由式(5.37)可得，零售商利润函数是关于 p_r 的凹函数，因此可得：

$$p_r^A=\frac{\eta(sa+\theta p_d+\lambda w)+\gamma^2(1-\theta)(a-p_d+\theta p_d)}{2\eta+r^2(1-\theta)^2} \tag{5.38}$$

将式(5.35)、式(5.36)和式(5.38)代入式(5.33)，可将制造商的利润函数转化为：

$$\pi_m=\frac{\{\eta(\lambda w-c_0)+(1+\gamma^2)[a-(1-\theta)(p_r+p_d)]\}(sa-p_r+\theta_1 p_d)}{\eta}+\frac{2\{\eta(p_d-c_0)+(1+\gamma^2)[a-(1-\theta)(p_r+p_d)]\}[(1-s)a-p_d+\theta_2 p_r]-[a-(1-\theta)(p_r+p_d)]^2}{2\eta} \tag{5.39}$$

因研发成本敏感系数不能太小，由式(5.39)可得，当满足 $\eta>\eta^*$ 时，制造商利润函数是关于网络渠道价格 p_d 的凹函数。

其中，$\eta^*=\dfrac{(1-\theta^2)[4\theta\gamma^2(1+\theta)+(2+\theta)^2]+\sqrt{(2+\theta)^2-16(1-\theta)^2\gamma^4+8\theta(1+\theta)\gamma^2}}{8(2-\theta^2)}$。

从而可得定理5.5。

定理5.5：制造商与零售商合作研发时，双渠道供应链各主体的最优决策分别为：

$$p_r^A=\frac{C_5(a\gamma^2+a\eta s-a\theta\gamma^2+\lambda\eta w)+(2\theta\gamma^2-\theta^2\gamma^2-\gamma^2+\eta\theta)[a\gamma^4\ (\theta-1)^3+asC_1-\eta\gamma^2C_2+2\eta C_3-wC_4]}{2\eta C_5+C_5\gamma^2\ (1-\theta)^2} \tag{5.40}$$

$$p_d^A=\frac{asC_1-a\gamma^4\ (1-\theta)^3-\eta\gamma^2C_2+2\eta C_3-wC_4}{C_5} \tag{5.41}$$

$$x_r^A=\frac{a\gamma C_5[2\eta+\gamma^2\ (1-\theta)^2]-\gamma(1-\theta)\{\varphi_1+\varphi_2[2\eta+\gamma^2\ (1-\theta)^2]\}}{\eta C_5[2\eta+\gamma^2(1-\theta)^2]} \tag{5.42}$$

$$x_m^A=\frac{aC_5[2\eta+\gamma^2\ (1-\theta)^2]-(1-\theta)\{\varphi_1+\varphi_2[2\eta+\gamma^2\ (1-\theta)^2]\}}{\eta C_5[2\eta+\gamma^2\ (1-\theta)^2]} \tag{5.43}$$

将式(5.40)至式(5.43)分别代入式(5.32)和式(5.33)，可得零售商和制造商的利润。

由定理5.5可得性质5.7。

性质5.7：在合作研发模式下，零售商研发投入成本始终不高于制造商研发投入成本。

由性质5.7可得，在合作研发模式下，尽管零售商参与了制造商产品的研发，但由于零售商研发产出水平对产品生产成本的降低作用不高于制造商研发产出水平对产品生产成本的降低作用($0\leqslant\gamma\leqslant1$)，即相对制造商来说，零售商研发效率相对较低，从而造成零售商进行研发投入的动机较弱，其研发成本投入始终不高于制造商的研发成本投入。这也在一定程度上解释了为何市场中研发能力越强、效率越高的企业在研发方面投入得越多，而研发能力越弱、效率越低的企业在研发方面投入越少，从而导致强者愈强、弱者愈弱的局面。

5.3.4 数值仿真及分析

研发成本敏感系数对研发所需投入的成本起着至关重要的作用，进而对双渠道制造商和零售商的运作策略和利润产生重要影响。例5.4讨论在不同的研发模式下，当研发成本敏感系数不断变化时，双渠道供应链各主体最优定价策略、研发产出水平策略和利润的变化。

例5.4：在无研发投入、制造商单独研发和合作研发模式下，分别取参数$a=200$，$w=50$，$c_0=35$，$\gamma=0.6$，$\theta=0.2$，$s=0.6$，$\lambda=0.95$，分析研发成本敏感系数对制造商和零售商最优定价策略、研发产出水平策略和利润的影响，从而可得图5.9至图5.12。

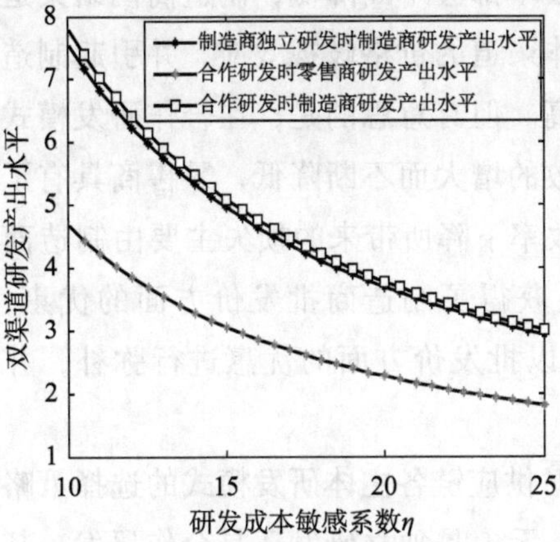

图 5.9　双渠道供应链各主体研发水平

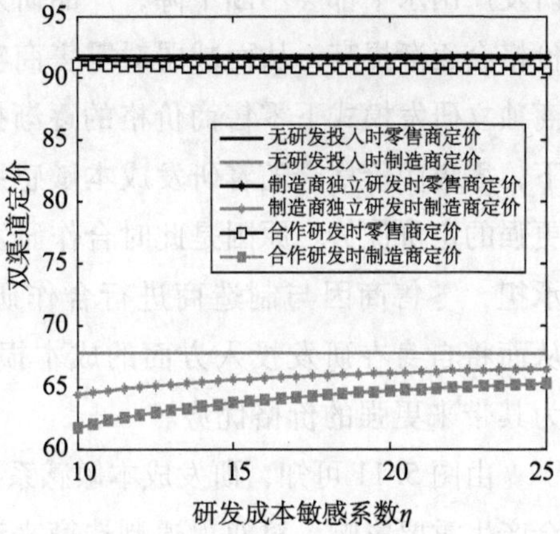

图 5.10　双渠道供应链各主体定价

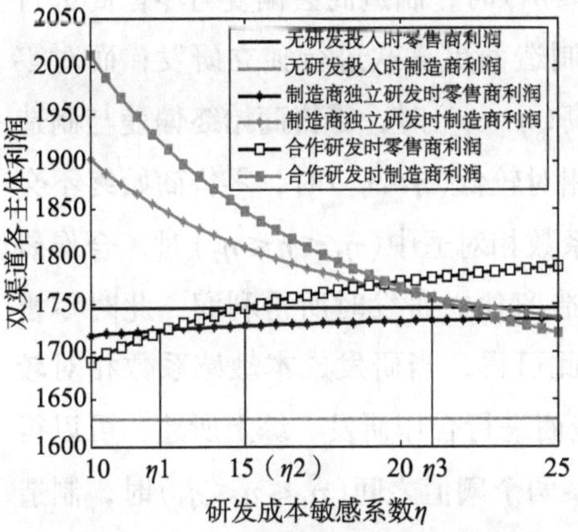

图 5.11　双渠道供应链各主体利润

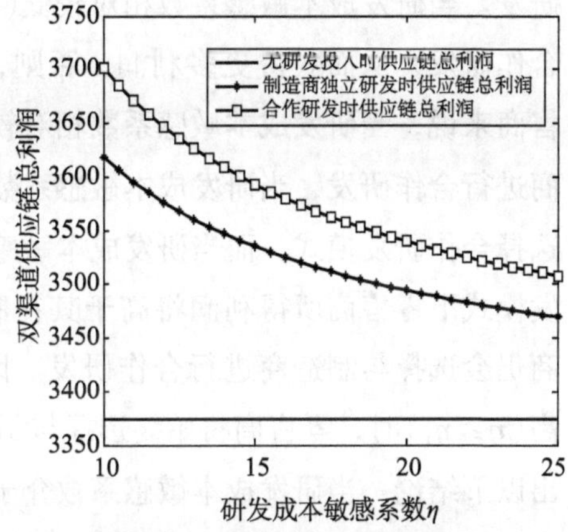

图 5.12　双渠道供应链总利润

由图 5.9 和图 5.10 可知，在合作研发模式下，零售商参与了研发投资，且此时双渠道制造商研发产出水平高于其独立研发时的产出水平。因此，联合研发带来了更高的研发产出水平和研发效率，进而能够更有效地降低制造商的生产成本，为双渠道各主体带来更强的定价优势，使其产品销售价格在合作研发模式下达到最低。这也在一定程度上解释了在现代市场经济中，我国政府往往通过不断地鼓励和支持企业进行合作研发创新，从而更有效地降低企业生产运作成本，为消费者带来更多消费实惠的普遍现象。进一步地，由图 5.9 和图 5.10 可知，无论是在制造商独立研发模式下，还是在制造商与零售商合作研发模式下，随着研发成本敏感系数的增大，制造商和零售商的研发产出水平都会不断下降，产品研发效率都会不断降低，制造商网络渠道价格会逐渐提高，从而减弱对零售商实体渠道的价格歧视效应，并引起制造商独立研发模式下零售商价格的逐渐提高。但有意思的是，在合作研发模式下，零售商价格会随着研发成本敏感系数的增大而不断降低，零售商具有了更强的定价优势。原因是此时合作研发效率下降所带来的损失主要由制造商承担，零售商因与制造商进行合作研发获得了制造商批发价方面的优惠，从而将自身在研发投入方面的成本损失以批发价方面的优惠进行弥补，并为其带来更强的价格优势。

由图 5.11 可知，研发成本敏感系数对供应链各主体研发模式的选择策略会产生重要影响。对双渠道制造商来说，无论是独立研发还是合作研发，其利润总是高于不进行研发投资时的利润，因此，制造商始终会选择进行产品研发。当研发成本敏感系数相对较低($\eta \leqslant \eta_3$)时，制造商会偏爱与零售商进行合作研发，从而获得更多利润，否则，制造商更喜欢进行独立研发；而对零售商来说，当研发成本敏感系数相对较高($\eta \geqslant \eta_2$)时，零售商始终偏爱与制造商进行合作研发，当研发成本敏感系数相对较低($\eta \leqslant \eta_1$)时，零售商始终不会选择合作研发模式，而当研发成本敏感系数相对适中($\eta_1 \leqslant \eta \leqslant \eta_2$)时，合作研发模式下零售商所得利润将高于其在制造商独立研发时所得利润，此时零售商仍会选择与制造商进行合作研发。因此可得，当研发成本敏感系数相对较高($\eta \geqslant \eta_1$)时，零售商将始终选择与制造商进行合作研发。综上所述，可以得出以下结论：当研发成本敏感系数介于某两个阈值之间($\eta_1 \leqslant \eta \leqslant \eta_3$)时，制造商与零售商会选择合作研发模式；否则，制造商和零售商至少有一方会拒绝采用合作研发模式，制造商会始终采用独立研发模式。由图 5.12可知，在合作研发模式下，供应链研发效率最高，供应链整体利润最大。

双渠道供应链上下游企业的谈判能力对供应链总利润分配和各主体的运作策略都会产生重要影响。例 5.5 将进一步讨论在不同的研发模式下，当上下游企业谈判能力不断变化(批发价格优惠不断变化)时，双渠道供应链各主体最优定价策略、研发产出水平策略和利润的变化。

例 5.5：在无研发投入、制造商单独研发和合作研发模式下，分别取参数 $a=200$，$w=50$，$c_0=35$，$\gamma=0.6$，$\theta=0.2$，$s=0.6$，$\eta=10$，分析上下游企业谈判能力对制造商和零售商最优定价策略、研发产出水平以及利润的影响，从而可得图 5.13 至图 5.16。

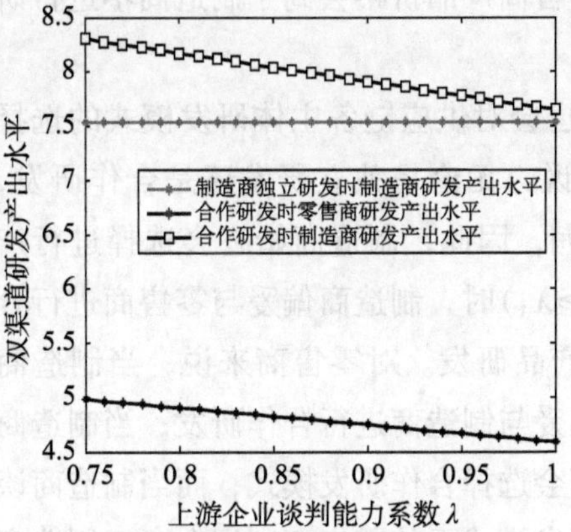

图 5.13　双渠道供应链各主体研发水平

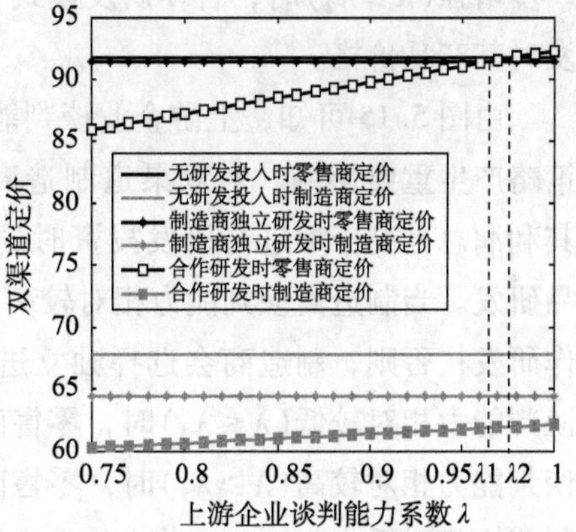

图 5.14　双渠道供应链各主体定价

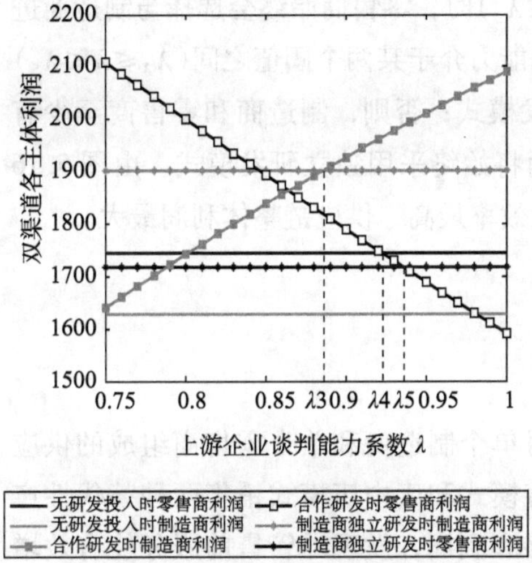

图 5.15　双渠道供应链各主体利润

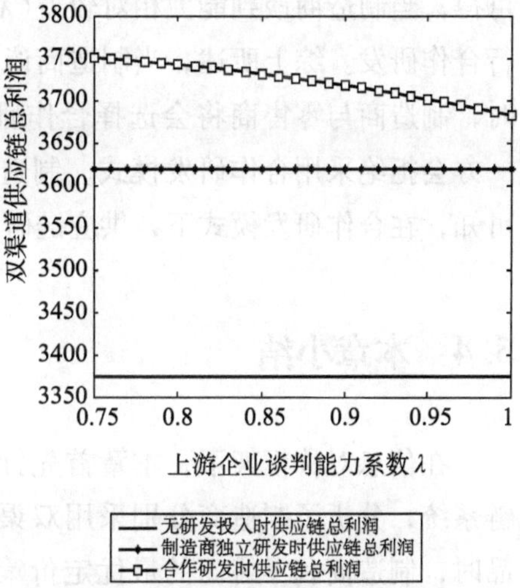

图 5.16　双渠道供应链总利润

由图 5.13 和图 5.14 可知，随着上游制造商谈判能力的增强，其所获取的合作研发成果越来越多，也变得越来越强势，给予零售商的批发价格优惠逐渐减小，从而减弱了零售商进行合作研发的积极性，造成供应链各主体研发产出水平和效率下降，制造商生产成本逐步增加，双渠道供应链各主体价格不断提高。由图 5.14 可知，当上游双渠道制造商谈判能力较强($\lambda_1 \leqslant \lambda \leqslant \lambda_2$)时，制造商给予的批发价优惠对零售商已经不再具有诱惑力，零售商参与合作研发的成本投入无法通过批发价优惠来弥补，此时，合作研发模式下零售商产品价格高于制造商独立研发时其产品价格，甚至当制造商谈判能力进一步增强($\lambda \geqslant \lambda_2$)时，合作研发模式下零售商产品价格会高于制造商不进行研发时其产品价格。

由图 5.15 可知，上游企业谈判能力也会对供应链各主体研发模式的选择策略产生重要影响。对双渠道制造商来说，无论是独立研发还是合作研发，其利润总是高于不进行研发投资时的利润，因此，制造商始终会选择进行产品研发。当制造商谈判能力相对较高($\lambda \geqslant \lambda_3$)时，制造商偏爱与零售商进行合作研发；否则，制造商会选择独立进行产品研发。对零售商来说，当制造商谈判能力相对较低($\lambda \leqslant \lambda_4$)时，零售商偏爱与制造商进行合作研发；当制造商谈判能力相对较高($\lambda \geqslant \lambda_5$)时，零售商不会选择合作研发模式；而当制造商谈判能力相对适中($\lambda_4 \leqslant \lambda \leqslant \lambda_5$)时，合作研发模式下的零售商利润会高于制造商独立研发时零售商的利润，此时零售商会选择与制造商进行合作研发。因此可得，当制造商谈判能力相对较差($\lambda \leqslant \lambda_5$)时，零售商始终会选择与制造商进行合作研发。综上所述，当制造商谈判能力介于某两个阈值之间($\lambda_3 \leqslant \lambda \leqslant \lambda_5$)时，制造商与零售商将会选择合作研发模式；否则，制造商和零售商至少有一方会拒绝采用合作研发模式，制造商将始终采用独立研发模式。由图 5.16 可知，在合作研发模式下，供应链研发效率最高，供应链整体利润最大。

5.4 本章小结

在信息对称框架下，本章首先针对单个制造商和单个零售商组成的供应链系统，分析了制造商分别采用双渠道模式和店中店模式销售两种替代性产品时，制造商和零售商的最优定价策略和利润，发现尽管售前服务能有效增加产品需求，但无论在哪种销售模式下，制造商和零售商都不会通过无限制地提高服务水平来增加需求，当服务水平高于某个阈值时，通过提升服务水平增加需求的效应减弱，服务成本增加较快。“客流量”效应能有效影响两主体的定价策略和需求，进而影响供应链销售模式选择。另外，产品替代性的增加并不一定始终导致零售商和渠道总需求的下降，当替代度超过某个阈值之间时，产品替代性越强，零售商和渠道总需求越大。此外，当制造商提供的服务水平介于某两个阈值之间时，制造商和零售商均喜欢店中店销售模式，并会获得高于在双渠道销售模式下的利润，否则，他们中至少有一方会拒绝采用店中店销售模式。

进一步地，本章针对由双渠道制造商和零售商组成的供应链系统，分别研究了制造商不进行产品研发、制造商独立进行产品研发和制造商与零售商合作进行产品研发模式下供应链各主体的运作策略和利润。结果表明，在市场中，研发能力越强、效率越高的企业具有越强烈的研发动机，在研发方面投入越多，而研发能力越弱、效率越低的企业的研发动机越弱，在研发方面投入越少，从而导致市场中企业强者愈强、弱者愈弱的局面。相关研究指出，研发成本敏感系数和供应链各主体的谈判能力会对供应链研发模式选择产生重要影响。当研发成本敏感系数或制造商谈判能力介于某两个阈值时，供应链各主体均偏爱合作研发模式；否则，至少有一方会拒绝采用合作研发模式，此时制造商将独立进行产品研发。对供应链整体来说，合作研发模式相对于不进行产品研发模式或者制造商独立研发模式来说始终是最优的，能为整个供应链带来更多利润。

第6章 不同行为偏好下双渠道供应链运作策略

Moore 和 Healy(2008)定义了企业中三种形式的过度自信，即过高估计、过高定位和过度精确。过高估计是指人们过高估计了自身能力，认为自身能力比自身实际水平高；过高定位者认为他们强于其他人；过度精确是指个体相信自身的评估要比实际情况精准，他们对自身判断的精确性过度自信。大部分考虑行为因素的研究基于单渠道供应链环境进行分析，在双渠道供应链中，制造商不仅是零售商产品的供应者，其自身网络渠道也销售产品，企业的过度自信行为对供应链运营决策的影响将变得更加复杂。本章将在双渠道环境下进一步探讨过度自信对双渠道供应链运营决策的影响。在可持续发展的大趋势下，越来越多的行业建立起废旧物品回收再利用机制，闭环供应链管理作为一种绿色可持续发展的管理理念，对制造商、零售商、消费者和回收商来说，具有重要的现实意义。零售商的风险厌恶和制造商的回收再制造策略对供应链各主体的运作策略和利润会产生更加显著的影响。因此，研究风险厌恶型零售商的双渠道闭环供应链运作策略具有非常现实的意义。

随着国民收入和生活水平的提高，人们在精神层面的需求越来越高，旅游作为一种放松身心、缓解精神压力的有效方式开始成为人们生活中不可或缺的一部分，也逐渐成为拉动国民经济持续增长的支柱性产业之一，而景区和旅游酒店是旅游服务供应链中两类重要的节点企业，发挥着重要作用。为了提高景区效益，旅游景区往往采用双渠道模式来销售门票，即：一方面，通过自身直营渠道(景区实体售票点或景区售票官网)直接销售门票给旅客；另一方面，依托旅游酒店或旅行社等代理渠道销售门票。尽管双渠道销售模式可以有效增加景区门票销量，但也会带来不同渠道间的冲突，尤其是因不同渠道间价格冲突导致的各渠道主体间的利润分配不公平问题。那么，在双渠道旅游供应链中，不同渠道间价格冲突会对旅游酒店和景区的决策及利润产生什么样的影响？当旅游酒店和景区分别存在公平偏好或者同时存在公平偏好时，它们的运作策略会发生怎样的变化，又会对其利润分配产生什么样的影响？本章将结合旅游服务供应链需求特点，构建公平偏好下双渠道旅游供应链运营决策模型，分析不同情形下公平偏好特性对各主体运营决策和利润的影响，指出各主体对合作对象的选择偏好。

6.1 背景描述

首先，针对一个双渠道制造商和一个零售商组成的供应链系统，假设制造商是理性的，而零售商有过度自信行为，分别在集中和分散决策情形下探讨零售商过度自信行为对供应链各主体运营决策的影响，并设计收益共享契约促进供应链协调。其次，针对一个风险厌恶型零售商和一个风险中性的双渠道制造商组成的供应链，研究在不同的回收再制造模式(制造商不回收再制造、制造商独立回收再制造和通过零售商回收再制造)下，双渠道供应链各主体的最优运作策略和利润，并进一步分析当市场波动程度不断变化时供应链各主体运作策略和利润的变化，以及制造商对不同回收再制造模式的选择偏好变化。最后，针对由景区和旅游酒店组成的双渠道旅游供应链，研究不同公平偏好下供应链各主体的运作策略和利润，并指出各主体对合作对象的选择偏好。

6.2 过度自信下双渠道供应链运作策略

6.2.1 模型假设与参数

本节从公司治理的角度研究在双渠道供应链环境下，零售商的过度自信行为会对双渠道的均衡价格产生怎样的影响，制造商的利润与过度自信有怎样的关联，以及占主导地位的制造商如何去“治理关系”，制定契约实现供应链渠道最优化，达到最佳的公司治理效果。

假设 1：在一对一的双渠道供应链模型中，产品有直销渠道和传统分销渠道两种销售方式。制造商是理性的，而零售商有过度自信行为。制造商通过以往的调查能熟知零售商的过度自信程度。

假设 2：零售商以批发价格 w 从制造商处订货，w 是内生变量，通过长期契约确定。零售商在预测市场需求后下订单，制造商采取按单生产方式，在接受订单后进行生产，且 $w<p_d$，零售商无动机从直销渠道购买产品。制造商和零售商在各自销售渠道上有定价权，会影响两渠道的商品需求，从而决定双方的期望利润。

假设 3：令 t 为零售商的过度自信系数，参考 Moore 和 Healy(2008)等有关过度自信行为的研究，我们认为过度自信的零售商的营销能力过强，其眼中渠道价格敏感度偏低，即 $b_r^o=tb_r$。其中，t 度量零售商的过度自信程度，t 越小，表明过度自信程度越大。取过度自信程度区间 $t\sim[0.5,\ 1]$，$t=1$ 表示零售商无过度自信心理。截取 0.5 为最小值，是因为 t 值小于 0.5 的零售商过度自信程度过高，使得价格与需求相关度过小，从而失去研究价值。t 区间 $[0.5,\ 1]$ 是符合实际意义的。

制造商直销渠道的市场需求为：

$$D_d=a_d-b_dp_d+mp_r \tag{6.1}$$

理性零售商的市场需求为 $D_r=a_r-b_rp_r+mp_d$，那么非理性零售商认为的市场需求可表示为：

$$D_{rt}=a_r-tb_rp_r+mp_d \tag{6.2}$$

式(6.1)和式(6.2)中，a_d 和 a_r 分别为制造商直销渠道和零售商分销渠道的市场潜在需求规模，设 $a=a_d+a_r$，a 为双渠道市场总需求规模；用下标 $i(i=d,\ r)$ 分别表示制造商直销渠道和零售商分销渠道，P_i 和 D_i 分别为渠道 i 的产品价格和市场需求，b_i 为渠道的价格敏感度；m 为交叉价格敏感度，表示自身渠道产品价格对其他渠道产品需求量的影响，且有 $b_i>m$，即自身渠道产品价格对需求的影响大于其他渠道产品价格对自身渠道需求的影响。进一步，假设 c 为产品的单位成本。

需要指出的是，式(6.2)为过度自信零售商所判断的市场需求，并非该零售商的实际需求，该判断比实际情况偏大。

6.2.2 过度自信下双渠道供应链集中式决策模型

由制造商主导的集中式决策下的双渠道营销模式做出的定价决策是全局最优的，能实现供应链整体最优，集中式决策不受过度自信行为的影响(制造商为理性)，此时整个供应链的期望利润函数为：

$$\mathrm{Max}E(\pi_i)=(p_r-c)(a_r-b_rp_r+mp_d)+(p_d-c)(a_d-b_dp_d+mp_r) \tag{6.3}$$

由式(6.3)对 p_r，p_d 求导，可得到最优的均衡价格：

$$p_d^*=\frac{ma_r+b_ra_d}{2b_db_r-2m^2}+\frac{c}{2} \tag{6.4}$$

$$p_r^*=\frac{ma_d+b_da_r}{2b_db_r-2m^2}+\frac{c}{2} \tag{6.5}$$

进而可得供应链整体的最优期望利润：

$$\mathrm{Max}E(\pi_i)=\frac{2ma_da_r+b_da_r^2+b_ra_d^2}{4(b_db_r-m^2)}+\frac{c^2(b_d+b_r-2m)-2ac}{4} \tag{6.6}$$

6.2.3 过度自信下双渠道供应链分散式决策模型

在有过度自信零售商的分散式决策供应链中，制造商的期望利润为：

$$E(\pi_m)=(w-c)(a_r-tb_rp_r+mp_d)+(p_d-c)(a_d-b_dp_d+mp_r) \tag{6.7}$$

过度自信零售商的期望利润为：

$$E(\pi_r)=(p_r-w)(a_r-tb_rp_r+mp_d) \tag{6.8}$$

式(6.8)表明，零售商的过度自信程度影响了其价格敏感度的判断。零售商根据自己的需求预测来订货，其预测与实际需求有偏差，因而他们期望的利润也与实际情况有出入。

式(6.7)和式(6.8)的一阶最优偏导条件为：

$$\frac{\partial E(\pi_m)}{\partial p_d}=m(w-c)+a_d+mp_r-2b_dp_d+b_dc=0 \tag{6.9}$$

$$\frac{\partial E(\pi_r)}{\partial p_d}=a_r+mp_d-2tb_rp_r+tb_rw=0 \tag{6.10}$$

求解得到均衡价格：

$$p_d=\frac{2tb_r[m(w-c)+a_d+b_dc]+m(a_r+tb_rw)}{4b_db_rt-m^2} \tag{6.11}$$

$$p_r=\frac{m[m(w-c)+a_d+b_dc]+2b_d(a_r+tb_rw)}{4b_db_rt-m^2} \tag{6.12}$$

为方便书写，令 $m(w-c)+a_d+b_dc=A$，$a_r+tb_rw=B$，则

$$p_d=\frac{2tb_rA+mB}{4b_db_rt-m^2},\ p_r=\frac{mA+2b_dB}{4b_db_rt-m^2}$$

定理 6.1：有过度自信零售商的双渠道供应链的均衡价格是过度自信程度的增函数。

这是容易理解的，在有过度自信零售商的双渠道供应链体系中，零售商对需求有过高的判断，零售商眼中的价格敏感系数偏低，分销渠道需求“虚高”，在此情形下，零售商会提升价格，以期提升自身的期望利润。此时，市场上的供需双方并没有达到理想的均衡状态，制造商为了应对分销渠道价格过高的影响，也必须适度调整价格，以实现自身利益的最优。

以上我们分析了零售商的过度自信心理偏好对双渠道供应链体系定价决策的影响，那么制造商的利润会受到怎样的影响呢？

6.2.4 制造商期望利润与零售商过度自信的关联

在复杂多变的市场环境中，制造商会和很多分销商进行合作，特别是有实力的制造商，可以对分销商的经营实力、行为偏好等进行评估甄别，再有选择地与合适的分销商合作。我们对零售商过度自信心理偏好进行分析，目的就是探寻双渠道供应链营销模式下，制造商在单期交易中是否会青睐过度自信零售商。

制造商的期望利润函数为：

$$E(\pi_m)=(w-c)(a_r-tb_rp_r+mp_d)+(p_d-c)(a_d-b_dp_d+mp_r)$$
$$=(w-c)\left[a_r+cm-\frac{tb_r(mA+2b_dB)}{4b_db_rt-m^2}\right]+b_d\left(\frac{mA+2b_dB-4b_db_rtc+cm^2}{4b_db_rt-m^2}\right)^2 \tag{6.13}$$

做数值分析，设 $c=3$，$w=6$，$a_r=70$，$a_d=40$，$b_d=2$，$m=1$。为了便于比较过度自信对制造商利润的影响，考虑 $b_r=2$ 和 $b_r=3$ 两种情况。把上述数值代入式(6.13)进行作图分析，可得图 6.1。

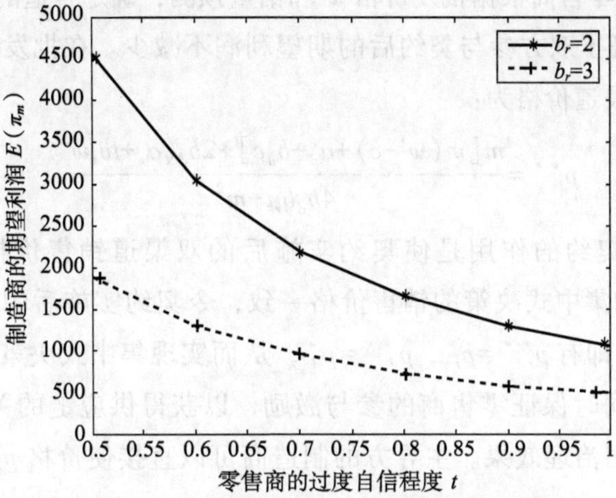

图 6.1 过度自信对制造商期望利润的影响

定理 6.2：在有过度自信零售商的双渠道供应链中，制造商的期望利润是零售商过度自信程度的增函数。

观察图 6.1，零售商的价格敏感度对制造商的期望利润影响显著。制造商的期望利润与零售商的价格敏感度成反比。零售商对其价格敏感度过度自信，认为其价格对需求的影响较正常水平偏小。这就使得零售商的定价决策偏离了最优，趋于激进而价格偏高，一方面导致零售商分销渠道的市场份额相对萎缩，另一方面由式(6.1)可以看出，制造商直销渠道的需求与零售商的销售价格成正比。这两方面因素促使制造商的市场份额相对扩大，从而实现其期望利润的提升。因此，在含有过度自信零售商的双渠道供应链系统中，制造商不排斥过度自信零售商，反而更愿意和过度自信程度较高的零售商合作。

6.2.5 供应链收益共享契约设计

公司治理必须保证获得关系竞争优势。无论是战略性伙伴关系还是交易性伙伴关系，目的都是获得供应链的竞争优势。供应链中的主导企业通过制定契约去实现渠道最优，再进行利润的合理分配，这是获得关系竞争优势的有效途径。本部分通过收益共享契约矫正过度自信行为导致的有偏差的双渠道价格，以使其与集中式决策下的均衡价格一致。

在该契约下，先由制造商提出包含批发价格及分享系数的契约参数组合

(w', r)，再由零售商根据批发价格 w' 和销量预测，确定合适的销售价格，而分享系数 r 保证了双方参与契约后的期望利润不减少。在批发价 w' 下，零售商设置的分销渠道价格为：

$$p_r^{**}=\frac{m[m(w'-c)+a_d+b_dc]+2b_d(a_r+tb_rw')}{4b_db_rt-m^2} \tag{6.14}$$

收益共享契约的作用是使契约实施后的双渠道销售价格与式(6.4)、式(6.5)确定的集中式决策的销售价格一致，令契约实施后的双渠道价格为 (p_d^{**}, p_r^{**})，即有 $p_r^{**}=p_r^*$，$p_d^{**}=p_d^*$，从而实现集中式决策时的供应链总利润最优化，同时保证零售商的参与激励，以获得供应链的关系竞争优势，达到优质的公司治理效果。主导方的制造商可以直接使价格 $p_d^{**}=p_d^*$。通过比较式(6.14)与式(6.5)，批发价 w' 可实现 $p_r^{**}=p_r^*$，即

$$\frac{m[m(w'-c)+a_d+b_dc]+2b_d(a_r+tb_rw')}{4b_db_rt-m^2}=\frac{ma_d+b_da_r}{2b_db_r-2m^2}+\frac{c}{2},$$

解得

$$w'=\frac{[4t(ma_d-cm^2)+2(2t-1)a_rb_d-m(cb_d+a_d)+4ctb_db_r]b_db_r+(a_r+mc)m^2b_d}{2(m^2+2tb_db_r)(b_db_r-m^2)} \tag{6.15}$$

式(6.15)即收益共享契约下确定的批发价格。此批发价格能诱使零售商做出对渠道有利的分销渠道价格决策。公司治理的原则之一，是有效的协调契约能使参与双方在实施契约后的期望利润不减少，则双方合作时必须满足的约束条件为：

$$r\text{Max}E(\pi_i)\geqslant E[\pi_r(p_d, p_r, w)] \tag{6.16}$$

$$(1-r)\text{Max}E(\pi_i)\geqslant E[\pi_m(p_d, p_r, w)] \tag{6.17}$$

$\text{Max}E(\pi_i)$ 为式(6.6)确定的供应链最大化期望利润，$E[\pi_r(p_d, p_r, w)]$ 与 $E[\pi_m(p_d, p_r, w)]$ 分别为契约实施前分散式决策下的零售商和制造商的期望利润，从而有：

$$r\in\left[\frac{E[\pi_r(p_d, p_r, w)]}{\text{Max}E(\pi_i)}, \frac{\text{Max}E(\pi_i)-E[\pi_m(p_d, p_r, w)]}{\text{Max}E(\pi_i)}\right] \tag{6.18}$$

式(6.15)及式(6.18)中收益共享契约的参数组合 (w', r)，实现了双渠道的最优定价，达到供应链的期望利润最大化，并保证了契约参与双方的期望利润不小于分散式决策时两者的期望利润。

6.3 风险厌恶下双渠道闭环供应链运作策略

6.3.1 模型假设与参数

本节我们考虑一个风险厌恶型零售商和一个风险中性的双渠道制造商组成的供应链系统。面对已经销售出去并被消费者使用过的废旧产品，制造商考虑以下三种模式进行运作：①不进行任何回收和再制造；②制造商建立回收再制造的逆向物流渠道，直接从下游消费者处回收产品；③由零售商按照一定价格从消费者处回收产品，制造商再以高于零售商回收价格的价格对零售商回收的产品进行直接回收和再制造。接下来，我们分析在这三种运作模式下，供应链各主体最优运作策略和利润的变化，以及在不同的市场条件下，制造商对不同回收再制造模式的选择偏好。首先，考虑当制造商不进行任何回收和再制造时供应链各主体的运作策略和利润。

参考 Mukhopadhyay(2008)和 Yan(2010)等的研究，可得到以下需求函数：

零售商实体渠道的需求：$Q_r=\varphi\bar{a}-p_r+\theta_1 p_d$ (6.19)

制造商网络渠道的需求：$Q_d=(1-\varphi)\bar{a}-p_d+\theta_2 p_r$ (6.20)

其中，$\bar{a}$ 为不确定市场潜在需求规模，其均值为 a；方差为 σ^2；φ 为零售商渠道占有的市场需求比例，剩下的 $1-\varphi$ 为制造商网络渠道占有的市场需求比例；p_r 和 p_d 分别为零售商和制造商各自渠道的产品销售价格；$\theta_i<1(i=1,2)$ 分别为关于对方渠道价格的敏感性系数。为了计算方便，参考 Mukhopadhyay(2008)和 Yan(2010)的研究，我们令 $\theta_1=\theta_2=\theta$。

当制造商不进行任何回收和再制造时，由 Xiao(2008)等的研究可知，具有风险特性的零售商会综合考虑期望利润与期望利润方差的大小。因零售商具有风险厌恶特性，考虑其效用函数，而制造商是风险中性的，考虑其期望利润函数。后面章节考虑企业风险厌恶或公平偏好特性的情况也用效用函数来表示。

我们采用均值-方差方法来建立零售商的效用函数，则风险厌恶型零售商的效用函数为：

$$U(\pi_r)=(p_r-w)(\varphi a-p_r+\theta p_d)-\lambda_r(p_r-w)^2\varphi^2\sigma^2 \quad (6.21)$$

风险中性制造商的期望利润函数为：

$$E(\pi_m)=(w-c)(\varphi a-p_r+\theta p_d)+(p_d-c)[(1-\varphi)a-p_d+\theta p_r] \tag{6.22}$$

其中，c 为制造商单位产品生产成本；w 为制造商产品批发价；$\lambda_r\geqslant 0$ 为零售商的风险厌恶系数，λ_r越大，零售商对风险越规避，$\lambda_r=0$ 时，零售商为风险中性。

设双渠道制造商在供应链中居于核心地位，为 Stackelberg 领导者，而零售商居于从属地位，为市场跟随者。博弈顺序如下：制造商确定产品批发价格和自身网络直销渠道产品价格；零售商在观察到制造商的定价策略后再决定自身实体渠道产品价格。采用逆序法，首先考虑当制造商决策给定时，零售商的最优决策。

由式(6.21)可得，零售商效用函数是关于 p_r的凹函数，从而可得：

$$p_r^0=\frac{\varphi a+\theta p_d+w(1+2\lambda_r\varphi^2\sigma^2)}{2(1+\lambda_r\varphi^2\sigma^2)} \tag{6.23}$$

将式(6.23)代入式(6.22)，可得制造商的期望利润函数：

$$E(\pi_m)=(w-c)\left[\varphi a-\frac{\varphi a+\theta p_d+w(1+2\lambda_r\varphi^2\sigma^2)}{2(1+\lambda_r\varphi^2\sigma^2)}+\theta p_d\right]+$$
$$(p_d-c)\left\{(1-\varphi)a-p_d+\frac{\theta[\varphi a+\theta p_d+w(1+2\lambda_r\varphi^2\sigma^2)]}{2(1+\lambda_r\varphi^2\sigma^2)}\right\} \tag{6.24}$$

由式(6.24)可得，制造商期望利润函数 $E(\pi_m)$关于$(p_d,\ w)$的黑塞矩阵为：

$$H=\begin{bmatrix}-2+\dfrac{\theta^2}{1+\lambda_r\varphi^2\sigma^2} & \dfrac{\theta(1+2\lambda_r\varphi^2\sigma^2)}{1+\lambda_r\varphi^2\sigma^2}\\ \dfrac{\theta(1+2\lambda_r\varphi^2\sigma^2)}{1+\lambda_r\varphi^2\sigma^2} & \dfrac{1+2\lambda_r\varphi^2\sigma^2}{1+\lambda_r\varphi^2\sigma^2}\end{bmatrix}$$，其中，$|H|=\dfrac{2(1-\theta^2)(1+2\lambda_r\varphi^2\sigma^2)}{1+\lambda_r\varphi^2\sigma^2}>0$。

因此，可得 $E(\pi_m)$是关于$(p_d,\ w)$的联合凹函数，从而可得定理 6.3。

定理 6.3：制造商不进行任何回收和再制造时，双渠道供应链各主体的最优决策分别为：

$$\begin{cases}p_r^0=\dfrac{a[(3-\theta^2-2\theta)\varphi+2\theta+2\lambda_r\varphi^2\sigma^2(\theta+\varphi-\varphi\theta)]+c(1-\theta^2)(1+\theta+2\lambda_r\varphi^2\sigma^2)}{4(1-\theta^2)(1+\lambda_r\varphi^2\sigma^2)},\\ p_d^0=\dfrac{a(1-\varphi+\theta\varphi)+c(1-\theta^2)}{2(1-\theta^2)},\quad w^0=\dfrac{a(\theta+\varphi-\theta\varphi)+c(1-\theta^2)}{2(1-\theta^2)}\end{cases} \tag{6.25}$$

从而可得零售商的需求和效用函数，以及制造商的需求和期望利润函数分别为：

$$\begin{cases} Q_r^0=\dfrac{(1+2\lambda_r\varphi^2\sigma^2)(\varphi a-c+\theta c)}{4(1+\lambda_r\varphi^2\sigma^2)},\ U(\pi_r^0)=\dfrac{(\varphi a-c+\theta c)^2}{16(1+\lambda_r\varphi^2\sigma^2)} \\ Q_d^0=\dfrac{\theta(\varphi a-c+\theta c)}{4(1+\lambda_r\varphi^2\sigma^2)}+\dfrac{a-\varphi a-c+\theta c}{2} \\ E(\pi_m^0)=\dfrac{(1+2\lambda_r\varphi^2\sigma^2)(\varphi a-c+\theta c)u_1+[2(1+\lambda_r\varphi^2\sigma^2)(a-c+\theta c-\varphi a)+\theta(\varphi a-c+\theta c)]u_2}{8(1-\theta^2)(1+\lambda_r\varphi^2\sigma^2)} \end{cases} \tag{6.26}$$

其中，$u_1=a\theta-c+\varphi a+c\theta^2-\varphi\theta a$，$u_2=a-c-\varphi a+c\theta^2+\varphi\theta a$。

我们进一步分析制造商不进行任何回收和再制造情形下，零售商风险厌恶程度对供应链各主体运作策略、需求和利润的影响，从而可得性质6.1。

性质6.1：

（i）$\dfrac{\partial p_r^0}{\partial\lambda_r}<0$，$\dfrac{\partial p_d^0}{\partial\lambda_r}=0$，$\dfrac{\partial w^0}{\partial\lambda_r}=0$；

（ii）$\dfrac{\partial Q_r^0}{\partial\lambda_r}>0$，$\dfrac{\partial Q_d^0}{\partial\lambda_r}<0$，$\dfrac{\partial(Q_r^0+Q_d^0)}{\partial\lambda_r}>0$；

（iii）$\dfrac{\partial\pi_r^0}{\partial\lambda_r}<0$，$\dfrac{\partial\pi_m^0}{\partial\lambda_r}>0$。

由性质6.1可得，在制造商不进行任何回收和再制造情形下，零售商最优产品定价与其风险厌恶程度成反比，需求与其风险厌恶程度成正比，即随着零售商风险厌恶程度的提高，他们会制定一个更低的产品销售价格从而增加产品销量（薄利多销策略），降低产品销售风险。零售商风险厌恶程度对制造商批发价和网络渠道产品定价策略没有影响，但因零售商渠道产品价格下降，部分网络渠道需求会转移到零售商渠道，从而导致制造商网络渠道需求下降。进一步地，零售商销售价格的下降，刺激了零售商渠道需求的增加，也增大了整个市场的总需求，即整个市场需求随零售商风险厌恶程度的提高而增加。最后，由性质6.1也可以得出，零售商的风险厌恶程度会对其利润产生消极影响，随着零售商风险厌恶程度的提高，零售商利润会不断下降，但其风险厌恶程度对制造商却是有益的，即随着零售商风险厌恶程度的提高，制造商利润会不断增加。

结论6.1：在制造商不进行任何回收和再制造情形下，风险中性的双渠道制造商更愿意和风险厌恶型零售商合作。

结论 6.1 指出了在制造商不进行任何回收和再制造情形下，双渠道制造商对下游零售商的选择偏好。然而，在实践中，一方面政府从保护环境和节约资源方面考虑不断鼓励制造商进行产品回收和再制造，另一方面产品回收再制造也有利于制造商生产资源的再利用，可以节约生产成本，因此越来越多的制造商开始选择产品回收和再制造模式来进行生产运作。下面我们将进一步探讨在两种不同的制造商产品回收再制造模式下双渠道闭环供应链各主体的最优运作策略和利润。

6.3.2 制造商独立回收再制造模式

本部分考虑当制造商直接从下游消费者处回收产品并进行再制造时双渠道闭环供应链各主体的运作策略和利润。设制造商通过一定价格 A 从消费者处回收废旧产品，其生产再制造产品的单位成本节约为 $s(s>A)$，则再制造产品的单位生产成本为 $c-s$。设制造商废旧产品的回收率为 $\tau(0\leqslant\tau\leqslant1)$，则制造商单位平均生产成本为 $\bar{c}=(1-\tau)c+\tau(c-s)=c-s\tau$。制造商回收产品的固定投入为 $f(\tau)=k\tau^2$，其中，$k>0$ 为规模系数，也即回收产品的难度系数，当回收率一定时，k 越大，制造商回收产品的难度系数越高，其固定投入也越高。因此，可得制造商回收总成本：$C(\tau)=f(\tau)+A\tau(Q_r+Q_d)$。

采用均值-方差方法来建立零售商的效用函数，则风险厌恶型零售商的效用函数为：

$$U(\pi_r)=(p_r-w)(\varphi a-p_r+\theta p_d)-\lambda_r(p_r-w)^2\varphi^2\sigma^2 \tag{6.27}$$

风险中性制造商的期望利润函数为：

$$E(\pi_m)=(w-c+s\tau)(\varphi a-p_r+\theta p_d)+(p_d-c+s\tau)[(1-\varphi)a-p_d+\theta p_r]-k\tau^2-A\tau(a-p_r-p_d+\theta p_r+\theta p_d) \tag{6.28}$$

与制造商不进行任何回收再制造情形一致，设制造商在供应链中为 Stackelberg 领导者，零售商为市场跟随者。博弈顺序如下：制造商先确定产品批发价格、自身网络直销渠道产品价格和产品回收率；零售商观察到制造商的价格策略后，再决定自身实体渠道产品价格。采用逆序法，首先考虑当制造商决策给定时零售商的最优决策。

由式(6.27)可得，零售商效用函数是关于 p_r 的凹函数，因此可得：

$$p_r^1=\frac{\varphi a+\theta p_d+w(1+2\lambda_r\varphi^2\sigma^2)}{2(1+\lambda_r\varphi^2\sigma^2)} \tag{6.29}$$

将式(6.29)代入式(6.28)，可得制造商的期望利润函数：

$$E(\pi_m)=w[a\varphi+2\theta p_d+(c+A\tau-s\tau)(1-\theta)]+p_d[a(1-\varphi)+(c+A\tau-s\tau)(1-\theta)]-p_d^2-w^2-k\tau^2-a(c+A\tau-s\tau)+\frac{(a\varphi-w+\theta p_d)[\theta p_d-w+(1-\theta)(c+A\tau-s\tau)]}{2(1+\lambda_r\varphi^2\sigma^2)} \tag{6.30}$$

由式(6.30)可得，制造商利润函数 $E(\pi_m)$ 是关于 (p_d, w) 的联合凹函数，但不是 (p_d, w, τ) 的联合凹函数。参考 Hua(2010)等的研究，采用两阶段最优技术，当回收率 τ 给定时，先求出最优的批发价 w 和网络渠道价格 p_d，然后找到最优的回收率 τ 来最大化制造商的利润函数 π_m，从而可得定理6.4。

定理6.4：制造商独立回收再制造时，对任意给定的回收率 τ，双渠道供应链各主体的最优决策分别为：

$$\begin{cases}p_r^1(\tau)=\dfrac{2\lambda_r\varphi^2\sigma^2(c+A\tau-s\tau)+\theta(c+A\tau-s\tau)+c+A\tau+a\varphi-s\tau}{4(1+\lambda_r\varphi^2\sigma^2)}+\dfrac{a\varphi+a\theta-a\theta\varphi}{2(1-\theta^2)}\\ p_d^1(\tau)=\dfrac{a(1-\varphi+\theta\varphi)+(c+A\tau-s\tau)(1-\theta^2)}{2(1-\theta^2)}\\ w^1(\tau)=\dfrac{a(\theta+\varphi-\theta\varphi)+(c+b\tau-s\tau)(1-\theta^2)}{2(1-\theta^2)}\end{cases} \tag{6.31}$$

从而可得零售商的需求和效用函数，以及制造商的需求和期望利润函数分别为：

$$\begin{cases}Q_r^1(\tau)=\dfrac{(1+2\lambda_r\varphi^2\sigma^2)[\varphi a-(1-\theta)(c+A\tau-s\tau)]}{4(1+\lambda_r\varphi^2\sigma^2)}\\ U[\pi_r^1(\tau)]=\dfrac{[\varphi a-(1-\theta)(c+A\tau-s\tau)]^2}{16(1+\lambda_r\varphi^2\sigma^2)}\\ Q_d^1(\tau)=\dfrac{\theta[\varphi a-(1-\theta)(c+A\tau-s\tau)]}{4(1+\lambda_r\varphi^2\sigma^2)}+\dfrac{a(1-\varphi)-(1-\theta)(c+A\tau-s\tau)}{2}\\ E[\pi_m^1(\tau)]=\\ \dfrac{2(1+\lambda_r\varphi^2\sigma^2)u_3u_5+(1+2\lambda_r\varphi^2\sigma^2)u_4u_6+\theta u_4u_5-2A\tau(1-\theta^2)[2u_3(1+\lambda_r\varphi^2\sigma^2)+(1+\theta+2\lambda_r\varphi^2\sigma^2)u_4]}{8(1-\theta^2)(1+\lambda_r\varphi^2\sigma^2)}-k\tau^2\end{cases} \tag{6.32}$$

其中，$u_3=a(1-\varphi)-(1-\theta)(c+A\tau-s\tau)$，$u_4=a\varphi-(1-\theta)(c+A\tau-s\tau)$，

$u_5=a(1-\varphi+\theta\varphi)-(1-\theta^2)(c-s\tau-A\tau)$，$u_6=a(\theta+\varphi-\theta\varphi)-(1-\theta^2)(c-s\tau-A\tau)$。

我们进一步分析制造商独立回收再制造情形下，零售商风险厌恶程度对供应链各主体运作策略、需求和利润的影响，可得性质6.2。

性质6.2：

（i）$\frac{\partial p_r^1}{\partial \lambda_r}<0$，$\frac{\partial p_d^1}{\partial \lambda_r}=0$，$\frac{\partial w^1}{\partial \lambda_r}=0$；

（ii）$\frac{\partial Q_r^1}{\partial \lambda_r}>0$，$\frac{\partial Q_d^1}{\partial \lambda_r}<0$，$\frac{\partial (Q_r^1+Q_d^1)}{\partial \lambda_r}>0$；

（iii）$\frac{\partial \pi_r^1}{\partial \lambda_r}<0$，$\frac{\partial \pi_m^1}{\partial \lambda_r}>0$。

由性质6.2可得，在制造商独立回收再制造情形下，零售商风险厌恶程度对供应链各主体运作策略、需求和利润的影响与制造商不进行任何回收再制造情形下一致，这里不再赘述。

结论6.2：在制造商独立回收再制造情形下，风险中性的双渠道制造商仍然偏爱与风险厌恶型零售商合作。

对比制造商独立回收再制造和制造商不进行任何回收再制造情形，可得结论6.3。

结论6.3：

（i）$w^1<w^0$，$p_r^1<p_r^0$，$p_d^1<p_d^0$；

（ii）$Q_r^1>Q_r^0$，$Q_d^1>Q_d^0$；

（iii）$\pi_r^1>\pi_r^0$。

如果 $k\leqslant k^*$，有 $\pi_m^1\geqslant\pi_m^0$；否则，$\pi_m^1<\pi_m^0$。

其中，$k^*=\frac{b-A}{2\tau}\left[a-(1-\theta)\left(2c+A\tau+b\tau-2s\tau+\frac{\varphi a-(1-\theta)(c+b\tau-s\tau)}{1+\lambda\varphi^2\sigma^2}\right)\right]-\frac{(b-A)^2(1-\theta)^2}{4(1+2\lambda\varphi^2\sigma^2)}$。

由结论6.3可得，在零售商存在风险厌恶的双渠道供应链中，相对于无任何回收再制造情形，当制造商独立回收再制造时，其单位生产成本会下降，进而导致其产品批发价格和网络渠道价格下降，同时也会带来零售商实体渠道价格的下降，双渠道下游消费者需求均会增加，消费者可从中获益。进一步地，可得零售商利润高于无任何回收再制造情形下的利润，而制造商利润高低取决于规模系数 k，即制造商独立回收再制造对零售商来说始终是有益的，但对制造商来说并非始终有益。当规模系数 k 相对较小，即回收率一定时，制造商固定投资相对较低，此时制造商利润高于无回收再制造情形下的利润，否则，制造商固定投资过高，单位产品生产成本的降低不能弥补其在回收过程中过高的固定投资，最终会导致其利润低于无回收再制造情形下的利润。

最后，由式(6.32)可得，制造商利润函数 $\pi_m(\tau)$ 是关于产品回收率 τ 的二次函数，关于 τ 对 $\pi_m(\tau)$ 求一阶导数，并令其等于零，可得产品回收率 τ_0。因为产品回收率 τ 需要满足 $\tau \in [0, 1]$，可得制造商最优产品回收率 $\tau^* = \arg\text{Max}\{\pi_m(0), \pi_m(\tau_0), \pi_m(1)\}$。将最优的产品回收率 τ^* 分别代入式(6.31)和式(6.32)，可得供应链各主体的最优渠道产品价格、需求和利润。

6.3.3 制造商通过零售商回收再制造模式

本部分进一步探讨由零售商按照一定价格 A 从消费者处回收产品，制造商再以高于零售商回收价格的价格 $b(b>A)$ 直接对零售商回收的产品进行回收再制造模式下双渠道闭环供应链各主体运作策略和利润的变化。设制造商生产再制造产品的单位成本节约仍为 $s(s>b)$，则再制造产品的单位生产成本为 $c-s$。零售商废旧产品的回收率为 $\tau(0 \leqslant \tau \leqslant 1)$，则制造商的单位平均生产成本仍为 $\bar{c}=c-s\tau$。此时，零售商回收产品的固定投入为 $f(\tau)=k\tau^2$，其中，$k>0$ 为规模系数，回收率一定时，k 越大，零售商回收产品的固定投入越高。因此，可得零售商回收总成本为 $C(\tau)=f(\tau)+A\tau(Q_r+Q_d)$，$A$ 为零售商产品单位回收成本。

采用均值-方差方法来建立零售商的效用函数，则风险厌恶型零售商的效用函数为：

$$U(\pi_r)=(p_r-w)(\varphi a-p_r+\theta p_d)+(b-A)\tau(a-p_r-p_d+\theta p_r+\theta p_d)-\\k\tau^2-\lambda_r(p_r-w)^2\varphi^2\sigma^2-\lambda_r(b-A)^2\tau^2\sigma^2 \tag{6.33}$$

风险中性制造商的期望利润函数为：

$$E(\pi_m)=(w-c+s\tau)(\varphi a-p_r+\theta p_d)+(p_d-c+s\tau)[(1-\varphi)a-p_d+\theta p_r]-\\b\tau(a-p_r-p_d+\theta p_r+\theta p_d) \tag{6.34}$$

在此情形下，产品回收率由零售商决策，可能引起零售商成本投入的增加，并进一步影响零售商渠道产品的定价。博弈顺序如下：零售商先确定产品回收率，制造商根据零售商的产品回收率确定其产品批发价格和网络渠道价格，零售商再确定其自身实体渠道产品价格。采用逆序法，首先考虑当制造商决策给定时，零售商的最优渠道产品定价策略。

由式(6.33)可得，零售商效用函数是关于p_r的凹函数，从而可得：

$$p_r^A=\frac{\varphi a+\theta p_d+w(1+2\lambda_r\varphi^2\sigma^2)-\tau(b-A)(1-\theta)}{2(1+\lambda_r\varphi^2\sigma^2)} \tag{6.35}$$

将式(6.35)代入式(6.34)，可得制造商的期望利润函数：

$$E(\pi_m)=a[\varphi(w-c+s\tau)+(1-\varphi)(p_d-c+s\tau)-b\tau]+p_d[\theta(w-c+s\tau)-p_d+c-s\tau+b\tau(1-\theta)]+\frac{[b\tau(1-\theta)+\theta(p_d-c+s\tau)-w+c-s\tau][\varphi a+\theta p_d+w(1+2\lambda_r\varphi^2\sigma^2)-\tau(b-A)(1-\theta)]}{2(1+\lambda_r\varphi^2\sigma^2)} \tag{6.36}$$

由式(6.36)可得，制造商期望利润函数$E(\pi_m)$关于(p_d, w)的黑塞矩阵：

$H=\begin{bmatrix} -2+\frac{\theta^2}{1+\lambda_r\varphi^2\sigma^2} & \frac{\theta(1+2\lambda_r\varphi^2\sigma^2)}{1+\lambda_r\varphi^2\sigma^2} & \frac{\theta(1+2\lambda_r\varphi^2\sigma^2)}{1+\lambda_r\varphi^2\sigma^2} \end{bmatrix}$，其中，$|H|=\frac{2(1-\theta^2)(1+2\lambda_r\varphi^2\sigma^2)}{1+\lambda_r\varphi^2\sigma^2}>0$。

因此，可得$E(\pi_m)$是关于(p_d, w)的联合凹函数，从而可得定理6.5。

定理6.5：制造商通过零售商进行回收和再制造时，双渠道供应链各主体的最优决策分别为：

$$\begin{cases} p_r^A=\frac{2\lambda_r\varphi^2\sigma^2(c+b\tau-s\tau)+\theta(c+2b\tau-A\tau-s\tau)+c+A\tau+a\varphi-s\tau}{4(1+\lambda_r\varphi^2\sigma^2)}+\frac{a\varphi+a\theta-a\theta\varphi}{2(1-\theta^2)} \\ p_d^A=\frac{a(1-\varphi+\theta\varphi)+(c+b\tau-s\tau)(1-\theta^2)}{2(1-\theta^2)} \\ w^A=\frac{a(\theta+\varphi-\theta\varphi)+(c+b\tau-s\tau)(1-\theta^2)}{2(1-\theta^2)}+\frac{\tau(b-A)(1-\theta)}{2(1+2\lambda\varphi^2\sigma^2)} \end{cases} \tag{6.37}$$

从而可得零售商的需求和效用函数，以及制造商的需求和期望利润函数分别为：

$$\begin{cases} Q_r^A=\frac{(1+2\lambda_r\varphi^2\sigma^2)[\varphi a-(1-\theta)(c+b\tau-s\tau)]+\tau(1-\theta)(b-A)}{4(1+\lambda_r\varphi^2\sigma^2)} \\ U(\pi_r^A)=\frac{u_7}{16(1+\lambda_r\varphi^2\sigma^2)}+\frac{u_8}{8(1+2\lambda_r\varphi^2\sigma^2)^2}-k\tau^2 \\ Q_d^A=\frac{\theta[(c+b\tau-s\tau)(1+2\lambda_r\varphi^2\sigma^2)+\varphi a-\tau(b-A)+\theta(c-A\tau+2b\tau-s\tau)]}{4(1+\lambda_r\varphi^2\sigma^2)}+\frac{a-\varphi a-c-b\tau+s\tau}{2} \\ E(\pi_m^A)==\frac{2\tau^2(b-A)^2(1-2\theta)(1+\lambda_r\varphi^2\sigma^2)-u_9-u_{10}}{8(1+2\lambda_r\varphi^2\sigma^2)(1+\lambda_r\varphi^2\sigma^2)}+\frac{u_{11}}{8(1-\theta^2)} \end{cases} \tag{6.38}$$

其中，

$u_7=[(1-\theta)(A\tau-c-2b\tau+s\tau)+\varphi a]^2-8\tau(b-A)[2(1-\theta)(b\tau+c-s\tau)+2\tau\lambda_r\sigma^2(b-A)-a](1+\lambda_r\varphi^2\sigma^2)$，

$u_8=[\tau(b-A)(1-\theta)]^2-\tau(b-A)(1-\theta)[(1-\theta)(2s\tau-2c-A\tau-b\tau)+2\varphi a](1+2\lambda_r\varphi^2\sigma^2)$，

$u_9=[(A\tau-c-2b\tau+a\varphi+s\tau)^2+2\theta(c-A\tau+2b\tau-s\tau)(A\tau-c-2b\tau+a\varphi+s\tau)](1+2\lambda_r\varphi^2\sigma^2)$，

$u_{10}=2\lambda_r\theta^2\varphi^2\sigma^2(c+b\tau-s\tau)(c-2A\tau+3b\tau-s\tau)+\theta^2(-A^2\tau^2-2Ac\tau+2As\tau^2+2b^2\tau^2+4bc\tau-4bs\tau^2+c^2-2cs\tau+s^2\tau^2)$，

$u_{11}=a^2[(1-\theta)(2\varphi-1)^2+1+\theta]-4[\theta(c+b\tau-s\tau)^2+(c+b\tau-s\tau)(a-c-b\tau+s\tau)](1-\theta^2)$。

我们进一步分析制造商通过零售商进行回收和再制造情形下，零售商风险厌恶程度对供应链各主体运作策略和需求的影响，从而可得性质 6.3。

性质 6.3：

（ⅰ）$\frac{\partial p_r^A}{\partial\lambda_r}<0$，$\frac{\partial p_d^A}{\partial\lambda_r}=0$，$\frac{\partial w^A}{\partial\lambda_r}<0$；

（ⅱ）$\frac{\partial Q_r^A}{\partial\lambda_r}>0$，$\frac{\partial Q_d^A}{\partial\lambda_r}<0$，$\frac{\partial(Q_r^A+Q_d^A)}{\partial\lambda_r}>0$。

由性质 6.3 可得，在制造商通过零售商回收再制造情形下，零售商风险厌恶程度与制造商提供的批发价格成反比，即零售商对风险厌恶程度越大，制造商给予的批发价格越低，从而可有效刺激零售商订货。零售商风险厌恶程度对供应链各主体定价策略、需求的影响与制造商不进行任何回收再制造情形下一致，这里不再赘述。零售商和制造商的利润表达式十分复杂，难以直接得出风险特征对各主体利润的影响，因此我们将在数值仿真及分析部分进一步分析。

对比制造商通过零售商进行回收再制造和制造商独立回收再制造情形，可得出结论 6.4。

结论 6.4：

（ⅰ）$w^A>w^1$，$p_r^A>p_r^1$，$p_d^A>p_d^1$。

（ⅱ）$Q_r^A<Q_r^1$，$Q_d^A<Q_d^1$。

（ⅲ）如果 $k\leqslant k^A$，有 $\pi_r^A\geqslant\pi_r^1$，否则，$\pi_r^A<\pi_r^1$；如果 $k\geqslant k^B$，有 $\pi_m^A\geqslant\pi_m^1$，

否则，$\pi_m^A<\pi_m^1$。

其中，$k^A=\dfrac{u_7-[\varphi a-(1-\theta)(c+A\tau-s\tau)]^2}{16\tau^2(1+\lambda_r\varphi^2\sigma^2)}+\dfrac{u_8}{8\tau^2(1+2\lambda_r\varphi^2\sigma^2)^2}$，

$$k^B=\frac{2(1+\lambda_r\varphi^2\sigma^2)u_3u_5+(1+2\lambda_r\varphi^2\sigma^2)u_4u_6+\theta u_4u_5-2A\tau(1-\theta^2)[2u_3(1+\lambda_r\varphi^2\sigma^2)+(1+\theta+2\lambda_r\varphi^2\sigma^2)u_4]}{8\tau^2(1-\theta^2)(1+\lambda_r\varphi^2\sigma^2)}$$

$$\frac{2\tau^2(b-A)^2(1-2\theta)(1+\lambda_r\varphi^2\sigma^2)-u_9-u_{10}}{8(1+2\lambda_r\varphi^2\sigma^2)(1+\lambda_r\varphi^2\sigma^2)}-\frac{u_{11}}{8(1-\theta^2)}。$$

由结论6.4可得，在零售商存在风险厌恶的双渠道供应链中，相对于制造商独立回收再制造情形(制造商产品回收价格为A)，当制造商通过零售商进行回收再制造(制造商从零售商处的产品回收价格为b，且$b>A$)时，制造商进行产品回收支付了更高的回收价格，并引起相应成本支出的增加。为了弥补其相应成本的支出，制造商提高产品的批发价格，进一步可引起零售商实体渠道与制造商网络渠道产品销售价格的提高，最终导致下游消费者需求下降，消费者利益受损。进一步地，可得出以下结论：双渠道供应链各主体利润与规模系数k密切相关。当规模系数k相对较小时，即回收率一定时，零售商固定投资相对较低，此时零售商利润增加，有足够的动机为制造商进行产品回收；当规模系数k相对较大时，零售商固定投资过高，其为制造商回收产品所带来的利润不能弥补其在回收过程中过高的固定投资，利润下降，则不再有动机为制造商进行产品回收。对制造商来说，当规模系数k相对较小时，固定投资较低，更偏爱自己独立进行产品回收再制造，否则，更偏爱零售商为其进行产品回收再制造。因此，企业在实际运营中，应尽可能通过各种方法(如广告宣传、对消费者进行绿色消费引导等)来降低产品回收的难度系数，有效减小规模系数k值，从而降低产品回收的固定投资、提高利润，进而激发供应链中各企业对产品进行回收的动机。这样不仅能有效促进产品的循环利用，节约企业的运营成本，也能进一步降低废旧产品对环境的污染和破坏。

由式(6.38)可得，零售商利润函数$\pi_r(\tau)$是关于产品回收率τ的二次函数，关于Γ对$\pi_r(\tau)$求一阶导数，并令其等于0，可得产品回收率τ_1。由产品回收率τ需要满足$\tau\in[0,1]$可得，制造商最优产品回收率为：

$$\tau^*=\text{argMax}\{\pi_m(0),\ \pi_m(\tau_1),\ \pi_m(1)\}$$

将最优产品回收率τ^*分别代入式(6.37)和式(6.38)，可得供应链各主体的最优渠道产品价格、需求和利润。

6.3.4 数值仿真及分析

例 6.1：在制造商通过零售商回收和再制造情形下，零售商和双渠道制造商的利润表达式十分复杂，难以直接得出零售商风险特征对供应链各主体利润的影响。下面我们通过数值例子来分析和展现其中的关系。模型参数设置如下：$a=50$，$c=3$，$A=0.2$，$b=0.4$，$s=1$，$\tau=0.3$，$k=100$，$\theta=0.2$，$\varphi=0.7$，$\sigma=2$。

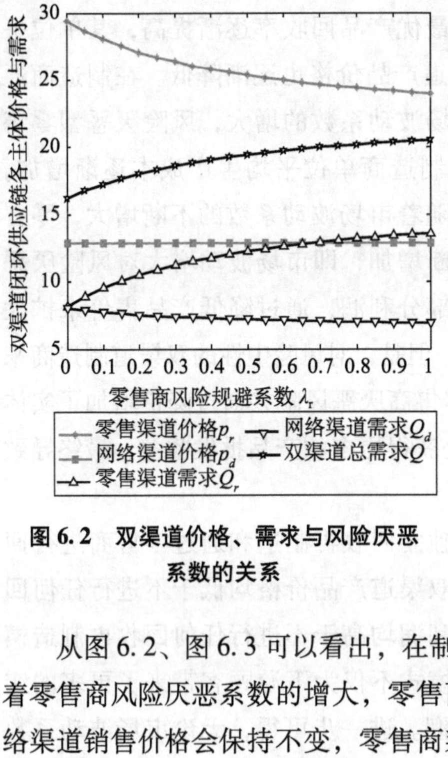

图 6.2 双渠道价格、需求与风险厌恶系数的关系

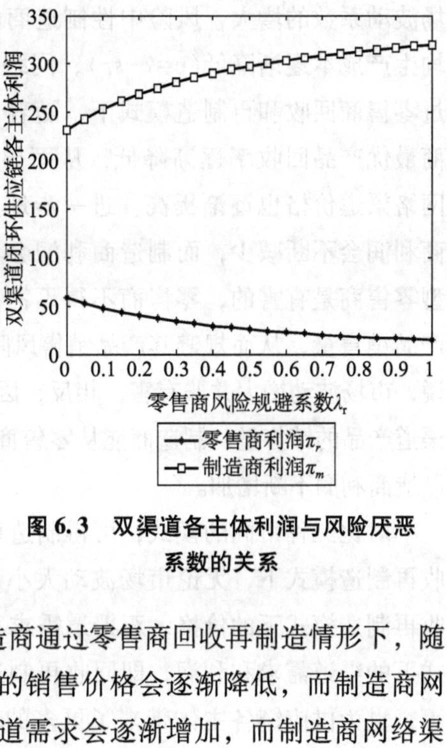

图 6.3 双渠道各主体利润与风险厌恶系数的关系

从图 6.2、图 6.3 可以看出，在制造商通过零售商回收再制造情形下，随着零售商风险厌恶系数的增大，零售商的销售价格会逐渐降低，而制造商网络渠道销售价格会保持不变，零售商渠道需求会逐渐增加，而制造商网络渠道需求会逐渐减少，其变化规律与性质 6.3 的结论一致。进一步地，零售商利润会随着风险厌恶程度的提高而减少，制造商利润会随着零售商风险厌恶程度的提高而增加，即在制造商通过零售商进行回收再制造情形下，风险中性的双渠道制造商偏爱与风险厌恶型零售商合作。

我们进一步分析在不同模式（制造商无回收再制造、制造商独立回收再制造和通过零售商回收再制造）下，随着市场波动程度的不断变化，供应链各主体运作策略、需求和利润的变化，以及各主体对不同回收模式的偏好变化。

例 6.2：具体模型参数设置如下：$a=50$，$c=3$，$A=0.2$，$b=0.4$，$s=1$，$\tau=0.3$，$k=10$，$\lambda_r=0.5$，$\theta=0.2$，$\varphi=0.7$。

从表6.1可以看出，在不同模式下，随着市场波动系数的不断增大，产品销售风险不断增加，此时由于零售商存在风险厌恶，其实体渠道产品销售价格不断下降，实体渠道需求不断增加，制造商网络渠道需求逐渐减少，即随着市场波动的增大，由于零售商的风险厌恶特性，下游消费者能够从零售商处获得更多的产品购物实惠。在制造商独立回收和再制造模式下，随着市场波动系数的增大，风险中性制造商的最优产品回收率逐渐提高，其单位平均生产成本逐渐降低($\bar{c}=c-s\tau$)，网络渠道产品价格也逐渐降低。在制造商通过零售商回收和再制造模式下，随着市场波动系数的增大，风险厌恶型零售商最优产品回收率逐渐降低，从而导致制造商单位平均生产成本逐渐增加，网络渠道价格也逐渐提高。进一步地，随着市场波动系数的不断增大，零售商利润会不断减少，而制造商利润会不断增加，即市场波动增大对风险厌恶型零售商是有害的，零售商不得不牺牲部分利润，通过降低产品售价来扩大产品销售量，从而规避其产品销售风险。但是，对风险中性的双渠道制造商来说，市场波动增大并非有害，相反，因零售商厌恶风险并通过降价增加了实体渠道产品的销售量，制造商能从零售商处获得更多的产品批发收益，最终导致制造商利润不断增加。

对比三种不同的模式，可得制造商独立回收再制造和通过零售商进行回收再制造模式下，无论市场波动大小，双渠道产品价格均低于不进行任何回收再制造模式下的价格，双渠道需求和利润均高于不进行任何回收再制造模式下的渠道需求和利润，即回收再制造模式不仅为下游顾客带来了更多的实惠，也为供应链各主体带来了更多的利润。进一步可得，无论市场波动系数大小，制造商独立回收再制造模式下的利润始终高于其通过零售商进行回收再制造模式下的利润，即零售商存在风险厌恶时，制造商始终偏爱进行独立回收再制造。对零售商来说，当市场波动相对较小($\sigma\leqslant3$)时，偏爱制造商独立进行回收再制造，但当市场波动增大($\sigma\geqslant5$)时，会偏爱通过帮助制造商进行产品回收获得更高的利润，即此时零售商进行产品回收能有效弥补其因风险厌恶带来的消极影响，从而带来更多利润。

表 6.1　不同模式下双渠道闭环供应链各主体的价格、需求及利润

参数	制造商不进行任何回收再制造						制造商独立回收和再制造							制造商通过零售商回收和再制造						
	p_r	p_d	Q_r	Qd	π_r	π_m	p_r	p_d	τ	Q_r	Qd	π_r	π_m	p_r	τ	p_d	Q_r	Qd	π_r	π_m
$\sigma=1$	27.8	13.0	9.8	7.6	53.4	254.2	27.7	12.7	0.71	9.9	7.9	54.8	259.1	27.7	0.24	12.8	9.8	7.7	53.9	256.9
$\sigma=3$	23.8	13.0	13.8	6.8	20.7	319.4	23.5	12.6	0.84	14.0	7.1	21.4	326.4	23.7	0.23	12.8	13..8	6.9	21.3	322.4
$\sigma=5$	22.4	13.0	15.2	6.5	9.3	342.2	22.1	12.6	0.89	15.4	6.8	9.7	350.0	22.3	0.22	12.9	15.2	6.6	9.8	345.2
$\sigma=7$	21.9	13.0	15.7	6.4	5.1	350.7	21.6	12.5	0.90	16.0	6.7	5.3	358.7	21.8	0.21	12.9	15.7	6.5	5.6	353.5
$\sigma=9$	21.7	13.0	15.9	6.3	3.2	354.5	21.3	12.4	0.91	16.2	6.6	3.3	362.7	21.6	0.20	12.9	16.0	6.4	3.6	357.2

6.4 公平偏好下双渠道旅游供应链运作策略

6.4.1 模型设定

本节考虑一个景区和一个旅游酒店组成的旅游供应链系统，假设景区通过双渠道模式来销售，即分别通过其自营渠道（景区售票点或其官网直销渠道）和旅游酒店代理渠道销售门票。因旅游酒店的利润主要来源于游客的客房住宿，本节考虑旅游酒店将景区门票与其客房住宿服务以套票（景区门票+酒店住宿）形式来捆绑打包销售。游客在旅游酒店购买套票（景区门票+酒店住宿）价格和旅游体验以及在景区购买纯门票价格和旅游体验分别为 p_1、S_1 和 p_2、S_2。相对于景区自营渠道销售的纯门票，因旅游酒店的套票包含了门票和住宿服务，定价会高于纯门票定价，游客购买套票的旅游体验会高于购买纯门票的旅游体验，因此有 $p_1>p_2$，$S_1>S_2$。在实践中，企业成员通常具有公平偏好行为，他们既关注自身利润，也关心自身能否得到公平的待遇。因此，本节分别探讨仅旅游酒店存在公平偏好、仅景区存在公平偏好和双方同时存在公平偏好行为时，旅游供应链各主体的最优运作策略和利润，并分析企业公平偏好对各主体运作策略和利润的影响。

为了方便比较，首先给出旅游酒店和景区均无公平偏好时，旅游供应链各主体的最优决策和利润。参考 Guo 和 He（2012）的研究，设游客来到景区旅游所获得的基本效用为 $v(v>0)$。此外，不同游客对同一种旅游产品的偏好也存在差异，设游客偏好为 θ，且服从[0，1]均匀分布，可得游客购买上述两种不同旅游产品的效用函数：

购买旅游酒店套票的旅游效用：$u_1=v+\theta S_1-p_1$ (6.39)

购买景区纯门票的旅游效用：$u_2=v+\theta S_2-p_2$ (6.40)

当游客在双渠道购买旅游产品所得效用均小于0时，双渠道需求为0。此时，由效用需求函数式(6.39)和式(6.40)可得，当 $\theta\in[0, \theta_0]$ 时，双渠道需求均为0，其中 $\theta_0=\dfrac{p_2-v}{S_2}$。当 $\theta=\dfrac{p_1-p_2}{S_1-S_2}=\theta^*$ 时，游客在旅游酒店购买套票与在景区购买纯门票效用相同，从而可得双渠道销售模式下旅游酒店和景区的需求和利润函数：

旅游酒店需求：$d_1=1-\theta^*=1-\frac{p_1-p_2}{S_1-S_2}$ (6.41)

景区自营渠道需求：$d_2=\theta^*-\theta_0=\frac{p_1-p_2}{S_1-S_2}-\frac{p_2-v}{S_2}$ (6.42)

旅游酒店的利润函数：$\pi_1=(p_1-w-c_1)\left(1-\frac{p_1-p_2}{S_1-S_2}\right)$ (6.43)

景区的利润函数：$\pi_2=(w-c_2)\left(1-\frac{p_1-p_2}{S_1-S_2}\right)+(p_2-c_2)\left(\frac{p_1-p_2}{S_1-S_2}-\frac{p_2-v}{S_2}\right)$ (6.44)

其中，w 为景区给旅游酒店的门票批发价格，c_1 和 c_2 分别为旅游酒店和景区的单位运营成本。本节考虑供应链中景区是 Stackelberg 领导者，博弈顺序如下：景区先给出其自营渠道门票价格 p_2 和旅游酒店代理渠道门票批发价格 w；待观察到景区价格决策后，旅游酒店再确定其套票价格 p_1。采用逆推法，首先考虑当景区决策给定时，旅游酒店的最优决策。

由式(6.43)可得，旅游酒店的利润函数是关于其套票价格 p_1 的凹函数，进而可得：

$$p_1^0=\frac{S_1-S_2+c_1+p_2+w}{2} \tag{6.45}$$

将式(6.45)代入式(6.44)，景区的利润函数转化为：

$$\pi_2=w-c_2-\frac{(p_2-c_2)(p_2-v)}{S_2}+\frac{p_2-w}{S_1-S_2}\left(\frac{S_1-S_2+c_1-p_2+w}{2}\right) \tag{6.46}$$

由式(6.46)可得，景区利润函数 π_2 关于 (p_2, w) 的黑塞矩阵是负定的，即 π_2 是关于 (p_2, w) 的联合凹函数，从而可得定理 6.6。

定理 6.6：在无公平偏好情形下，双渠道旅游供应链各主体的最优决策分别为：

$$p_1^0=\frac{3S_1-S_2+c_1+2c_2+2v}{4} \tag{6.47}$$

$$p_2^0=\frac{S_2+c_2+v}{2} \tag{6.48}$$

$$w^0=\frac{S_1-c_1+c_2+v}{2} \tag{6.49}$$

进而可得，旅游酒店和景区的需求和利润函数分别为：

$$d_1^0=\frac{S_1-S_2-c_1}{4(S_1-S_2)} \tag{6.50}$$

$$d_2^0=\frac{3S_1-3S_2+c_1}{4(S_1-S_2)}-\frac{S_2+c_2-v}{2S_2} \tag{6.51}$$

$$\pi_1^0=\frac{(S_1-S_2-c_1)^2}{16(S_1-S_2)} \tag{6.52}$$

$$\pi_2^0=\frac{2v(S_1-S_2)(v+2S_2-2c_2)+2(S_1-S_2)(c_2^2-S_2c_1-2S_2c_2)+S_2(S_1^2-S_2^2+c_1^2)}{8S_2(S_1-S_2)} \tag{6.53}$$

因企业在运营中通常具有公平偏好行为，下面将分别研究旅游酒店存在公平偏好、景区存在公平偏好和双方同时存在公平偏好行为时，双渠道旅游供应链运作决策和利润的变化。

6.4.2 旅游酒店具有公平偏好情形

旅游酒店在存在公平偏好行为时，不仅关注自身利润，也关心景区利润与自身利润的差值。当景区利润相对较高时，旅游酒店往往会感觉到利润分配的不公平，效用会下降；反之，旅游酒店效用会增加。参考 Cui(2007)和秦娟娟(2017)等的研究，当旅游酒店存在公平偏好时，其效用函数为 $u_1=\pi_1-\beta(\pi_2-\pi_1)$，其中，$\beta>0$ 为旅游酒店的公平偏好系数，当己方利润低于对方利润时，公平效用为负值，如果超过对方利润，则获得正的公平效用。因旅游酒店具有公平偏好特性，考虑其效用函数，而景区无公平偏好特性，考虑其利润函数。

当旅游酒店存在公平偏好时，其效用函数为：

$$u_1=(p_1-w-c_1)(1-\frac{p_1-p_2}{S_1-S_2})-\beta(\pi_2-\pi_1) \tag{6.54}$$

与无公平偏好情形一致，本部分仍考虑旅游景区是 Stackelberg 领导者。采用逆推法，首先考虑当景区决策给定时旅游酒店的最优决策。

由式(6.54)可得，旅游酒店的效用函数是关于其套票价格 p_1 的凹函数，因此可得：

$$p_1^1=\frac{S_1-S_2+c_1+2w}{2}+\frac{p_2-w}{2(1+\beta)} \tag{6.55}$$

将式(6.55)代入式(6.44)，景区的利润函数可转化为：

$$\pi_2=w-c_2-\frac{(p_2-c_2)(p_2-v)}{S_2}+\frac{p_2-w}{S_1-S_2}\left[\frac{S_1-S_2+c_1-2p_2+2w}{2}+\frac{p_2-w}{2(1+\beta)}\right] \tag{6.56}$$

由式(6.56)可得，景区利润函数 π_2 关于 (p_2, w) 的黑塞矩阵是负定的，即 π_2 是关于 (p_2, w) 的联合凹函数，从而可得定理6.7。

定理6.7：在旅游酒店存在公平偏好情形下，双渠道旅游供应链各主体的最优决策分别为：

$$p_1^1=\frac{3S_1-S_2+c_1+2c_2+2v}{4} \tag{6.57}$$

$$p_2^1=\frac{S_2+c_2+v}{2} \tag{6.58}$$

$$w^1=\frac{S_1-c_1+c_2+v+\beta S_1+\beta S_2-\beta c_1+2\beta c_2+2\beta v}{2(1+2\beta)} \tag{6.59}$$

从而可得，旅游酒店的需求和效用函数，以及景区的需求和利润函数分别为：

$$d_1^1=\frac{S_1-S_2-c_1}{4(S_1-S_2)} \tag{6.60}$$

$$u_1^1=\frac{S_2(1+\beta)(S_1-S_2-c_1)^2-4\beta(S_1-S_2)(v+S_2-c_2)^2}{16S_2(S_1-S_2)} \tag{6.61}$$

$$d_2^1=\frac{3S_1-3S_2+c_1}{4(S_1-S_2)}-\frac{S_2+c_2-v}{2S_2} \tag{6.62}$$

$$\pi_2^1=\frac{2v(S_1-S_2)(1+2\beta)(v+2S_2-2c_2)+2\beta(S_1-S_2)(S_2-c_2)^2+(1+\beta)\xi_0}{8S_2(S_1-S_2)(1+2\beta)} \tag{6.63}$$

其中，$\xi_0=2(S_1-S_2)(c_2^2-S_2c_1-2S_2c_2)+S_2(S_1^2-S_2^2+c_1^2)$。

我们进一步分析旅游酒店公平偏好程度对供应链各主体运作策略、需求和利润的影响，从而可得性质6.4。

性质6.4：

（i）$\frac{\partial p_1^1}{\partial\beta}=0$，$\frac{\partial p_2^1}{\partial\beta}=0$，$\frac{\partial w^1}{\partial\beta}<0$。

（ii）$\frac{\partial d_1^1}{\partial\beta}=0$，$\frac{\partial d_2^1}{\partial\beta}=0$，$\frac{\partial(d_1^1+d_2^1)}{\partial\beta}=0$。

（iii）当 $c_1<c_1^*$ 时，$\frac{\partial u_1^1}{\partial\beta}>0$，否则，$\frac{\partial u_1^1}{\partial\beta}<0$；$\frac{\partial\pi_2^1}{\partial\beta}<0$。其中，$c_1^*=S_1-S_2-\frac{2(v+S_2-c_2)\sqrt{S_2(S_1-S_2)}}{S_2}$。

由性质6.4可得，随着旅游酒店公平偏好程度的提高，景区自营渠道门票价格和需求以及旅游酒店代理渠道套票价格和需求均不变，而景区给旅游酒店的门票批发价格会逐渐降低。景区为了缓和旅游酒店的不公平感受，会通过降低门票批发价格的方式将部分门票批发收益转让给旅游酒店，此时景区利润不断减少。但有意思的是，尽管景区将部分批发收益转让给了有公平偏好的旅游酒店，降低了旅游酒店的门票批发成本，增加了旅游酒店的净利润，但旅游酒店的效用并不一定始终增大。当旅游酒店的单位运营成本相对较低($c_1<c_1^*$)时，随着其公平偏好程度的提高，景区将部分批发收益转让给了旅游酒店，令其感受到利润分配的公平，旅游酒店效用不断增加。当旅游酒店的运营成本相对较高($c_1>c_1^*$)时，随着其公平偏好程度的提高，尽管景区将部分利润转让给了旅游酒店，但由于相对较高的单位运营成本，酒店仍然会感到利润分配的不公平，并产生较强的嫉妒或仇富心理，从而使效用不断减小。

综上所述，我们可以得到以下管理学启示：当旅游酒店的运营成本相对较高($c_1>c_1^*$)时，尽管景区将部分批发收益转让给旅游酒店以求平衡其不公平感受，但却可能因此进一步加剧酒店的嫉妒或仇富心理，此时的旅游酒店成为景区的一个“难以满足”的合作者，是不值得或者难以进行长期合作的；反之，当旅游酒店的运营成本相对较低($c_1<c_1^*$)时，景区通过转让部分批发收益给旅游酒店，使酒店效用不断增大，酒店感受到了公平的待遇并获得满足，从而成为景区的一个值得信赖的长期合作者。

结论6.5：景区在双渠道销售环境下，更愿意与无公平偏好或者公平偏好程度较低的旅游酒店合作。

结论6.5指出了景区在双渠道销售环境下对旅游酒店的选择偏好。在实践中，很多景区存在公平偏好行为。下面我们进一步探讨当景区存在公平偏好行为时，双渠道旅游供应链各主体的最优运作策略和利润。

6.4.3 景区具有公平偏好情形

本部分进一步考虑当景区具有公平偏好时，双渠道旅游供应链各主体的最优运作策略和利润。参考Cui(2007)和秦娟娟(2017)等的研究，当景区存在公平偏好时，其效用函数为$u_2=\pi_2-\beta(\pi_1-\pi_2)$。

由式(6.43)和式(6.44)可得，当景区存在公平偏好时，其效用函数转化为：

$$u_2=(w-c_2)\left(1-\frac{p_1-p_2}{S_1-S_2}\right)+(p_2-c_2)\left(\frac{p_1-p_2}{S_1-S_2}-\frac{p_2-v}{S_2}\right)-\beta(\pi_1-\pi_2) \tag{6.64}$$

本部分仍考虑旅游供应链中景区是 Stackelberg 领导者。采用逆推法，首先考虑当景区决策给定时，旅游酒店的最优决策。

由式(6.43)可得，旅游酒店的利润函数是关于套票价格 p_1 的凹函数，从而可得：

$$p_1^A=\frac{S_1-S_2+c_1+p_2+w}{2} \tag{6.65}$$

将式(6.65)代入式(6.64)，景区的效用函数转化为：

$$u_2=\frac{(S_1-S_2-c_1+p_2-w)(w-c_2-\beta c_2+\beta w)}{2(S_1-S_2)}-\frac{\beta(S_1-S_2-c_1+p_2-w)^2}{4(S_1-S_2)}-\frac{(c_2-p_2)(\beta+1)[S_2(S_1-S_2+c_1-p_2+w)-2(S_1-S_2)(p_2-v)]}{2S_2(S_1-S_2)} \tag{6.66}$$

由式(6.66)可得，景区效用函数 u_2 关于 (p_2, w) 的黑塞矩阵是负定的，即 u_2 是关于 (p_2, w) 的联合凹函数，从而可得定理6.8。

定理6.8：在景区公平偏好情形下，双渠道旅游供应链的最优决策分别为：

$$p_1^A=\frac{(1+\beta)(3S_1-S_2+c_1+2c_2+2v)+\beta(2S_1-S_2+c_2+v)}{2(3\beta+2)} \tag{6.67}$$

$$p_2^A=\frac{S_2+c_2+v}{2} \tag{6.68}$$

$$w^A=\frac{2(1+\beta)(S_1-c_1+c_2+v)+\beta(2S_1-S_2-2c_1+c_2+v)}{2(3\beta+2)} \tag{6.69}$$

从而可得，旅游酒店的需求和利润函数，以及景区的需求和效用函数分别为：

$$d_1^A=\frac{(1+\beta)(S_1-S_2-c_1)}{2(S_1-S_2)(3\beta+2)} \tag{6.70}$$

$$\pi_1^A=\frac{(1+\beta)^2(S_1-S_2-c_1)^2}{4(S_1-S_2)(3\beta+2)^2} \tag{6.71}$$

$$d_2^A=\frac{(S_1-S_2)(5\beta+3)+c_1(1+\beta)}{2(S_1-S_2)(3\beta+2)}-\frac{S_2+c_2-v}{2S_2} \tag{6.72}$$

$$u_2^A=\frac{(1+\beta)\left[v(S_1-S_2)(3\beta+2)(v+2S_2-2c_2)+\beta(S_1-S_2)(S_2-c_2)^2+(1+\beta)\xi_0\right]}{4S_2(S_1-S_2)(3\beta+2)} \tag{6.73}$$

我们进一步分析景区存在公平偏好时，其公平偏好程度对供应链各主体运作策略、需求和利润的影响，从而可得性质 6.5。

性质 6.5：

（ⅰ）$\frac{\partial p_1^A}{\partial\beta}>0$，$\frac{\partial p_2^A}{\partial\beta}=0$，$\frac{\partial w^A}{\partial\beta}>0$。

（ⅱ）$\frac{\partial d_1^A}{\partial\beta}<0$，$\frac{\partial d_2^A}{\partial\beta}>0$，$\frac{\partial(d_1^A+d_2^A)}{\partial\beta}=0$。

（ⅲ）$\frac{\partial\pi_1^A}{\partial\beta}<0$；当 $\Psi>0$ 时，$\frac{\partial u_2^A}{\partial\beta}>0$，否则，$\frac{\partial u_2^A}{\partial\beta}<0$。其中，$\Psi=(2+3\beta)^2\left[3v(S_1-S_2)(v+2S_2-2c_2)+(S_1-S_2)(3c_2^2-2S_2c_1-6S_2c_2+S_1S_2+2S_2^2)+S_2c_1^2\right]-S_2(S_1-S_2-c_1)^2$。

由性质 6.5 可得，随着景区公平偏好程度的提高，景区自营渠道纯门票售价不变，但提供给旅游酒店的门票批发价格提高，以此获取更高的单位产品批发收益，满足自身公平感受。此时，旅游酒店的套票价格也会逐渐提高，即“天下没有免费的午餐”，旅游酒店将门票批发价提高所引起的新增成本转嫁给下游消费者，由游客来买单。因旅游酒店套票价格提高而景区自营渠道门票价格不变，部分游客需求从旅游酒店转移到了景区自营渠道，导致旅游酒店需求下降，景区自营渠道需求增加。进一步地，由性质 6.5（ⅲ）可得，随着景区公平偏好程度的提高，旅游酒店套票价格提高带来利润增加的正效应被其需求减少带来的利润降低的负效应抵消，旅游酒店利润不断减少。与仅旅游酒店存在公平偏好情形类似，对景区来说，在一定条件（$\Psi<0$）下，随着其公平偏好程度的提高，尽管其通过提高门票批发价格的方式获取了更多的单位产品批发收益，但其对旅游酒店的嫉妒和仇富心理也变得更强，景区效用不断减小，即此时景区属于“不知足”者，是不值得旅游酒店与其保持长期合作的。当 $\Psi>0$ 时，随着景区公平偏好程度的提高，其效用也不断增大，景区感受到了利润分配的公平并获得满足，从而成为旅游酒店可信赖的长期合作者。

结论 6.6：在景区双渠道销售环境下，旅游酒店更愿意与无公平偏好或者公平偏好程度较低的景区合作。

结论6.6指出了在景区具有公平偏好并通过双渠道销售门票的环境下，公平中性的旅游酒店对景区的选择偏好。下文将进一步分析当旅游酒店和景区均具有公平偏好行为时，双渠道旅游供应链各主体的最优运作策略和利润。

6.4.4 旅游酒店和景区均具有公平偏好情形

本部分进一步考虑当旅游酒店和景区均具有公平偏好时，双渠道旅游供应链各主体的最优运作策略和利润。具有公平偏好的旅游酒店和景区的效用函数分别为：

$$u_1=\pi_1-\beta(\pi_2-\pi_1),\ u_2=\pi_2-\beta(\pi_1-\pi_2)$$

由式(6.43)和式(6.44)可得，旅游酒店和景区均存在公平偏好时的效用函数分别为：

旅游酒店的效用函数：

$$u_1=(p_1-w-c_1)\left(1-\frac{p_1-p_2}{S_1-S_2}\right)-\beta(\pi_2-\pi_1) \tag{6.74}$$

景区的效用函数：

$$u_2=(w-c_2)\left(1-\frac{p_1-p_2}{S_1-S_2}\right)+(p_2-c_2)\left(\frac{p_1-p_2}{S_1-S_2}-\frac{p_2-v}{S_2}\right)-\beta(\pi_1-\pi_2) \tag{6.75}$$

本部分仍考虑供应链中旅游景区是Stackelberg领导者。采用逆序法，首先考虑当景区决策给定时，旅游酒店的最优决策。

由式(6.74)可得，旅游酒店的效用函数是关于其套票价格 p_1 的凹函数，因此可得：

$$p_1^B=\frac{S_1-S_2+c_1+2w}{2}+\frac{p_2-w}{2(1+\beta)} \tag{6.76}$$

将式(6.76)代入式(6.75)，景区的效用函数转化为：

$$u_2=\frac{1}{S_1-S_2}\left(\frac{S_1-S_2+c_1+2w}{2}+\frac{p_2-w}{2(1+\beta)}\right)\left[\beta\left(\frac{S_1-S_2+c_1+2w}{2}+\frac{p_2-w}{2(1+\beta)}\right)-\right.$$
$$\left.\beta(S_1-S_2)-w+p_2-\beta c_1-2\beta w\right]+\frac{p_2+S_1-S_2}{S_1-S_2}[\beta(c_1+w)-(1+\beta)(c_2-w)]+$$
$$\frac{(c_2-p_2)(1+\beta)}{S_2(S_1-S_2)}[p_2S_2+(p_2-v)(S_1-S_2)] \tag{6.77}$$

由式(6.77)可得，景区效用函数 u_2 关于 $(p_2,\ w)$ 的黑塞矩阵是负定的，

即 u_2是关于(p_2, w)的联合凹函数，从而可得定理 6.9。

定理 6.9：在旅游酒店和景区均存在公平偏好情形下，双渠道旅游供应链各主体的最优决策分别为：

$$p_1^B=\frac{3S_1-S_2+c_1+2c_2+2v+2\beta S_1-\beta S_2+\beta c_2+\beta v}{2(\beta+2)} \tag{6.78}$$

$$p_2^B=\frac{S_2+c_2+v}{2} \tag{6.79}$$

$$w^B=\frac{2(1+\beta)^2(S_1-c_1+c_2+v)+\beta(S_2+c_2+v)}{2(2\beta^2+5\beta+2)} \tag{6.80}$$

从而可得，旅游酒店和景区的需求和效用函数分别为：

$$d_1^B=\frac{S_1-S_2-c_1}{2(S_1-S_2)(\beta+2)} \tag{6.81}$$

$$d_2^B=\frac{S_2-c_2+v}{2S_2}-\frac{S_1-S_2-c_1}{2(S_1-S_2)(\beta+2)} \tag{6.82}$$

$$u_1^B=\frac{(S_1-S_2)\xi_2-\beta v(S_1-S_2)(2+\beta)^2(v+2S_2-2c_2)+S_2(1+\beta)c_1(c_1-2S_1+2S_2)}{4S_2(S_1-S_2)(\beta+2)^2} \tag{6.83}$$

$$u_2^B=\frac{(1+\beta)(S_2-c_2+v)^2}{4S_2}+\frac{(S_1-S_2-c_1)^2}{4(S_1-S_2)(\beta+2)} \tag{6.84}$$

其中，$\xi_2=\beta c_2(2+\beta)^2(2S_2-c_2)+S_2(S_1-S_2+\beta S_1-5\beta S_2-4\beta^2S_2-\beta^3S_2)$。

我们进一步分析旅游酒店和景区均存在公平偏好时，公平偏好程度对供应链各主体运作策略、需求和利润的影响，从而可得性质 6.6。

性质 6.6：

（i）$\frac{\partial p_1^B}{\partial\beta}>0$，$\frac{\partial p_2^B}{\partial\beta}=0$。当 $0<\beta<1$ 时，$\frac{\partial w^B}{\partial\beta}<0$；否则，$\frac{\partial w^B}{\partial\beta}>0$。

（ii）$\frac{\partial d_1^B}{\partial\beta}<0$，$\frac{\partial d_2^B}{\partial\beta}>0$，$\frac{\partial(d_1^B+d_2^B)}{\partial\beta}=0$。

（iii）当 $\Gamma>0$ 时，$\frac{\partial u_1^B}{\partial\beta}>0$；否则，$\frac{\partial u_1^B}{\partial\beta}<0$。当 $\beta>\beta^{\#}$时，$\frac{\partial u_2^B}{\partial\beta}>0$；否则，$\frac{\partial u_2^B}{\partial\beta}<0$。

其中，$\beta^{\#}=\frac{(S_1-S_2-c_1)\sqrt{S_2(S_1-S_2)}}{(S_2+v-c_2)(S_1-S_2)}-2$，$\Gamma=S_2\beta(2c_1+24c_2-S_1-11S_2)-v(2+\beta)^3(2S_2-2c_2+v)-(S_2-c_2)^2(8+\beta^3+6\beta^2)-12\beta c_2^2-\frac{\beta S_2c_1^2}{S_1-S_2}$。

由性质6.6可得，当旅游酒店和景区均存在公平偏好时，随着双方公平偏好程度的增加，景区自营渠道门票售价不变，而提供给旅游酒店的门票批发价格高低与双方的公平偏好程度紧密相关。当双方公平偏好程度相对较低($0<\beta<1$)时，景区作为Stackelberg博弈领导者，会更多考虑博弈跟随者旅游酒店的公平偏好特性，主动将部分门票批发收益转让给旅游酒店，随着公平偏好程度的提高，景区门票批发价格会逐渐降低；而当双方公平偏好程度相对较高($\beta>1$)时，作为旅游供应链领导者的景区自身也具有较为强烈的公平偏好，希望分割到更多的利润，此时景区的批发价格会随着公平偏好程度的提高而不断提高。无论双方公平偏好程度高低，旅游酒店的套票价格均会增加，即旅游酒店将供应链中因双方存在公平偏好而追求的更多利润通过提高套票价格的方式从游客处获得。旅游酒店套票价格提高，会使部分游客转移到景区自营渠道，从而导致旅游酒店需求下降，景区自营渠道需求增加。

随着双方公平偏好程度的提高，在一定条件($\Gamma>0$)下，旅游酒店套票价格提高带来的利润增加的正效应会抵消其需求下降带来利润减少的负效应，从而使旅游酒店效用不断增大；反之，当$\Gamma<0$时，旅游酒店套票价格提高带来的利润增加的正效应会被其需求下降带来的利润减少的负效应抵消，从而使旅游酒店效用不断减小。对景区来讲，当公平偏好程度相对较高($\beta>\beta^{\#}$)时，其效用会随着公平偏好程度的提高而不断增大；否则，景区效用会不断减小。

6.4.5 不同情形下各主体运作决策、需求和利润对比分析

本部分将基于上述研究内容，对比分析在不同公平偏好情形下，双渠道旅游供应链各主体运作决策、需求和利润的变化，可得结论6.7。

结论6.7：

(ⅰ)$p_1^0=p_1^1<p_1^A<p_1^B$，$p_2^0=p_2^1=p_2^A=p_2^B$，$w^A>w^0>w^B>w^1$；

(ⅱ)$d_1^0=d_1^1>d_1^A>d_1^B$，$d_2^0=d_2^1<d_2^A<d_2^B$，$d_1^0+d_2^0=d_1^1+d_2^1=d_1^A+d_2^A=d_1^B+d_2^B$；

(ⅲ)$\pi_1^0>\pi_1^A$，$\pi_2^0>\pi_2^1$，$u_1^B<u_1^1$，$u_2^B<u_2^A$。

由结论6.7(ⅰ)可得，无论各主体是否存在公平偏好特性，景区自营渠道门票售价始终保持不变(门票价格由旅游景区运营成本及游客到景区旅游获得的基本效用和旅游体验决定)，而提供给旅游酒店的门票批发价格不断变化，即景区通过改变批发价格的方式对批发收益进行分割，满足不同情形下双方公平偏好特性对利润追逐的要求。当仅旅游酒店存在公平偏好时，景区给旅游酒店的批发价格低于双方均无公平偏好时的价格，而当仅景区存在公

平偏好时，景区给旅游酒店的批发价格高于双方均无公平偏好时的价格，即：当单独一方存在公平偏好时，另一方会将自身部分利润转让给具有公平偏好的一方，以此降低对方的不公平感受；当双方均存在公平偏好时，景区作为供应链中的 Stackelberg 博弈领导者，会更多考虑相对弱势的博弈跟随者旅游酒店的公平偏好需求，此时，景区给旅游酒店的批发价会低于双方均无公平偏好时的价格，但因景区自身也有公平偏好特性，因此价格又会高于仅旅游酒店存在公平偏好情形下的批发价格。进一步地，由结论 6.7(ⅰ)可得，对旅游酒店的套票价格来说，当双方均具有公平偏好时，其价格达到最高，即旅游酒店将双方因追求公平偏好而想获得更多利润的动机，通过提高套票价格来让游客买单。当仅旅游酒店存在公平偏好时，尽管景区给旅游酒店的批发价达到最低，但旅游酒店套票价格并没有降低，而是与双方均无公平偏好时的价格保持一致，即旅游酒店不会因景区批发价格的降低而降低自身套票价格，而是将其用于平衡景区的不公平感受。因此，旅游供应链各主体的公平偏好特性对游客来说是没有好处的，在一定情形下，还需要游客为其公平偏好行为买单。

由结论 6.7(ⅱ)可得，在不同的公平偏好情形下，旅游酒店需求与其套票价格呈反向变化，即当旅游酒店的套票价格提高时，部分游客会转移到景区自营渠道，旅游酒店需求会下降。景区需求的变化规律与旅游酒店正好相反。由结论 6.7(ⅲ)可得，当仅旅游酒店或景区单独一方存在公平偏好时，另一方的利润均低于双方无公平偏好时其所得利润。当旅游酒店和景区同时存在公平偏好特性时，旅游酒店和景区所得效用均低于仅自己存在公平偏好时其所得效用，即在双渠道旅游供应链中，一方企业的公平偏好特性对另一方来说成了负担，企业需要分割部分利润给具有公平偏好的对方以降低对方的不公平感受。

6.5 本章小结

首先，构建了过度自信零售商与理性制造商组成的双渠道供应链模型，得到了该体系的双渠道定价决策，并分析了均衡价格与零售商过度自信的关联。进一步地，从公司治理的角度探讨了作为主导方的制造商的决策。制造商的利润是零售商过度自信程度的增函数，制造商愿意与过度自信的零售商合作。为提高合作体系的竞争力，制造商可通过收益共享契约实现供应链的协调，达到供应链整体最优，并保证契约实施后双方的利润都不减少。

其次，针对一个风险厌恶型零售商的双渠道闭环供应链系统，探讨了不同回收再制造模式下供应链各主体的最优决策和利润。通过分析指出，制造商不进行回收再制造、制造商独立回收再制造或通过零售商回收再制造时，风险中性的双渠道制造商都更愿意和风险厌恶型零售商合作。市场波动的增大对供应链各主体并非始终有害，随着市场波动的增大，风险厌恶型零售商利润会不断减少，而风险中性的双渠道制造商利润会逐步增加，零售商的风险厌恶特性会为制造商带来更多的利润。制造商独立回收再制造以及通过零售商进行回收再制造时，双渠道产品价格均低于不进行任何回收再制造模式下的价格，双渠道需求和利润均高于不进行任何回收再制造模式下的渠道需求和利润，即回收再制造模式不仅为下游顾客带来了更多的消费实惠，也为供应链各主体带来了更多的利润。

最后，针对旅游酒店和景区组成的双渠道旅游供应链，分别研究了当双方均不存在公平偏好、仅旅游酒店存在公平偏好、仅景区存在公平偏好，以及双方均存在公平偏好情形下，旅游供应链各主体的最优决策和利润，并分析了不同情形下公平偏好特性对各主体运作策略、需求和利润的影响。研究发现，各主体的公平偏好特性对景区纯门票定价没有影响，而酒店的套票价格会有一定程度的提高，即旅游酒店将供应链中因双方存在公平偏好而追求更多利润的动机，通过提高套票价格的方式来让游客买单。进一步地，在双渠道旅游供应链中，一方企业的公平偏好特性对另一方来说成了负担，企业需要分割部分利润给有公平偏好的对方来降低对方的不公平感受。有意思的是，在一定条件下，尽管一方将自身部分利润转让给了对方以求平衡其不公平感受，但却可能进一步加剧对方的嫉妒心理，即对方企业成了“难以满足”的合作者，此时企业最好的办法就是寻找新的合作者；反之，一方通过分割部分利润给对方企业，令对方效用增大并感到公平，成为值得信赖的长期合作者。

第7章 资金约束下双渠道供应链契约选择策略

供应链管理的主要目的是有效协调从上游供应商到下游消费者的整个供应链条的资源和信息，实现供应链以及各主体利润最大化，而资金是供应链运作与管理顺利进行的基本保障，直接关系到企业的存亡。例如，2008 年，受全球金融危机影响，成千上万的企业由于资金不足而受损甚至破产。因此，那些存在资金约束的企业特别是零售企业，往往希望通过金融机构借贷来解决自身资金不足的问题。然而，由于大多数零售企业规模相对较小，资产抵押不足或者抗风险能力较弱，加上银行无法有效监管零售商贷款资金的投资行为，因而往往不为零售商提供贷款或者仅提供很低的贷款额度，无法满足零售商对资金的需求。例如，国家统计局的《中小企业发展问题研究》中指出，在生产经营方面，融资比较困难和非常困难的企业占比分别为 68%和 14%。为了有效解决零售商资金不足问题和金融机构贷款困难问题，供应链内部贸易信贷契约作为一项有效的协调机制应运而生。通过贸易信贷契约，供应商将产品提供给零售商，并允许零售商延期付款，但往往需要零售商支付一定的利息。贸易信贷契约不仅解决了零售商订货资金不足的问题，促使零售商订货量增加，也使供应商获得了更多的产品批发收益和部分利息收益。贸易信贷契约在供应链协调管理中得到了广泛应用，很多学者也对此做了较深入的研究，并指出贸易信贷契约对银行借贷具有很大的补充与替代作用。

与此同时，随着电子商务的发展，网络购物越来越受到消费者的青睐。许多制造商开始选择双渠道模式销售，即在传统零售商渠道销售模式下，开辟自己的网络直销渠道销售，如 IBM、惠普、三星、索尼等。因传统零售商渠道往往存在资金约束，无法订购足够的产品来满足市场的实际需求，从而造成产品的缺货损失。此时，双渠道制造商往往可以通过以下两种方法来改进：①为实体渠道零售商提供贸易信贷契约，允许零售商延期付款，从而满足零售商的订货需求，并能进一步增加制造商的产品批发收益和利息收益；②在自身网络直销渠道中为下游顾客提供提前订货折扣契约(提前订货折扣契约是指通过对产品提供一定的折扣，要求顾客在销售期到来前预订自身产品的销售策略，销售期到来后不再提供折扣)，吸引零售商渠道的一部分顾客转移到网络渠道来购买产品，从而有效满足下游顾客的需求。

毋庸置疑，当零售商存在资金约束时，双渠道制造商有三种不同的契约策略可以采用：①仅在传统渠道为零售商提供贸易信贷契约；②仅在自身网络渠道为下游顾客提供提前订货折扣契约；③联合采用上述两种契约，即制造商不仅在传统渠道为零售商提供贸易信贷契约，其自身网络渠道也同时为下游顾客提供提前订货折扣契约。那么，究竟制造商应该采用哪种契约策略？这些契约策略会对零售商产生什么样的影响？在上述三种不同的契约策略下，制造商和零售商的最优运作策略和利润会发生怎样的变化？这些问题都是企业十分关注并亟待解决的。然而，目前还没有相关研究对此进行探讨。因此，在需求不确定情形下，研究当零售商存在资金约束，而双渠道制造商提供贸易信贷或者提前订货折扣契约时的供应链运作策略具有非常现实的意义。本章基于上述研究背景，针对一个双渠道制造商与一个带有资金约束的零售商组成的供应链系统，分别研究制造商提供不同契约策略时，双渠道供应链各主体的最优运作策略和利润，并进一步分析了市场需求波动以及零售商初始资金规模对供应链各主体运作策略和利润的影响。

7.1 模型设定

我们针对一个双渠道制造商和一个零售商组成的供应链系统，分别研究零售商订货资金不足而制造商提供贸易信贷或者提前订货折扣契约情形下，双渠道供应链的最优运作策略和利润。设市场需求 D 为随机的，且服从正态分布 $D \sim N(u, \sigma^2)$，概率密度函数为 $f(\cdot)$，累积分布函数为 $F(\cdot)$。令 D_r 和 D_d 分别为零售商实体渠道和制造商网络直销渠道的需求，且 D_r 和 D_d 分别服从正态分布 $D_r \sim N(u_r, \sigma_r^2)$ 和 $D_d \sim N(u_d, \sigma_d^2)$。为了简化分析，参考 Tang 等(2004)和 Bellantuono 等(2009)的研究，令它们有相同的变差系数 $\theta = \frac{\sigma_r}{u_r} = \frac{\sigma_d}{u_d}$，总的期望市场需求量为 $u = u_r + u_d$，零售商渠道需求量占市场总需求量的比例为$\alpha \in (0, 1)$。

由以上定义可以得到，$u_r=\alpha u$，$u_d=(1-\alpha)u$，$\sigma_r=\theta\alpha u$，$\sigma_d=\theta(1-\alpha)u$。$\varphi(\cdot)$和$\Phi(\cdot)$分别为产品需求量的标准正态概率密度函数和分布函数。零售商自有资金规模和产品销售价格分别为B_0和p_r，制造商网络渠道产品销售价格为p_d，批发价为w，产品生产成本为c_1，产品的残值为s，网络渠道产品邮寄费用为t。进一步地，我们做出如下假设：双渠道制造商与零售商的信息是对称的。也就是说，制造商知道零售商的初始资金规模B_0的大小；零售商知道制造商在网络渠道的提前订货折扣契约，并根据制造商的契约策略来调整自身渠道的运作策略；虽然市场需求是随机的，但制造商和零售商知道需求的分布函数，并据此设计自身渠道的运作策略。

我们首先分析在需求不确定情形下，当零售商可能存在资金约束而制造商不提供任何契约时，双渠道供应链的运作策略和利润。

7.2 双渠道制造商不提供任何契约情形

当制造商不提供任何契约时，实体渠道零售商的利润函数为：

$$\pi_r(D_r, Q_r)=p_r\min(D_r, Q_r)+s(Q_r-D_r)^+-wQ_r \tag{7.1}$$

从而可得：

（ⅰ）当零售商无资金约束时，其最优订货量为：

$$Q_{rN}=F^{-1}\left(\frac{p_r-w}{p_r-s}\right)=u_r+k\sigma_r=(1+k\theta)\alpha u \tag{7.2}$$

其中，$k=\Phi^{-1}\left(\frac{p_r-w}{p_r-s}\right)$。

（ⅱ）当零售商存在资金约束时，其最优订货量为$\frac{B_0}{w}$。

从而可得，在需求不确定情形下，零售商的实际订货量为：

$$Q_r^*=\min\left(\frac{B_0}{w}, Q_{rN}\right)$$

由此描述可得，零售商的最优期望利润为：

$$E[\pi_r(Q_r^*)]=\begin{cases} B_0\left(\frac{p_r}{w}-1\right)-(p_r-s)\int_0^{\frac{B_0}{w}}F(D_r)d(D_r), & \text{if } B_0<wQ_{rN} \\ [p_r-w-(p_r-s)\theta\varphi(k)]\alpha u, & \text{if } B_0 \geqslant wQ_{rN} \end{cases} \tag{7.3}$$

双渠道制造商的利润函数为：

$$\pi_m(D_d,\ Q_d,\ Q_r^*)=(w-c_1)Q_r^*+(p_d-t)\min(D_d,\ Q_d)+s\ (Q_d-D_d)^+-c_1Q_d \tag{7.4}$$

制造商网络渠道的最优订货量为：

$$Q_d^*=F^{-1}\left(\frac{p_d-t-c_1}{p_d-t-s}\right)=u_d+k_2\sigma_d=(1+k_2\theta)(1-\alpha)u \tag{7.5}$$

其中，$k_2=\Phi^{-1}\left(\frac{p_d-t-c_1}{p_d-t-s}\right)$。

双渠道制造商的最优期望利润函数为：

$$E[\pi_m(Q_r^*,\ Q_d^*)]=\begin{cases}(w-c_1)\dfrac{B_0}{w}+[p_d-t-c_1-(p_d-t-s)\theta\varphi(k_2)](1-\alpha)u, \\ \text{if } B_0<wQ_{rN} \\ (w-c_1)(1+k\theta)\alpha u+[p_d-t-c_1-(p_d-t-s)\theta\varphi(k_2)](1-\alpha)u, \\ \text{if } B_0\geqslant wQ_{rN}\end{cases} \tag{7.6}$$

由式(7.6)可得性质7.1。

性质7.1：零售商存在资金约束而双渠道制造商不提供任何契约时，制造商期望利润下降。

由性质7.1可得，当零售商存在资金约束时，制造商将具有充分的动机采用以下三种契约策略来提高自身期望利润：①为实体渠道零售商提供贸易信贷契约，刺激零售商最优订货量增加，从而有效增加自身批发收益和部分信贷利息收益；②在自身网络渠道为下游顾客提供提前订货折扣契约，将零售商无法满足的部分下游顾客需求转移到网络渠道上来，从而增加网络渠道利润；③联合采用上述两种不同的契约。在下文中，我们将详细分析当制造商分别采用上述三种契约策略时，供应链各主体运作策略和利润的变化。

7.3 双渠道制造商为零售商提供贸易信贷契约情形

本节考虑当零售商存在资金约束而双渠道制造商为零售商提供贸易信贷契约来解决零售商订货资金不足困境时，双渠道供应链各主体的运作策略和利润。零售商自有资金规模为 B_0，而制造商设计贸易信贷契约[L_0，r]给带有资金约束的零售商，其中 L_0 是制造商为零售商提供的贸易信贷规模，r 为信贷利率。设零售商接受制造商信贷契约后，在制造商处的订货量为 Q，易得制造商为零售商提供的信贷规模为 $L_0=wQ_r-B_0$，制造商因提供贸易信贷所得的利润为 $L_1=\min[p_r\min(D_r, Q_r)+s(Q_r-D_r)^+; L_0(1+r)]$。

参考 Cai 等的研究，设提供融资服务的银行或制造商均为追求风险中性的投资者，且处于竞争的资本市场中。r_f 为资本市场的平均市场投资回报率或资本市场的无风险利率，其大小由资本市场的竞争程度决定，市场竞争程度越激烈，r_f 越小。例如，$r_f=0$ 表示资本市场处于完全竞争状态。由于激烈的市场竞争导致资本市场的平均利润率为 0，因此制造商为零售商提供贸易信贷融资服务将满足：其期望利润与资本市场的平均投资回报相等，即 $E(L_1)=L_0(1+r_f)$。制造商为零售商提供贸易信贷的信贷利率 r 满足：$\int_0^z[(p_r-s)D_r+sQ_r]f(D_r)dD_r+\int_z^{\infty}(wQ_r-B_0)(1+r)f(D_r)dD_r=(wQ_r-B_0)(1+r_f)$。

其中，$z=\dfrac{(wQ_r-B_0)(1+r)-sQ_r}{p_r-s}$。$z$ 是制造商能否从融资服务中获取期望利润的市场需求临界点。当零售商渠道需求 $D_r\geqslant z$ 时，制造商可以通过为零售商提供贸易信贷融资服务获得期望利润；否则，制造商只能收回部分融资投资，即 $\int_0^z[(p_r-s)D_r+sQ_r]f(D_r)dD_r$。

由上述背景可得，存在资金约束零售商的利润函数为：

$$\pi_r(D_r, Q_r)=\underset{Q_r\geqslant 0}{\mathrm{Max}}E[(p_r\min(D_r, Q_r)+s(Q_r-D_r)^+-(wQ_r-B_0)(1+r))^+-B_0] \tag{7.7}$$

从而易得，实体渠道零售商的最优订货量为：

$$Q_r^{TC}=F^{-1}\left(\frac{p_r-w(1+r_f)}{p_r-s}\right)=u_r+k_1\sigma_r=(1+k_1\theta)\alpha u \tag{7.8}$$

其中，$k_1=\Phi^{-1}\left(\dfrac{p_r-w(1+r_f)}{p_r-s}\right)$。

由式(7.8)可得性质 7.2。

性质 7.2：当零售商存在资金约束并接受制造商贸易信贷契约时，零售商的最优订货量是一个定值，受无风险利率 r_f 的影响，但不受自身初始资金水平 B_0 和制造商信贷利率 r 的影响。

由性质 7.2 可得，制造商为零售商提供贸易信贷可以有效解决零售商的资金约束问题，促使零售商订货量增加——零售商订货量达到最优定值，且此时零售商最优订货量主要受市场无风险利率的影响而不受制造商信贷利率的影响。

因为$\frac{p_r-w(1+r_f)}{p_r-s}<\frac{p_r-w}{p_r-s}$，由正态分布函数的递增性可知，$Q_r^{TC}<Q_{rN}$。因此，当零售商存在资金约束并接受制造商的贸易信贷契约时，相对于无资金约束情形，零售商需要支付部分利息，其边际成本增加，从而导致其最优订货量减少，可得表7.1。

表7.1　不同初始自有资金规模下零售商的最优订货和融资策略

零售商自有资金规模 B_0	零售商融资策略	Q_r^*
$B_0 \leqslant wQ_r^{TC}$	借款	Q_r^{TC}
$wQ_r^{TC}<B_0 \leqslant wQ_{rN}$	不借款	B_0/w
$B_0>wQ_{rN}$	不借款	Q_{rN}

由表7.1可得，零售商在不同的资金约束情形下，将采用不同的融资策略。当$B_0 \leqslant wQ_r^{TC}$，零售商资金不足，将接受制造商的贸易信贷契约，解决自身资金困境，并实现最优订货量$Q_r^*=Q_r^{TC}$；否则，零售商资金较充足，将不会接受制造商的贸易信贷契约，而是根据自有资金和市场需求情况决定最优订货量$Q_r^*=\min\left(\frac{B_0}{w},\ Q_{rN}\right)$。

零售商的最优期望利润函数为：

$$E[\pi_r(Q_r^*)]=\begin{cases}[p_r-w-(p_r-s)\theta\varphi(k)]\alpha u, & \text{if } B_0>wQ_{rN} \\ B_0\left(\frac{p_r}{w}-1\right)-(p_r-s)\int_0^{\frac{B_0}{w}}F(D_r)d(D_r), \\ \text{if } wQ_r^{TC}<B_0 \leqslant wQ_{rN} \\ [p_r-(p_r-s)\theta\varphi(k_1)]\alpha u-[w(1+k_1\theta)\alpha u-B_0](1+r_f)-B_0, \\ \text{if } B_0 \leqslant wQ_r^{TC}\end{cases} \tag{7.9}$$

进一步可得，制造商双渠道的最优期望利润函数为：

$$E[\pi_m(Q_r^*,\ Q_d^*)]=\begin{cases}(w-c_1)(1+k\theta)\alpha u+[p_d-t-c_1-(p_d-t-s)\theta\varphi(k_2)](1-\alpha)u, \\ \text{if } B_0>wQ_{rN} \\ (w-c_1)\dfrac{B_0}{w}+[p_d-t-c_1-(p_d-t-s)\theta\varphi(k_2)](1-\alpha)u, \\ \text{if } wQ_r^{TC}\leqslant B_0\leqslant wQ_{rN} \\ B_0-c_1(1+k_1\theta)\alpha u+[w(1+k_1\theta)\alpha u-B_0](1+r_f)+ \\ [p_d-t-c_1-(p_d-t-s)\theta\varphi(k_2)](1-\alpha)u, \quad \text{if } B_0<wQ_r^{TC}\end{cases} \tag{7.10}$$

7.4 双渠道制造商在网络渠道为顾客提供提前订货折扣契约情形

本节考虑当制造商发现零售商存在资金不足情况($B_0<wQ_{rN}$)时，制造商由于自身资金约束问题或者为了规避市场金融风险，不为零售商提供贸易信贷契约，而是在自身网络渠道为下游顾客提供提前订货折扣契约，提前吸引部分下游顾客需求转移到其网络渠道上来。当制造商为下游顾客提供提前订货折扣契约时，此契约的采用所引起的固定促销费用为 K，如广告宣传等。设提前订货折扣价格为 xp_d，其中 $x\in(0,\ 1]$，当销售期到来时，产品会被邮寄给下游顾客。由于提前订货可以获得一定的价格折扣，因此零售商渠道和制造商网络渠道的部分顾客会选择提前订货。

参考 Tang(2004)等的研究，设当制造商在网络渠道提供提前订货折扣契约时零售商传统渠道的顾客有 $R_r(x)\in[0,\ 1]$ 的比例会转移到制造商网络渠道来提前订购产品，而原先选择在制造商网络渠道购买产品的顾客有 $R_d(x)\in[0,\ 1]$ 的比例会选择在网络渠道提前订购产品。此时，可得市场中选择在制造商网络渠道提前订货的顾客总需求为 $D_1(x)=R_r(x)D_r+R_d(x)D_d$，而正常销售期到来后制造商网络渠道的需求转化为 $D_2(x)=[1-R_d(x)]D_d$，从而可得，在提前订货折扣契约下，制造商网络渠道总需求从 D_d 增加到 $D'_d(x)=D_1(x)+D_2(x)$，增加的需求量为 $R_r(x)D_r$，实体渠道零售商的需求从 D_r 减少到 $D'_r(x)=[1-R_r(x)]D_r$。

此时，易得：$D_1(x)$和 $D_2(x)$的均值和方差分别转化为 $u_1=[(1-\alpha)R_d(x)+\alpha R_r(x)]u$，$\sigma_1=[(1-\alpha)R_d(x)+\alpha R_r(x)]u\theta$，$u_2=[1-R_d(x)](1-\alpha)u$，$\sigma_2=[1-$

$R_d(x)](1-\alpha)u\theta$；$D'_r(x)$的均值和方差转化为$u'_r=[1-R_r(x)]\alpha u$，$\sigma'_r=[1-R_x(x)]\alpha u\theta$。

当制造商网络渠道为下游顾客提供提前订货折扣契约时，零售商的利润函数转化为：

$$\pi_r(D'_r,\ Q_r)=p_r\min(D'_r,\ Q_r)+s\ (Q_r-D'_r)^+-wQ_r \tag{7.11}$$

当零售商无资金约束时，其最优订货量为：

$$Q_r^{ABD}=u'_r+k\sigma'_r=[1-R_r(x)](1+k\theta)\alpha u \tag{7.12}$$

其中，$k=\Phi^{-1}\left(\frac{p_r-w}{p_r-s}\right)$。

制造商网络渠道为下游顾客提供提前订货折扣契约并吸引部分顾客从零售商实体渠道转移到制造商网络渠道后，实体渠道零售商仍然有可能存在资金约束情况，从而可得其最优订货量为$Q_r^*=\min\left(\frac{B_0}{w},\ Q_r^{ABD}\right)$。

从而可得，零售商的利润函数为：

$$\pi_r(Q_r^*)=\begin{cases}[p_r-w-(p_r-s)\theta\varphi(k)]\alpha u, & \text{if } B_0>wQ_{rN}\\ [p_r-w-(p_r-s)\theta\varphi(k)][1-R_r(x)]\alpha u, & \text{if } wQ_r^{ABD}<B_0\leqslant wQ_{rN}\\ B_0\left(\frac{p_r}{w}-1\right)-(p_r-s)\int_0^{\frac{B_0}{w}}F(D'_r)d(D'_r), & \text{if } B_0\leqslant wQ_r^{ABD}\end{cases} \tag{7.13}$$

制造商网络渠道的利润函数为：

$$\pi_d[D_1(x),\ D_2(x),\ Q_2]=-K+(xp_d-t-c_1)D_1(x)+(p_d-t)\min[D_2(x),\ Q_2]-c_1Q_2+s\ [Q_2-D_2(x)]^+ \tag{7.14}$$

从而可得，正常销售期内制造商网络渠道的订货量为：

$$Q_2^*=u_2+k_2\sigma_2=(1+k_2\theta)[1-R_d(x)](1-\alpha)u \tag{7.15}$$

其中，$k_2=\Phi^{-1}\left(\frac{p_d-t-c_1}{p_d-t-s}\right)$。

从而可得，制造商双渠道的利润函数为：

$$\pi_m(Q_r^*,\ Q_2^*)=\begin{cases}(w-c_1)Q_{rN}+[p_d-t-c_1-(p_d-t-s)\theta\varphi(k_2)](1-\alpha)u, \\ \text{if } B_0>wQ_{rN} \\ (w-c_1)Q_r^{ABD}-K+(xp_d-t-c_1)[(1-\alpha)R_d(x)+\alpha R_r(x)]u+ \\ [p_d-t-c_1-(p_d-t-s)\theta\varphi(k_2)][1-R_d(x)](1-\alpha)u, \\ \text{if } wQ_r^{ABD}\leqslant B_0\leqslant wQ_{rN} \\ (w-c_1)\dfrac{B_0}{w}-K+(xp_d-t-c_1)[(1-\alpha)R_d(x)+\alpha R_r(x)]u+ \\ [p_d-t-c_1-(p_d-t-s)\theta\varphi(k_2)][1-R_d(x)](1-\alpha)u, \\ \text{if } B_0<wQ_r^{ABD}\end{cases} \tag{7.16}$$

参考 Tang (2004) 等的研究，我们采用非确定性指数销售响应函数：$R_d(x)=1-ax^f$，$R_r(x)=1-bx^g$。为了便于计算，令 $f=g=1$。由式(7.16)可得定理7.1。

定理7.1：

（i）当零售商的初始自有资金 $B_0<B'_0$ 时，制造商网络渠道最优提前订货折扣系数为 $x=x^*$。

（ii）当零售商的初始自有资金 $B'_0\leqslant B_0\leqslant B_0^{\#}$ 时，制造商网络渠道最优提前订货折扣系数为 $x=x^m$。

（iii）当零售商的初始自有资金 $B_0>B_0^{\#}$ 时，制造商网络渠道最优提前订货折扣系数为 $x=x^{**}$。

其中，$x^*=\dfrac{[1+(1-\alpha)a]p_d+\alpha b(c_1+t)-(p_d-t-s)(1-\alpha)a\theta\varphi(k_2)}{2p_d[(1-\alpha)a+\alpha b]}$，

$$x^m=\frac{B_0}{bw(1+k\theta)\alpha u},$$

$$x^{**}=\frac{[1+(1-\alpha)a]p_d+\alpha b[k\theta(w-c_1)+w+t]-(p_d-t-s)(1-\alpha)a\theta\varphi(k_2)}{2p_d[(1-\alpha)a+\alpha b]},$$

$$B'_0=\frac{bw(1+k\theta)\alpha u\{[1+(1-\alpha)a]p_d+\alpha b(c_1+t)-(p_d-t-s)(1-\alpha)a\theta\varphi(k_2)\}}{2p_d[(1-\alpha)a+\alpha b]},$$

$$B_0^{\#}=\frac{bw(1+k\theta)\alpha u\{[1+(1-\alpha)a]p_d+\alpha b[k\theta(w-c_1)+w+t]-(p_d-t-s)(1-\alpha)a\theta\varphi(k_2)\}}{2p_d[(1-\alpha)a+\alpha b]}。$$

由定理7.1可得，在零售商不同的初始自有资金水平下，制造商网络渠

道将为下游顾客提供不同的提前订货折扣。随着零售商初始自有资金水平的不断下降（$B_0^{\#} \to B'_0$），制造商网络渠道为下游顾客提供的提前订货折扣系数不断减小（$x^{**} \to x^*$），即折扣优惠越来越大，顾客选择提前订货所得利润越来越高。此时，会有更多的顾客受制造商提前订货折扣契约的吸引而选择在网络渠道提前订货，从而减少零售商实体渠道需求，有效缓解零售商实体渠道订货资金不足的问题，并在更大程度上满足下游顾客的产品需求。

零售商的最优期望利润函数为：

$$E[\pi_r(Q_r^*)] = \begin{cases} [p_r - w - (p_r - s)\theta\varphi(k)]\alpha u, & \text{if } B_0 > wQ_{rN} \\ [p_r - w - (p_r - s)\theta\varphi(k)]bx^{**}\alpha u, & \text{if } B_0^{\#} < B_0 \leqslant wQ_{rN} \\ [p_r - w - (p_r - s)\theta\psi(k)]bx^{m}\alpha u, & \text{if } B'_0 \leqslant B_0 \leqslant B_0^{\#} \\ B_0\left(\dfrac{p_r}{w} - 1\right) - (p_r - s)\displaystyle\int_0^{\frac{B_0}{w}} F(D'_r)d(D'_r), & \text{if } B_0 < B'_0 \end{cases} \tag{7.17}$$

制造商的最优期望利润函数为：

$$E[\pi_m(Q_r^*, Q_2^*)] = \begin{cases} (w-c_1)(1+k\theta)\alpha u+[p_d-t-c_1-(p_d-t-s)\theta\varphi(k_2)](1-\alpha)u, \\ \quad \text{if } B_0>wQ_{rN} \\ (w-c_1)(1+k\theta)bx^{**}\alpha u-K+(x^{**}p_d-t-c_1)[(1-\alpha)(1-ax^{**})+ \\ \quad \alpha(1-bx^{**})]u+[p_d-t-c_1-(p_d-t-s)\theta\varphi(k_2)](1-\alpha)ax^{**}u, \\ \quad \text{if } B_0^{\#}\leqslant B_0\leqslant wQ_{rN} \\ (w-c_1)\dfrac{B_0}{w}-K+(x^m p_d-t-c_1)[(1-\alpha)(1-ax^m)+\alpha(1-bx^m)]u+ \\ \quad [p_d-t-c_1-(p_d-t-s)\theta\varphi(k_2)](1-\alpha)ax^m u, \text{ if } B'_0\leqslant B_0\leqslant B_0^{\#} \\ (w-c_1)\dfrac{B_0}{w}-K+(x^* p_d-t-c_1)[(1-\alpha)(1-ax^*)+\alpha(1-bx^*)]u+ \\ \quad [p_d-t-c_1-(p_d-t-s)\theta\varphi(k_2)](1-\alpha)ax^* u, \text{ if } B_0<B'_0 \end{cases} \tag{7.18}$$

由以上可知，当 $B_0<B'_0$ 时，尽管制造商在其网络直销渠道提供提前订货折扣契约，吸引部分顾客从零售商实体渠道转移到网络渠道上来，缓解了零售商订货资金不足的压力，但此时零售商仍然存在资金约束情况，无法满足

其渠道最优订货量需求。此时，制造商仍然有足够的动机进一步在实体渠道为零售商提供贸易信贷契约，进一步解决零售商订货资金不足问题。我们将进一步讨论当零售商初始自有资金 $B_0<B'_0$ 时，制造商联合采用两种不同契约时，双渠道供应链运作策略和利润的变化。

设零售商的初始资金水平为 B_0，制造商设计贸易信贷合同[L_0^{ABD}，r^{ABD}]给资金约束的零售商。其中，L_0^{ABD} 为制造商提前订货折扣契约下，其进一步为零售商提供的贸易信贷契约规模；r^{ABD}为信贷利率。在联合契约下，制造商为零售商提供的信贷契约规模为 $L_0^{ABD}=wQ_r-B_0$，制造商因提供贸易信贷所得的利润为 $L_1^{ABD}=\min[p_r\min(D'_r, Q_r)+s(Q_r-D'_r)^+; L_0^{ABD}(1+r^{ABD})]$。制造商的贸易信贷利率 r^{ABD}满足：$E(L_1^{ABD})=L_0^{ABD}(1+r_f)$。制造商为零售商提供贸易信贷的利率 r^{ABD} 满足：$\int_0^z[(p_r-s)D'_r+sQ_r]f(D'_r)dD'_r+\int_z^\infty(wQ_r-B_0)(1+r^{ABD})f(D'_r)dD'_r=(wQ_r-B_0)(1+r_f)$。

其中，$z=\dfrac{(wQ_r-B_0)(1+r^{ABD})-sQ_r}{p_r-s}$，$z$ 是制造商能否从融资服务中获取期望利润的市场需求临界点。当零售商渠道需求 $D'_r\geqslant z$ 时，制造商可以通过为零售商提供贸易信贷融资服务获得期望利润；否则，制造商只能收回部分融资投资，即 $\int_0^z[(p_r-s)D'_r+sQ_r]f(D'_r)dD'_r$。

在双契约联合使用情形下，资金约束零售商的利润函数为：

$$\pi_r(D'_r, Q_r)=\underset{Q_r}{\mathrm{Max}}E[p_r\min(D'_r, Q_r)+s(Q_r-D'_r)^+-(wQ_r-B_0)(1+r^{ABD})]^+-B_0 \tag{7.19}$$

零售商的最优订货量为：

$$Q_{rTC}^{ABD}=u'_r+k_1\sigma'_r=(1+k_1\theta)[1-R_r(x^*)]\alpha u \tag{7.20}$$

其中，$k_1=\Phi^{-1}\left(\dfrac{p_r-w(1+r_f)}{p_r-s}\right)$。

性质 7.3：在制造商双契约联合使用情形下，零售商的最优订货量不仅受市场无风险利率 r_f 的影响，也受制造商网络渠道最优提前订货折扣系数 x^* 的影响，但不再受自身初始资金水平 B_0 和制造商信贷利率 r 的影响。

由性质 7.3 可得，在制造商双契约联合使用情形下，零售商的最优订货量受到两种不同契约的综合作用，进而会影响零售商的最优期望利润。

因为$\frac{p_r-w(1+r_f)}{p_r-s}<\frac{p_r-w}{p_r-s}$，由正态分布函数的递增性可知，$Q_{rTC}^{ABD}<Q_r^{ABD}$，在制造商双契约联合使用情形下，易得表7.2。

表7.2 不同初始自有资金规模下零售商最优订货和融资策略

零售商自有资金规模 B_0	零售商融资策略	Q_r^*
$B_0<wQ_{rTC}^{ABD}$	借款	Q_{rTC}^{ABD}
$wQ_{rTC}^{ABD}\leqslant B_0<B'_0$	不借款	B_0/w

由表7.2可得，零售商在不同的资金约束情况下，将采用不同的融资策略。当$B_0<wQ_{rTC}^{ABD}$时，零售商将接受制造商的贸易信贷合同，解决自身资金不足问题，并实现最优订货量$Q_r^*=Q_{rTC}^{ABD}$；否则，零售商资金较充足，不会接受制造商贸易信贷契约，而是根据自有资金和市场需求情况决定最优订货量$Q_r^*=\min\left(\frac{B_0}{w},\ Q_r^{ABD}\right)$。

由上述分析可得，此情形下零售商的最优期望利润函数为：

$$E[\pi_r(Q_r^*)]=\begin{cases}B_0\left(\frac{p_r}{w}-1\right)-(p_r-s)\int_0^{\frac{B_0}{w}}F(D'_r)d(D'_r),\ \text{if } wQ_{rTC}^{ABD}\leqslant B_0<B'_0\\ [p_r-(p_r-s)\theta\varphi(k_1)]bx^*\alpha u-[wbx^*(1+k_1\theta)\alpha u-B_0](1+r_f)-B_0,\\ \quad \text{if } B_0<wQ_{rTC}^{ABD}\end{cases} \tag{7.21}$$

制造商的最优期望利润函数为：

$$E[\pi_m(Q_r^*,\ Q_2^*)]=\begin{cases}(w-c_1)\frac{B_0}{w}-K+(x^*p_d-t-c_1)[(1-\alpha)(1-ax^*)+\alpha(1-\\ bx^*)]u+[p_d-t-c_1-(p_d-t-s)\theta\varphi(k_2)](1-\alpha)ax^*u-\\ c_1(1+k_1\theta)bx^*\alpha u+B_0+[w(1+k_1\theta)bx^*\alpha u-B_0](1+r_f)-\\ K+(x^*p_d-t-c_1),\ \text{if } wQ_{rTC}^{ABD}\leqslant B_0<B'_0\\ [(1-\alpha)(1-ax^*)+\alpha(1-bx^*)]u+[p_d-t-c_1-(p_d-\\ t-s)\theta\varphi(k_2)](1-\alpha)ax^*u,\ \text{if } B_0<wQ_{rTC}^{ABD}\end{cases} \tag{7.22}$$

由式(7.22)可得定理7.2。

定理 7.2：在联合契约模式下，双渠道制造商将采用以下契约策略：

（ⅰ）当零售商的初始自有资金 $wQ_{rTC}^{ABD} \leqslant B_0 < B'_0$ 时，制造商贸易信贷契约对零售商无吸引力，制造商仅在其网络渠道提供提前订货折扣契约。

（ⅱ）当零售商的初始自有资金 $B_0 < wQ_{rTC}^{ABD}$ 时，制造商贸易信贷契约对零售商具有较强吸引力，制造商将同时采用提前订货折扣契约与贸易信贷契约。

由定理 7.2 可得，在联合契约模式下，双渠道制造商契约策略与零售商初始自有资金水平密切相关。当零售商初始自有资金水平 $wQ_{rTC}^{ABD} \leqslant B_0 < B'_0$ 时，即零售商初始自有资金水平不是很低时，制造商网络渠道提前订货折扣契约吸引了较多的零售商实体渠道顾客转移到制造商网络渠道上来，零售商资金约束情况有所缓解，其订货资金变得相对充足，制造商贸易信贷契约对零售商没有吸引力。此时，制造商仅在其网络渠道提供提前订货折扣契约。进一步地，当零售商初始自有资金水平满足 $B_0 < wQ_{rTC}^{ABD}$ 时，即零售商初始自有资金水平很低时，尽管制造商的提前订货折扣契约吸引了较多零售商实体渠道顾客转移到网络渠道上来，但仍然无法有效缓解零售商的资金约束情况，制造商贸易信贷契约对零售商具有较强吸引力。此时，制造商将同时采用提前订货折扣契约与贸易信贷契约。

7.5 数值仿真及分析

零售商初始自有资金的规模和市场波动都会对制造商契约选择策略产生影响，进而影响供应链各主体的利润。例 7.1 将进一步针对不同的契约策略（仅贸易信贷契约、仅提前订货折扣契约、提前订货折扣契约+贸易信贷契约），讨论在不同的市场环境（市场波动较小和较大）下，随着零售商初始自有资金规模的不断变化，供应链各主体的利润变化。

例 7.1：在双渠道供应链中，分别取参数如下：$w=2.5$，$p_r=5$，$s=0.1$，$u=100$，$c_1=1.5$，$\alpha=0.6$，$p_d=4.5$，$t=0.5$，$a=0.95$，$K=0$，$r_f=0.05$。零售商初始资金水平以步长 8 从 50 变化到 250，可得图 7.1 至图 7.6。

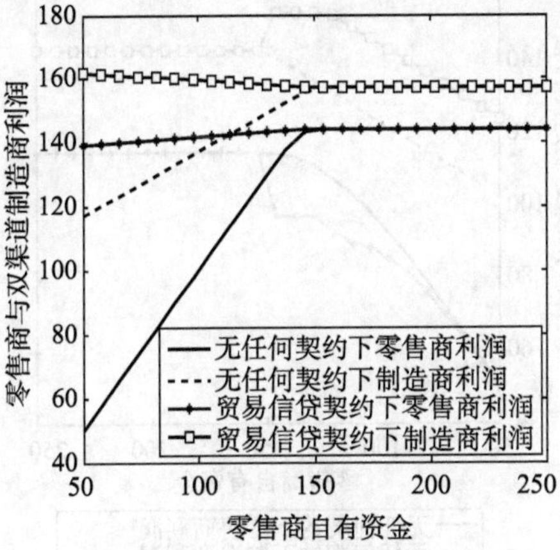

图 7.1　贸易信贷契约下各主体利润(σ=5)

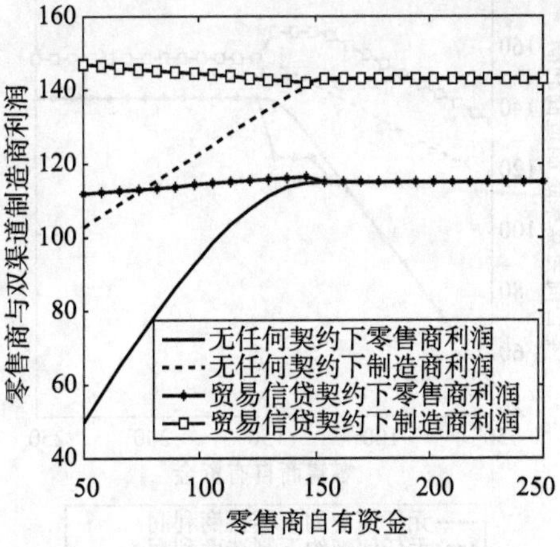

图 7.2　贸易信贷契约下各主体利润(σ=30)

(ⅰ)由图 7.1 和图 7.2 可知，当零售商资金不足而制造商在实体渠道为零售商提供贸易信贷契约时，制造商和零售商的利润均高于无任何契约时各主体的利润，因此贸易信贷契约可以有效解决零售商资金不足的问题，提高制造商和零售商的利润。进一步地，由图 7.1 可知，当市场波动相对较小($\sigma=5$)时，供应链面临的市场需求波动风险和金融信贷风险相对较小，此时在贸易信贷契约下，资金约束零售商的利润随着其初始资金水平的提高而增加，并始终低于其无资金约束时的利润，而制造商的利润会逐渐减少，但始终高于零售商无资金约束时制造商所得的利润，即此时制造商贸易信贷契约不仅缓解了零售商的资金压力，提高了零售商的利润，也使制造商获得了更多的批发收益和信贷利息收益，提高了利润。由图 7.2 可知，当市场波动较大($\sigma=30$)时，供应链面临的市场需求波动风险和金融信贷风险相对较高，此时在贸易信贷契约下，资金约束零售商的利润会随着其初始资金水平的提高而增加，并在一定的资金约束范围内获得高于其无资金约束时的利润，即在一定的情形下，零售商负债经营能获得更高利润，此时市场波动可能带来的销售损失由零售商和制造商共同承担。这也在一定程度上解释了现代市场经济中很多企业会选择甚至一定程度上偏爱负债经营的这种普遍的经济现象。在这种情形下，制造商利润会逐渐减少，且在零售商一定的资金约束范围内，其利润低于零售商无资金约束时制造商所得的利润，此时较高的市场波动水平会增加制造商的贸易信贷契约风险。

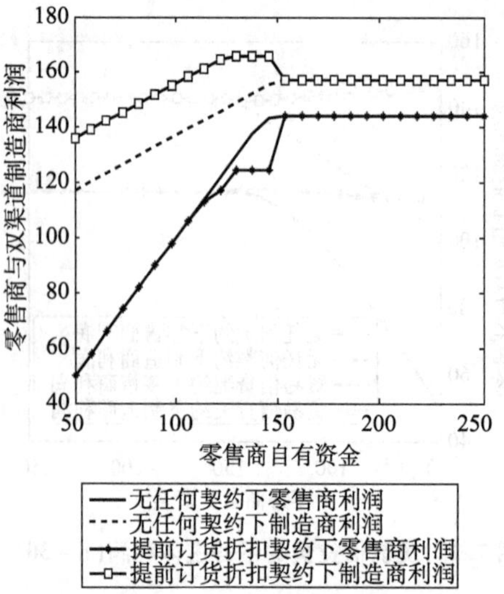

图 7.3　提前订货折扣契约下各主体利润（σ=5）

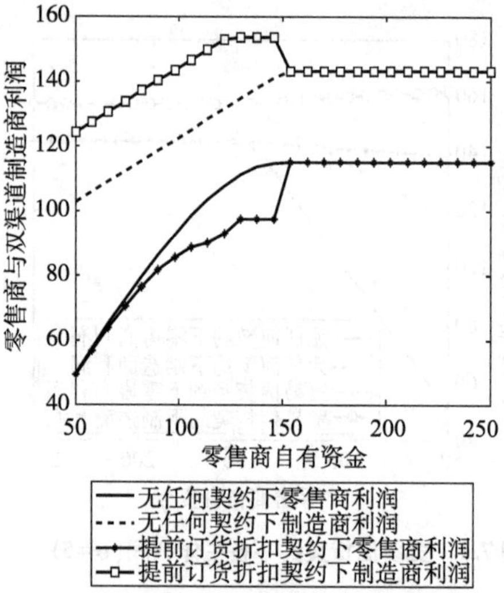

图 7.4　提前订货折扣契约下各主体利润（σ=30）

（ⅱ）由图 7.3 和图 7.4 可知，当零售商资金不足而制造商在其网络渠道提供提前订货折扣契约时，零售商渠道部分需求会转移到制造商网络渠道，制造商的利润始终高于无任何契约时其所得的利润，而零售商的利润始终不高于无任何契约时其所得的利润，因此在零售商资金不足时，制造商网络渠道提前订货折扣契约的采用可以有效增加其渠道需求、提高其利润，但以损害零售商部分利润为代价。进一步可得，无论市场波动较小（$\sigma=5$）还是较大（$\sigma=30$），对制造商来说，当零售商资金约束程度不是很高时，制造商提前订货折扣契约能为自身带来更多利润，可以获得高于零售商无资金约束时其所得的利润。但是，当零售商资金约束程度很高时，制造商利润会低于零售商无资金约束时其所得的利润。

（ⅲ）由图 7.5 和图 7.6 可知，当零售商资金不足而制造商联合采用两种不同契约时，制造商取得的利润始终高于无任何契约时其所得的利润，而零售商在制造商仅提供提前订货折扣契约时取得的利润低于无任何契约时其所得的利润，在制造商进一步提供贸易信贷契约时取得的利润高于无任何契约时其所得的利润，即零售商始终愿意并且希望制造商能选择在实体渠道提供贸易信贷契约而不是在网络渠道提供提前订货折扣契约来满足下游市场需求。进一步可得，无论市场波动较小（$\sigma=5$）还是较大（$\sigma=30$），当制造商联合采用两种不同契约时，制造商利润始终高于零售商无资金约束时其所得的利润，即零售商的资金约束困境对制造商来说并非始终有害，制造商可以通过在双渠道联合采用两种不同契约的方法获得更多的利润，但此时制造商联合契约的采用所得的更多利润是以损害零售商的部分利润为代价的。

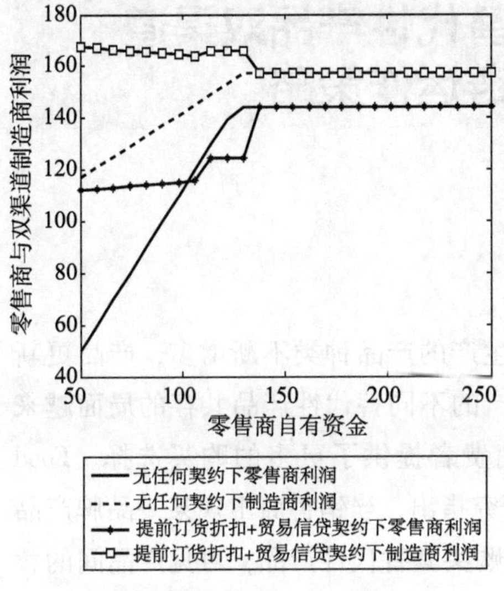

图 7.5　联合契约下各主体利润（σ=5）

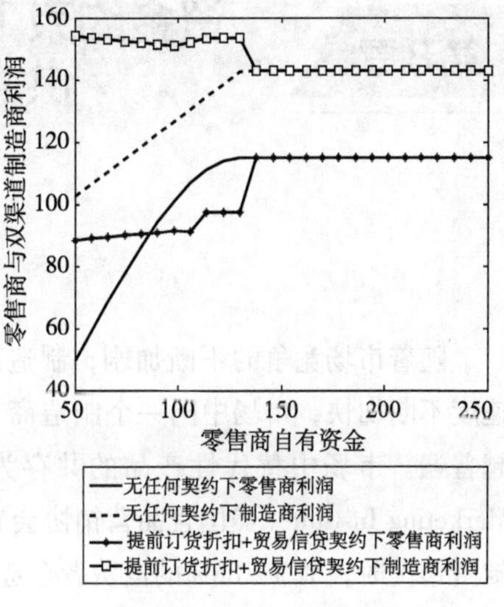

图 7.6　联合契约下各主体利润（σ=30）

7.6　本章小结

本章针对一个双渠道制造商和一个传统零售商组成的供应链系统，研究了当零售商存在资金约束时制造商双渠道贸易信贷契约与提前订货折扣契约的选择策略，并分别得到了在不同的契约选择策略下双渠道供应链各主体的最优渠道需求和利润。研究结果表明：对双渠道制造商来说，无论是在实体渠道为资金约束的零售商提供贸易信贷契约还是在网络渠道为下游顾客提供提前订货折扣契约，都能有效提高其利润；但存在资金约束的零售商始终愿意并且希望制造商能选择在实体渠道提供贸易信贷契约而不是在网络渠道提供提前订货折扣契约来满足下游市场需求，尤其是在市场波动相对较大的情况下。研究结果还表明，零售商的资金约束困境对双渠道制造商来说并非始终有害，制造商可以通过在双渠道联合采用两种不同契约的方法获得更多的利润，但此时制造商联合契约的采用所得的更多利润是以损害零售商的部分利润为代价的。

第8章 资金约束下替代性产品双渠道供应链运作策略

随着市场竞争的不断加剧，制造商生产的产品种类不断增多，产品更新速度不断加快，市场中同一个制造商生产的不同替代性产品共存的局面越来越普遍。市场中替代性产品的共存为消费者提供了更多的购买选择。Food Marketing Institute（美国食品营销协会）研究指出，当销售商出现某一品牌产品缺货情况时，82%~88%的消费者会选择购买其替代性产品，可见产品间的替代性会显著影响销售商的运作决策和利润。随着电子商务的发展，网络消费越来越受到消费者的青睐。在这种时代背景下，许多制造商开始选择双渠道模式销售，即在自身传统的零售商渠道销售模式下，增加网络直销渠道销售。此时，不仅供应链下游的零售商（如国美、苏宁、沃尔玛等）销售制造商生产的一些品牌产品，制造商自身网络直销渠道也销售这些产品的替代性产品，双渠道间不同的替代性产品的竞争也就不可避免。

由于大多数零售企业的规模相对较小、资产抵押不足或者抗风险能力较弱，为了有效解决零售商资金不足及金融机构贷款困难等问题，供应链内部贸易信贷合同作为一项有效的机制衍生出来。在贸易信贷合同下，上游制造商通过允许下游零售商延期支付部分货款来解决零售商订货资金不足的困难。在这种情况下，研究当零售商存在资金约束，而制造商为其提供贸易信贷合同或者延期支付合同时的替代性产品的双渠道供应链运作策略具有更加现实的意义。

本章基于上述背景，针对一个生产两种替代性产品的双渠道制造商与一个存在资金约束的零售商组成的供应链系统，分别研究在一体化模式、分散决策模式下零售商订货资金充足情形，以及分散决策模式下零售商订货资金不足而制造商提供延期支付合同情形下，双渠道供应链的最优运作策略和利润，并详细分析双渠道间的产品替代性对供应链运作策略和利润的影响。

8.1 模型设定

本章针对一个双渠道制造商和一个零售商组成的供应链系统，假设零售商销售上游制造商的产品1，而制造商同时通过自身网络直销渠道销售自身产品2，且产品1与产品2具有替代性，分别研究在一体化模式、分散决策模式下零售商订货资金充足情形，以及分散决策模式下零售商订货资金不足而制造商提供延期支付合同情形下，双渠道供应链的最优运作策略和利润。

参考Jerath(2010)等的研究，我们得到以下需求函数：

零售商实体渠道的需求：$d_r = \frac{1}{1+\beta}a - \frac{p_r}{1-\beta^2} + \frac{\beta}{1-\beta^2}p_m + \theta s_r$ (8.1)

制造商网络渠道的需求：$d_m = \frac{1}{1+\beta}a - \frac{1}{1-\beta^2}p_m + \frac{\beta}{1-\beta^2}p_r - \theta s_r$ (8.2)

其中，d_r和d_m分别为零售商实体渠道产品1和制造商网络渠道产品2的需求；a为市场潜在需求规模；$\beta \in (0, 1)$为产品替代性，$\beta \to 0$表示产品替代性越小，产品差异越大，而$\beta \to 1$表示产品替代性越大，产品越相似，产品间的竞争越激烈；p_r和p_m分别为零售商和制造商各自渠道的产品销售价格；s_r为零售商实体店提供的售前服务水平(销售努力水平)，而制造商网络渠道无法提供售前服务，这也是零售商实体店相对于制造商网络渠道的优势所在；零售商的服务成本为$c_s = \frac{\eta s_r^2}{2}$，其中，$\eta > 0$为服务成本影响因子；$\theta(\theta > 0)$为顾客对零售商实体店售前服务水平的敏感系数；制造商的生产成本为$c = 0$。

由上述描述可得，零售商和制造商的利润函数分别为：

$$\pi_r = (p_r - w)\left(\frac{1}{1+\beta}a - \frac{p_r}{1-\beta^2} + \frac{\beta}{1-\beta^2}p_m + \theta s_r\right) - \frac{\eta s_r^2}{2} \tag{8.3}$$

$$\pi_m = w\left(\frac{1}{1+\beta}a - \frac{p_r}{1-\beta^2} + \frac{\beta}{1-\beta^2}p_m + \theta s_r\right) + p_m\left(\frac{1}{1+\beta}a - \frac{1}{1-\beta^2}p_m + \frac{\beta}{1-\beta^2}p_r - \theta s_r\right) \tag{8.4}$$

其中，π_r为零售商的利润，π_m为制造商双渠道的利润。

我们首先分析当双渠道供应链一体化时，即实体渠道和网络渠道都由制造商控制时，双渠道供应链的最优运作策略。

8.2 一体化模式

在一体化模式下，双渠道供应链总利润函数可转化为：

$$\pi=p_r\left(\frac{1}{1+\beta}a-\frac{p_r}{1-\beta^2}+\frac{\beta}{1-\beta^2}p_m+\theta s_r\right)+p_m\left(\frac{1}{1+\beta}a-\frac{1}{1-\beta^2}p_m+\frac{\beta}{1-\beta^2}p_r-\theta s_r\right)-\frac{\eta s_r^2}{2} \tag{8.5}$$

由式(8.5)可得，供应链总利润函数 π 关于双渠道价格(p_r，p_m)的黑塞矩阵为：

$$H=\begin{bmatrix}-\frac{2}{1-\beta^2} & \frac{2\beta}{1-\beta^2}\\ \frac{2\beta}{1-\beta^2} & -\frac{2}{1-\beta^2}\end{bmatrix}\text{，且 }|H|=\frac{4}{(1-\beta^2)}>0\text{。}$$

进而可得供应链总利润函数 π 是双渠道价格(p_r，p_m)的联合凹函数，从而可得定理 8.1。

定理 8.1：在一体化模式下，双渠道供应链的最优决策为：

$$p_r^0=\frac{a+\theta s_r(1-\beta)}{2}\text{，}p_m^0=\frac{a-\theta s_r(1-\beta)}{2} \tag{8.6}$$

从而可得，供应链双渠道的需求及总利润函数分别为：

$$d_r^0=\frac{a+\theta s_r(1+\beta)}{2(1+\beta)}\text{，}d_m^0=\frac{a-\theta s_r(1+\beta)}{2(1+\beta)}\text{，}\pi^0=\frac{a^2+s_r^2(1+\beta)(\theta^2-\theta^2\beta-\eta)}{2(1+\beta)} \tag{8.7}$$

由定理 8.1 可得性质 8.1 和性质 8.2。

性质 8.1：在一体化模式下，制造商实体渠道价格始终高于网络渠道价格，且随着实体渠道服务水平的提高，双渠道间的价格差也会不断增大。

由性质 8.1 可得，尽管实体渠道可以通过售前服务来增加自身渠道需求，增强实体渠道竞争力，但较高的服务水平也会导致较高的服务成本，从而导致更高的产品销售价格，即“天下没有免费的午餐”。尽管顾客可以在实体渠道享受更多的服务，但是需要通过较高的产品购买价格来支付零售商销售产品时的服务成本支出。

性质 8.2：在一体化模式下，双渠道制造商渠道间的价格差以及实体渠道价格、需求，网络渠道需求和渠道总利润与产品替代性均成反比，网络渠道价格与产品替代性成正比。

由性质8.2可得，在一体化模式下，随着产品替代性的增强，双渠道间的价格差会越来越小，两渠道间的价格会不断逼近，竞争会变得更加激烈(head-to-head competition)，供应链总利润会不断减少。因此，在一体化模式下，当制造商通过双渠道同时销售两种替代性产品时，应该尽可能加大双渠道间产品的差异性，缓解双渠道间的价格竞争，从而获得更多利润。

在实践中，双渠道制造商往往是通过自身网络直销渠道和独立的实体零售商渠道来分销产品，即制造商和零售商是独立的经营者，并进行分散决策。我们进一步考虑当双渠道制造商和零售商独立决策，且零售商无资金约束时，双渠道供应链的最优运作策略。

8.3 无资金约束时的分散决策模式

本节考虑双渠道制造商在供应链中居于核心地位，为Stackelberg领导者，而零售商居于从属地位，为市场跟随者。博弈顺序如下：制造商先确定零售商批发价格和自身网络渠道价格；零售商观察到制造商的策略后，再确定自身的实体渠道价格。采用逆序法，首先考虑当制造商决策给定时零售商的最优决策。

由式(8.3)可得，零售商的利润函数是关于p_r的凹函数，从而可得：

$$p_r^1=\frac{a(1-\beta)+w+\beta p_m+\theta s_r(1-\beta^2)}{2},\quad d_r^1=\frac{a(1-\beta)-w+\beta p_m+\theta s_r(1-\beta^2)}{2(1-\beta^2)} \tag{8.8}$$

将式(8.8)代入式(8.4)并化简，可得制造商的利润函数：

$$\pi_m^1=\frac{p_m[(2-\beta^2)(a-p_m)-a\beta-\theta s_r(1-\beta^2)(2-\beta)]+w[a-\beta a+2\beta p_m+\theta s_r(1-\beta^2)]-w^2}{2(1-\beta^2)} \tag{8.9}$$

由式(8.9)可得，制造商利润函数π_m关于网络渠道价格和批发价(p_m, w)的黑塞矩阵为：

$$H=\begin{bmatrix}-\frac{2-\beta^2}{1-\beta^2} & \frac{\beta}{1-\beta^2}\\ \frac{\beta}{1-\beta^2} & -\frac{1}{1-\beta^2}\end{bmatrix},\quad |H|=\frac{2}{(1-\beta^2)}>0$$

进而易得，制造商利润函数 π_m 是关于网络渠道价格和批发价 (p_m, w) 的联合凹函数，从而可得定理 8.2。

定理 8.2：当零售商无资金约束时，双渠道供应链的最优决策为：

$$p_r^1=\frac{a(3-\beta)+\theta s_r(3+\beta)(1-\beta)}{4},\ p_m^1=\frac{a-\theta s_r(1-\beta)}{2},\ w^1=\frac{a+\theta s_r(1-\beta)}{2} \tag{8.10}$$

从而可得，零售商和制造商的需求和利润函数分别为：

$$\begin{cases} d_r^1=\dfrac{a+\theta s_r(1+\beta)}{4(1+\beta)},\ d_m^1=\dfrac{a(2+\beta)-\theta s_r(2-\beta)(1+\beta)}{4(1+\beta)} \\ \pi_r^1=\dfrac{a^2(1-\beta)+2a\theta s_r(1-\beta^2)-(1+\beta)(\theta^2\beta^2+8\eta-\theta^2)s_r^2}{16(1+\beta)} \\ \pi_m^1=\dfrac{a^2(3+\beta)-2\theta a s_r(1-\beta^2)+\theta^2 s_r^2(1-\beta^2)(3-\beta)}{8(1+\beta)} \end{cases} \tag{8.11}$$

由定理 8.2 可得性质 8.3 和性质 8.4。

性质 8.3：在零售商无资金约束时的分散决策模式下，零售商实体渠道价格始终高于制造商网络渠道价格，且随着服务水平的提高，双渠道间的价格差会不断增大。

由性质 8.3 可得，在零售商无资金约束时的分散决策情形下，零售商实体渠道价格与制造商网络渠道价格的关系与一体化模式下制造商双渠道间的价格关系一致，这里不再赘述。

性质 8.4：

（ⅰ）双渠道间的产品价格差，实体渠道的价格、需求，产品批发价格，以及零售商实体渠道利润关于产品替代性均成反比，网络渠道定价关于产品替代性成正比。

（ⅱ）当市场潜在需求规模相对较大（$a>4s_r\theta$）时，随着产品替代性的增强，网络渠道需求不断下降；否则，网络渠道需求先下降后上升。

由性质 8.4（ⅰ）可知，在分散决策模式下，随着产品替代性的增强，双渠道间的价格差会越来越小，两渠道间的价格会不断逼近，竞争会变得更加激烈（head-to-head competition），零售商利润会不断下降。对零售商来说，他们更愿意销售与制造商网络渠道具有较大差异性的产品。同时，随着产品替代性的增强，零售商渠道价格和需求不断下降，利润减少，此时制造商会为零售商提供较低的产品批发价格以弥补因产品替代性增强给零售商带来的损失。由性质8.4(ⅱ)可知，制造商网络渠道需求并非始终随着产品替代性的增强而减少，当市场潜在需求规模相对较小时，在一定条件下，随着产品替代性的增强，网络渠道需求增大，此时双渠道销售的产品越来越相似，制造商网络直销渠道的低价优势对顾客的影响会更加突出，转移到网络渠道购买产品的顾客会越来越多，最终导致网络渠道需求的逐渐增大。

在现实中，零售商往往存在资金不足等问题，但因自身规模较小、抗风险能力较弱等，往往很难从供应链外部的金融机构获得贷款融资服务，此时供应链中的核心制造商有较强的动机为其提供延期支付合同，从而保证零售商的正常订货。下面我们进一步探讨当零售商资金不足且制造商提供延期支付合同时，双渠道供应链的最优运作策略。

8.4 资金约束下的延期支付模式

本节考虑当零售商初始资金不足以满足自身订货需求时，零售商先用全部初始资金 B_0 以批发价格 w 订购部分产品，可得订购量为 B_0/w，剩余所需产品 d_r-B_0/w 将采用延期支付的形式购买。考虑到资金的时间价值，在零售商需求完全满足后，制造商要求零售商再以新的批发价格 $w_0=we^{kM}(k>0,\ M\geqslant 0)$ 付款给制造商，其中，M 为零售商的延期支付时间长度，k 为延期支付时间长度敏感系数，新的批发价格是零售商延期支付时间长度的增函数，零售商延期支付的时间越长，其付给制造商新的批发价格越高。

资金约束下零售商和双渠道制造商的利润函数分别为：

$$\pi_r=\frac{(p_r-w)B_0}{w}+(p_r-we^{kM})\left(\frac{1}{1+\beta}a-\frac{p_r}{1-\beta^2}+\frac{\beta}{1-\beta^2}p_m+\theta s_r-\frac{B_0}{w}\right)-\frac{\eta s_r^2}{2} \tag{8.12}$$

$$\pi_m=B_0+we^{kM}\left(\frac{1}{1+\beta}a-\frac{p_r}{1-\beta^2}+\frac{\beta}{1-\beta^2}p_m+\theta s_r-\frac{B_0}{w}\right)+p_m\left(\frac{1}{1+\beta}a-\frac{1}{1-\beta^2}p_m+\frac{\beta}{1-\beta^2}p_r-\theta s_r\right) \tag{8.13}$$

采用逆序法，首先考虑当制造商决策给定时零售商的最优决策。

由式(8.12)可得，资金约束下零售商的利润函数是关于 p_r 的凹函数，从而可得：

$$p_r^2=\frac{a(1-\beta)+s_r\theta(1-\beta^2)+\beta p_m+we^{kM}}{2},\quad d_r^2=\frac{a(1-\beta)+s_r\theta(1-\beta^2)+\beta p_m-we^{kM}}{2(1-\beta^2)} \tag{8.14}$$

将式(8.14)代入式(8.13)并化简，可得制造商的利润函数：

$$\pi_m^2=\frac{a(1-\beta)(\beta p_m+we^{kM}+2p_m)-w^2e^{2kM}+we^{kM}(2\beta p_m+s_r\theta-s_r\theta\beta^2)-p_m\theta s_r(1-\beta^2)(2-\beta)}{2(1-\beta^2)}-\frac{(2-\beta^2)p_m^2+2B_0(1-\beta^2)(e^{kM}-1)}{2(1-\beta^2)} \tag{8.15}$$

由式(8.15)可得，制造商的利润函数 π_m 关于网络渠道价格和批发价 $(p_m,\ w)$ 的黑塞矩阵为：

$$H=\begin{bmatrix}-\frac{2-\beta^2}{1-\beta^2} & \frac{\beta e^{kM}}{1-\beta^2}\\ \frac{\beta e^{kM}}{1-\beta^2} & \frac{-e^{2kM}}{1-\beta^2}\end{bmatrix},\quad |H|=\frac{2e^{2kM}}{1-\beta^2}>0$$

进而可得，制造商的利润函数 π_m 是关于网络渠道价格和批发价 $(p_m,\ w)$ 的联合凹函数，从而可得定理8.3。

定理8.3：在延期支付模式下，双渠道供应链的最优决策为：

$$\begin{cases}p_r^2=\frac{a(3-\beta)+s_r\theta(1-\beta)(3+\beta)}{4},\quad p_m^2=\frac{a-s_r\theta(1-\beta)}{2}\\ w^2=\frac{a+s_r\theta(1-\beta)}{2e^{kM}},\quad w_0^2=\frac{a+s_r\theta(1-\beta)}{2}\end{cases} \tag{8.16}$$

从而易得，零售商和制造商的需求和利润函数分别为：

$$\begin{cases}d_r^2=\frac{a+s_r\theta(1+\beta)}{4(1+\beta)},\quad d_m^2=\frac{a(2+\beta)-s_r\theta(1+\beta)(2-\beta)}{4(1+\beta)}\\ \pi_r^2=\frac{(1+\beta)(\theta^2-\theta^2\beta^2-8\eta)s_r^2+2\theta as_r(1-\beta^2)+a^2(1-\beta)+16B_0(1+\beta)(e^{kM}-1)}{16(1+\beta)}\\ \pi_m^2=\frac{(3-\beta)(1-\beta^2)\theta^2s_r^2-2\theta as_r(1-\beta^2)+a^2(3+\beta)-8B_0(1+\beta)(e^{kM}-1)}{8(1+\beta)}\end{cases} \tag{8.17}$$

由定理8.3可得性质8.5和性质8.6。

性质8.5：在延期支付模式下，零售商实体渠道价格始终高于制造商网络渠道价格，且随着服务水平的提高，双渠道间的价格差会不断增大。

性质8.6：

（i）双渠道间的产品价格差，实体渠道价格、需求，产品批发价格，以及零售商实体渠道利润关于产品替代性均成反比，网络渠道定价关于产品替代性成正比。

（ⅱ）当市场潜在需求规模相对较大（$a>4s,\theta$）时，随着产品替代性的增大，网络渠道需求会不断下降；否则，网络渠道需求会先下降后上升。

由性质8.5和性质8.6可得，在延期支付模式下，双渠道供应链各主体运作策略间的关系以及与产品替代性之间的关系与零售商不存在资金约束情形下是相似的，这里不再赘述。

我们进一步对比分析在供应链一体化模式和分散决策模式下零售商无资金约束和存在资金约束且制造商提供延期支付合同时双渠道供应链各主体运作策略、需求和利润间的关系，可得结论8.1。

结论8.1：

（ⅰ）$p_r^0<p_r^1=p_r^2$，$p_m^0=p_m^1=p_m^2$，$w^1=w_0^2>w^2$；

（ⅱ）$d_r^0>d_r^1=d_r^2$，$d_m^0<d_m^1=d_m^2$，$d_r^0+d_m^0>d_r^1+d_m^1=d_r^2+d_m^2$；

（ⅲ）$\pi_r^1<\pi_r^2$，$\pi_m^1>\pi_m^2$，$\pi_r^1+\pi_m^1=\pi_r^2+\pi_m^2<\pi^0$。

由结论8.1可得，在分散决策模式下，当零售商存在资金约束且制造商为零售商提供延期支付合同时，零售商用初始资金订货的产品批发价格降低，而延期支付的产品批发价格与零售商没有资金约束时的批发价格一致，即对资金约束的零售商来说，制造商通过延期支付合同，在批发价格上给予零售商部分优惠，从而有效刺激了零售商的订货动机。此时，供应链中双渠道的产品销售价格与需求均不受零售商资金约束的影响，与零售商资金充足时的情形相同，且此时双渠道供应链总利润达到了零售商无资金约束时供应链的总利润。因此，当零售商存在资金约束时，制造商延期支付合同的设计可以有效协调双渠道供应链，使双渠道最优产品售价不再受零售商资金约束的影响。但是，这种协调效应对制造商来说是有代价的，制造商利润会低于零售商资金充足情形下的利润，而零售商的利润却高于其资金充足时的利润，即当供应链中制造商愿意提供延期支付合同时，一定的负债水平（延期支付）会有效增加零售商的利润。这也在一定程度上解释了现代市场经济中，很多企业会选择甚至一定程度上偏爱负债经营这种普遍的经济现象。

我们发现，当制造商双渠道一体化时，市场总需求和供应链总利润达到最大，即一体化模式下供应链实现最优协调。因此，对制造商来说，当其通过双渠道同时销售产品时，如果能实现双渠道一体化并进行联合决策，其利润能够达到最大。例如，制造商可以通过培育自己的实体零售团队，创建自己的实体零售店进行销售，从而实现传统实体渠道和网络直销渠道一体化，或者与零售商签订利润共享契约，实现双渠道一体化决策，先将整个“蛋糕”做大，之后再对做大后的“蛋糕”进行二次分配，保证制造商和零售商均能获得高于分散决策时的利润。

8.5 数值仿真及分析

例 8.1：在分散决策模式下，制造商利润函数关于产品替代性的表达式非常复杂，难以直接得出其与产品替代性间的关系。下面我们分别探讨零售商无资金约束和零售商存在资金约束且制造商提供延期支付合同情形下双渠道制造商与零售商的利润与产品替代性之间的关系。具体模型参数设置如下：$a=50, \theta=0.4$，$s=3$，$\eta=0.2$，$M=1$，$k=0.5$，零售商初始资金 B_0 分别为 $B_0=400$(资金充足)和 $B_0=200$(资金不足)。

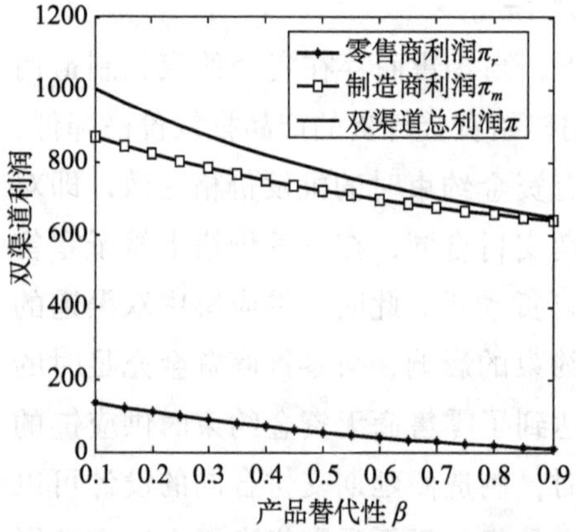

图 8.1　零售商无资金约束情形($B_0=400$)

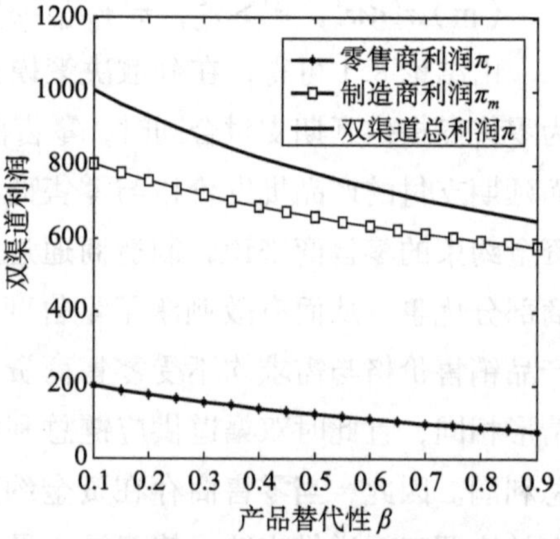

图 8.2　零售商存在资金约束情形($B_0=200$)

由图 8.1 和图 8.2 可知，在零售商无资金约束和存在资金约束且制造商提供延期支付合同情形下，零售商、制造商和供应链的总利润均随着产品替代性的增加而减少，即产品替代性越强，各主体利润及供应链总利润均越低，因而制造商应尽可能增大两替代性产品间的差异，缓解渠道间的产品竞争和冲突，从而提高供应链各主体利润以及供应链的总利润。进一步地，通过例 8.1 我们可以看出，零售商存在资金约束而制造商提供延期支付合同情形下，零售商的利润高于其无资金约束时的情形，制造商的利润低于零售商无资金约束时的利润，而双渠道供应链总利润没有变化。可见，制造商延期支付合同有效协调了双渠道供应链，但制造商需要付出一定的代价(利润下降)，这也进一步验证了结论 8.1。

例 8.2：零售商实体店与制造商网络直销渠道相比，产品批发成本较高，产品销售价格不具有优势，但零售商实体店却拥有依靠实体店提供售前服务的优势，可通过提高实体店的服务水平来增加顾客需求，吸引更多的顾客转移到实体店购买，而制造商网络渠道无法提供实体店所提供的售前服务，从而在服务上不具有竞争优势。我们进一步讨论零售商服务水平对双渠道供应链各主体和总利润的影响。具体模型参数设置如下：$a=50$，$\theta=2$，$\beta=0.3$，$\eta=1.2$，$M=1$，$k=0.2$，零售商初始资金 B_0 分别为 $B_0=1000$（资金充足）和 $B_0=200$（资金不足）。

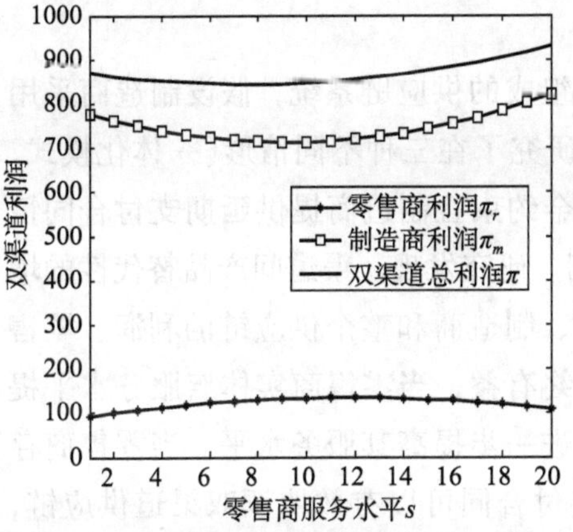

图 8.3　零售商无资金约束情形（B_0=1000）

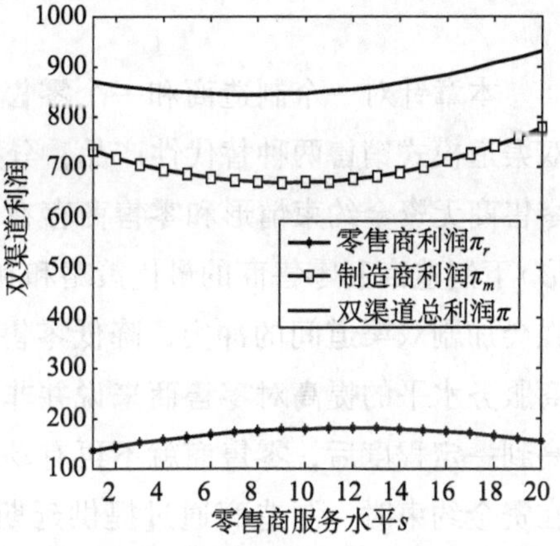

图 8.4　零售商存在资金约束情形（B_0=200）

由图 8.3 和图 8.4 可知，随着零售商服务水平的提高，其利润先增加后减少，即零售商可以将提高服务水平作为与制造商竞争的有效手段，通过有效提升自身渠道需求而增加利润，但随着零售商服务水平的不断提高，零售商的服务成本以二次方的形式增加$\left(c_s=\frac{\eta s_r^2}{2}\right)$，最终导致零售商服务水平提高带来需求的增加以及销售利润的提高被更高的服务成本带来的利润的减少效应抵消，此时零售商的利润会逐渐下降。因此，零售商服务水平的提高对零售商来说并非始终有益，当零售商实体店服务水平提高到一定程度时，零售商就不再有动机进一步提高其服务水平。这也正好印证了现实中我们观察到的，尽管零售商有通过提高实体店服务水平来增加利润的动机，但实体店的服务水平也不会无限制地提高。

对制造商和整个供应链来说，其利润随着零售商服务水平的提高先减少后增加。因此，零售商实体店提供相对较低水平的服务能为零售商带来相对较高的竞争优势，制造商网络直销渠道的低成本优势减弱，其利润会逐渐减少。随着零售商服务水平的进一步提高，零售商实体渠道需求不断增加，制造商从零售商处获得的批发收益不断增加，最终导致制造商双渠道和供应链总利润的逐渐增加，即对双渠道制造商和整个供应链来说，零售商实体店服务水平的提高并非始终有害，在一定条件下，零售商实体店服务水平的提高能为双渠道制造商和整个供应链系统带来更多的利润。

8.6 本章小结

本章针对一个制造商和一个零售商组成的供应链系统，假设制造商采用双渠道模式销售两种替代性产品，分别研究了在三种不同情形(一体化模式、零售商无资金约束情形和零售商存在资金约束且制造商提供延期支付合同情形)下制造商和零售商的最优策略和利润。研究发现，渠道间产品替代性的增强会加剧双渠道间的冲突，降低零售商、制造商和整个供应链的利润。零售商服务水平的提高对零售商来说并非始终有益，当零售商实体店服务水平提高到一定程度后，零售商就不再有动机进一步提高其服务水平。当零售商存在资金约束时，制造商通过提供延期支付合同可以有效协调双渠道供应链，但是，这种协调效应对制造商来说是有代价的——制造商的利润会低于零售商资金充足情形下的利润。

第9章 资金约束下生产规模不经济的双渠道供应链运作策略

进入21世纪，随着电子商务技术的快速发展，人们的生活和消费方式发生了巨大改变，网络消费越来越受到消费者的青睐。与此同时，企业渠道销售模式也发生了巨大的变革，越来越多的制造商开始选择双渠道销售模式来分销产品，即不仅通过实体零售商渠道销售，也通过自身网络直销渠道销售，如IBM、惠普、三星、索尼等。当供应链中制造商采用双渠道模式分销产品时，不仅存在上下游企业间的纵向合作，也存在不同渠道间的横向竞争问题，供应链中双渠道的运作和协调管理会变得更加复杂、更具挑战性。

生产规模不经济是大多数企业面临的现实问题，例如，宝洁、康佳、长虹、海信等企业均出现过由于没有采取最佳的生产规模和相应的运作协调策略而导致平均成本上升以及销售额严重下滑的情况。与此同时，资金不足问题也往往是很多企业特别是中小零售企业面临的现实困境。在供应链中，零售商资金不足导致其无法向上游制造商订购足够的产品来满足下游顾客的需求，从而不仅会影响其销售利润，也会减少上游制造商的产品批发收益，对整个供应链产生消极影响。解决零售商资金不足的问题，目前实践中有两种较为常用的方法：①制造商允许资金不足零售商的部分产品货款推迟支付，但是对推迟支付的产品设定较高的批发价格；②零售商向银行或者其他金融机构进行贷款融资，从而满足其订货所需的全部资金。因此，研究制造商生产规模不经济情形下带有资金约束零售商的双渠道供应链融资策略问题具有更加现实的意义。

本章基于上述研究背景，针对一个规模不经济的双渠道制造商与一个带有资金约束的零售商组成的供应链，研究在两种不同的融资模式(延期支付模式与金融机构借贷模式)下，双渠道供应链各主体的最优运作策略和利润，并进一步分析制造商规模不经济对供应链各主体运作策略和利润的影响，以及在不同市场环境下零售商对两种不同融资模式的选择偏好。

9.1 模型设定

本章考虑了一个双渠道制造商和一个零售商组成的供应链系统，假设制造商只生产一种产品且具有生产规模不经济的特性，并通过双渠道(自身网络直销渠道和零售商渠道)销售产品，下游零售商可能存在资金约束的情形。当零售商资金不足时，可以通过两种方法来解决：①与制造商签订延期支付合同。订货时，零售商以批发价 w 支付部分现金(零售商初始资金量 B_0)，剩余货款在销售期结束后再支付给制造商，制造商根据零售商延期支付的时间长度(销售期长度)对延期支付的产品重新设定批发价格 $w_1=we^{kM}$，新的批发价格与零售商销售期长度 M 成正比，k 为延期支付时间长度敏感系数。②向供应链外部金融机构借贷支付。零售商向金融机构借贷支付所缺货款，销售实现后再归还金融机构贷款本息。

为了方便比较，首先给出当零售商不存在资金约束($d_r \leqslant B_0/w$)时，双渠道供应链各主体的最优决策和利润。本章考虑在双渠道供应链中，制造商处于核心地位，属于供应链领导者，与零售商进行 Stackelberg 博弈。制造商首先确定给予零售商的产品批发价以及自身网络渠道的产品零售价，然后零售商根据制造商给定的批发价以及网络零售价确定自身渠道的产品销售价格。

参考 Mukhopadhyay(2008)和 Yan(2010)等的研究，可得以下需求函数：

零售商实体渠道的需求：$d_r=sa-p_r+\theta_1 p_m$ (9.1)

制造商网络渠道的需求：$d_m=(1-s)a-p_m+\theta_2 p_r$ (9.2)

其中，a 为市场潜在需求规模，s 为零售商渠道占有的市场需求比例，剩下的 $1-s$ 为制造商网络渠道占有的市场需求比例，p_r 和 p_m 分别为零售商和制造商各自渠道的产品销售价格，$\theta_i<1$(i=1，2)表示由于对方渠道价格变动所引起的消费者转移程度。本章考虑双渠道制造商具有生产规模不经济性，规模不经济可以看作在一定生产水平下每增加一单位的产出，需要投入更多的生产成本，具体体现在生产商的生产成本函数上的非线性结构，即制造商生产成本为 $c=\frac{1}{2}bd^2$。其中，c 为制造商的总生产成本；b 为生产规模不经济的弹性系数，它的大小反映了生产不经济的程度；d 为制造商生产产品的总数量。

为了计算方便，参考 Mukhopadhyay(2008)和 Yan(2010)的研究，令$\theta_1=\theta_2=\theta$。

零售商的利润函数为：

$$\pi_r=(p_r-w)(sa-p_r+\theta p_m) \tag{9.3}$$

双渠道制造商的利润函数为：

$$\pi_m=w(sa-p_r+\theta p_m)+p_m[(1-s)a-p_m+\theta p_r]-\frac{b(d_r+d_m)^2}{2} \tag{9.4}$$

制造商是 Stackelberg 领导者。采用逆序法，首先考虑当制造商决策给定时零售商的最优决策。

由式(9.3)可得，零售商利润函数是关于p_r的凹函数，从而可得：

$$p_r^1=\frac{sa+\theta p_m+we^{kM}}{2} \tag{9.5}$$

将式(9.5)代入式(9.4)，可得制造商的利润函数：

$$\pi_m=w\left(\frac{sa-\theta p_m-w}{2}+\theta p_m\right)+p_m\left[(1-s)a-p_m+\frac{\theta(sa+\theta p_m+w)}{2}\right]-\frac{b[a-(1-\theta)(p_r+p_m)]^2}{2} \tag{9.6}$$

由式(9.6)可得，制造商利润函数(π_m)关于(p_m，w)的黑塞矩阵是负定的，即$E(\pi_m)$是关于(p_m，w)的联合凹函数，从而可得定理9.1。

定理9.1：当零售商初始资金充足时，双渠道供应链各主体的最优决策分别为：

$$\begin{cases}p_r^0=\dfrac{a[2s(1-\theta)(3+2b+\theta-b\theta-b\theta^2)+b+4\theta+4b\theta-3b\theta^2-2b\theta^3]}{2(1-\theta^2)(4+3b-2b\theta-b\theta^2)}\\ p_m^0=\dfrac{a[s(4\theta-4b+6b\theta-2b\theta^3-4)+4+5b-2b\theta-3b\theta^2]}{2(1-\theta^2)(4+3b-2b\theta-b\theta^2)}\\ w^0=\dfrac{a[s(4+2b+2b\theta^2-4\theta-4b\theta)+2b+4\theta+3b\theta-4b\theta^2-b\theta^3]}{2(1-\theta^2)(4+3b-2b\theta-b\theta^2)}\end{cases} \tag{9.7}$$

从而可得，零售商和制造商的需求和利润函数分别为：

$$\begin{cases}d_r^0=\dfrac{a(2s-b+b\theta+2bs-2b\theta s)}{2(4+3b-2b\theta-b\theta^2)},\quad d_m^0=\dfrac{a(4+b+2\theta s+2b\theta s-4s-b\theta-2bs)}{2(4+3b-2b\theta-b\theta^2)}\\ \pi_r^0=\dfrac{a^2(2s-b+b\theta+2bs-2b\theta s)^2}{4(4+3b-2b\theta-b\theta^2)^2}\\ \pi_m^0=\dfrac{2a^2[2s^2(1-\theta)(3+2b-\theta-2b\theta)-4s(1-\theta)(2+b-b\theta)+4+b+b\theta^2-2b\theta]}{8(1-\theta^2)(4+3b-2b\theta-b\theta^2)}\end{cases} \tag{9.8}$$

我们进一步分析无资金约束情形下，制造商生产规模不经济系数 b 对供应链各主体运作策略、需求和利润的影响，从而可得性质 9.1。

性质 9.1：

（ⅰ）$\frac{\partial p_r^0}{\partial b}>0$，$\frac{\partial p_m^0}{\partial b}>0$，$\frac{\partial w^0}{\partial b}>0$；

（ⅱ）$\frac{\partial d_r^0}{\partial b}<0$，$\frac{\partial d_m^0}{\partial b}<0$，$\frac{\partial (d_r^0+d_m^0)}{\partial b}<0$；

（ⅲ）$\frac{\partial \pi_r^0}{\partial b}<0$，$\frac{\partial \pi_m^0}{\partial b}<0$，$\frac{\partial (\pi_r^0+\pi_m^0)}{\partial b}<0$。

由性质 9.1 可得，当零售商资金充足时，其最优产品定价与制造商生产规模不经济系数成正比，需求和利润与制造商生产规模不经济系数成反比，即随着制造商生产规模不经济系数的增加，制造商生产成本增大，制造商会提高其产品批发价格来弥补其生产成本增加带来的损失，从而导致零售商批发产品成本增加，其渠道销售价格提高，制造商网络渠道价格也随之提高，最终导致双渠道需求下降。尽管双渠道产品销售价格提高，单位产品销售净利润增加，但产品销售价格提升导致利润增加的正效应被需求下降导致利润减少的负效应抵消，最终双渠道利润会不断下降。因此，现实中制造商应该通过各种方法，如优化生产技术、提高生产管理水平等，尽可能地降低生产规模不经济系数，以获得更多利润。

在生产实践中，很多零售商往往存在订货资金不足的问题，下面我们进一步探讨当制造商存在生产规模不经济且零售商面临资金约束时，在两种不同的融资模式下，双渠道供应链各主体的最优运作策略和利润。

9.2 延期支付模式

本节考虑当零售商初始资金 B_0 不足以满足自身订货需求（$d_r>B_0/w$）时，零售商先用全部初始资金 B_0 以批发价格 w 在制造商处批发部分产品，可得订购量为 B_0/w，而剩余所需产品数量 d_r-B_0/w 将采用延期支付的形式购买。考虑到资金的时间价值，当零售商需求完全实现后，制造商要求零售商再以新的批发价格 $w_1=we^{kM}$（$k>0$，$M\geqslant 0$）付款给制造商，其中，M 是零售商的延期支付时间长度，k 为延期支付时间长度敏感系数，新的批发价格是零售商延期支付时间长度的增函数，零售商延期支付的时间越长，其付给制造商新的批发价格越高。

零售商和制造商的利润函数分别为：

$$\pi_r=\frac{(p_r-w)B_0}{w}+(p_r-we^{kM})\left(sa-p_r+\theta p_m-\frac{B_0}{w}\right) \tag{9.9}$$

$$\pi_m=B_0+we^{kM}\left(sa-p_r+\theta p_m-\frac{B_0}{w}\right)+p_m[(1-s)a-p_m+\theta p_r]-\frac{b(d_r+d_m)^2}{2} \tag{9.10}$$

与零售商无资金约束情形下的计算方法相似，采用逆序法，首先考虑当制造商决策给定时零售商的最优决策。

由式(9.9)可得，零售商利润函数是关于 p_r 的凹函数，从而可得：

$$p_r^1=\frac{sa+\theta p_m+we^{kM}}{2} \tag{9.11}$$

将式(9.11)代入式(9.10)可得，制造商的利润函数为：

$$\pi_m=B_0+we^{kM}\left(\frac{sa-\theta p_m-we^{kM}}{2}+\theta p_m-\frac{B_0}{w}\right)+p_m\left[(1-s)a-p_m+\frac{\theta(sa+\theta p_m+we^{kM})}{2}\right]-\frac{b[a-(1-\theta)(p_r+p_m)]^2}{2} \tag{9.12}$$

由式(9.12)可得，制造商的利润函数 π_m 关于 $(p_m,\ w)$ 的黑塞矩阵是负定的，即 π_m 是关于 $(p_m,\ w)$ 的联合凹函数，从而可得定理9.2。

定理9.2：在延期支付模式下，双渠道供应链各主体的最优决策分别为：

$$\begin{cases}p_r^1=\dfrac{a[2s(1-\theta)(3+2b+\theta-b\theta-b\theta^2)+b+4\theta+4b\theta-3b\theta^2-2b\theta^3]}{2(1-\theta^2)(4+3b-2b\theta-b\theta^2)}\\ p_m^1=\dfrac{a[s(4\theta-4b+6b\theta-2b\theta^3-4)+4+5b-2b\theta-3b\theta^2]}{2(1-\theta^2)(4+3b-2b\theta-b\theta^2)}\\ w^1=\dfrac{a[s(4+2b+2b\theta^2-4\theta-4b\theta)+2b+4\theta+3b\theta-4b\theta^2-b\theta^3]}{2e^{kM}(1-\theta^2)(4+3b-2b\theta-b\theta^2)}\\ w_1^1=\dfrac{a[s(4+2b+2b\theta^2-4\theta-4b\theta)+2b+4\theta+3b\theta-4b\theta^2-b\theta^3]}{2(1-\theta^2)(4+3b-2b\theta-b\theta^2)}\end{cases} \tag{9.13}$$

从而可得，制造商和零售商的需求和利润函数分别为：

$$\begin{cases} d_r^1=\dfrac{a(2s-b+b\theta+2bs-2b\theta s)}{2(4+3b-2b\theta-b\theta^2)} \\ d_m^1=\dfrac{a(4+b+2\theta s+2b\theta s-4s-b\theta-2bs)}{2(4+3b-2b\theta-b\theta^2)} \\ \pi_r^1=\dfrac{4a^2s(1+b-b\theta)(s+sb-sb\theta-b+b\theta)+4B_0b^2\theta^3(e^{kM}-1)(\theta+4)-\theta^2[8B_0b(e^{kM}-1)(4+b)-a^2b^2]}{4(4+3b-2b\theta-b\theta^2)^2}+ \\ \quad\dfrac{4B_0(e^{kM}-1)(4+3b)^2+a^2b^2-\theta[16B_0b(e^{kM}-1)(4+3b)+2a^2b^2]}{4(4+3b-2b\theta-b\theta^2)^2} \\ \pi_m^1=\dfrac{2a^2s^2(1-\theta)(3+2b-\theta-2b\theta)-4a^2s(1-\theta)(2+b-b\theta)-4B_0b\theta^3(e^{kM}-1)(\theta+2)+[8B_0b(e^{kM}-1)-2a^2b]\theta}{4(1-\theta^2)(4+3b-2b\theta-b\theta^2)}+ \\ \quad\dfrac{\theta^2[16B_0(e^{kM}-1)(1+b)+ba^2]-4B_0(e^{kM}-1)(4+3b)+a^2(b+4)}{4(1-\theta^2)(4+3b-2b\theta-b\theta^2)} \end{cases} \tag{9.14}$$

我们进一步分析零售商存在资金约束，且制造商提供延期支付合同时，制造商生产规模不经济系数对供应链各主体运作策略、需求和利润的影响，从而可得性质 9. 2。

性质 9. 2：

（ⅰ）$\dfrac{\partial p_r^1}{\partial b}>0$，$\dfrac{\partial p_m^1}{\partial b}>0$，$\dfrac{\partial w_1^1}{\partial b}>\dfrac{\partial w^1}{\partial b}>0$；

（ⅱ）$\dfrac{\partial d_r^1}{\partial b}<0$，$\dfrac{\partial d_m^1}{\partial b}<0$，$\dfrac{\partial(d_r^1+d_m^1)}{\partial b}<0$；

（ⅲ）$\dfrac{\partial \pi_r^1}{\partial b}<0$，$\dfrac{\partial \pi_m^1}{\partial b}<0$，$\dfrac{\partial(\pi_r^1+\pi_m^1)}{\partial b}<0$。

由性质 9. 2 可得，当零售商存在资金约束，且制造商为其提供延期支付合同时，制造商生产规模不经济系数对供应链各主体运作策略、需求和利润的影响与零售商无资金约束情形下一致，这里不再赘述。

对比零售商无资金约束情形与资金约束下延期支付情形，可得结论 9. 1。

结论 9. 1：

（ⅰ）$w^1\leqslant w_1^1=w^0$，$p_r^0=p_r^1$，$p_m^0=p_m^1$；

（ⅱ）$d_r^0=d_r^1$，$d_m^0=d_m^1$；

（ⅲ）$\pi_r^0\leqslant\pi_r^1$，$\pi_m^0\geqslant\pi_m^1$，$\pi_r^0+\pi_m^0=\pi_r^1+\pi_m^1$。

由结论 9. 1 可知，当零售商存在资金约束时，制造商为零售商提供延期支付合同后，零售商用初始资金订货的产品批发价格降低，而延期支付的产品批发价格与零售商没有资金约束时的批发价格一致，即对存在资金约束的零售商来说，制造商根据延期支付合同，在批发价格上给予零售商部分优惠，从而有效刺激了零售商的订货动机。此时，供应链中双渠道的产品销售价格与需求均不受零售商资金约束的影响，与零售商资金充足时的最优决策相同，且此时双渠道供应链总利润也达到了零售商无资金约束时供应链的总利润。因此，当零售商存在资金约束时，制造商延期支付合同的设计可以有效解决零售商资金不足的问题，使双渠道最优产品售价不再受零售商资金约束的影响。但是，这对制造商来说是有代价的，制造商利润会低于零售商资金充足情形下的利润，而零售商的利润却高于其资金充足时的利润，即当供应链中的制造商愿意提供延期支付合同时，一定的负债水平(延期支付)会有效增加零售商的利润。这也在一定程度上解释了现代市场经济中，很多企业会选择甚至在一定程度上偏爱负债经营这种普遍的经济现象。

由结论 9.1 可以看出，在生产实践中，制造商更愿意选择与资金充足的零售商合作，当零售商能够向外部金融机构借贷时，制造商有一定的动机不提供延期支付合同，从而使零售商选择从金融机构贷款，进而一次性付清制造商的所有货款。那么，在这种情形下，制造商是否一定能够获得更多利润，零售商利润又会有什么样的变化？下面我们进一步讨论当零售商存在资金约束并且选择从外部金融机构贷款情形下，供应链各主体运作策略和利润的变化。

9.3 金融机构借贷模式

本节我们进一步考虑当制造商存在生产规模不经济且零售商存在资金约束，但制造商不提供延期支付合同时，零售商需要在订货之前通过外部金融机构借贷来满足自身订货需求，贷款金额为 wd_r-B_0，销售期结束后需要向金融机构归还的本息为$(wd_r-B_0)(1+MI_b)$，其中 I_b为金融机构的融资年利息率。

从而可得，零售商和制造商的利润函数分别为：

$$\pi_r=(p_r-w)(sa-p_r+\theta p_m)-(wd_r-B_0)MI_b \tag{9.15}$$

$$\pi_m=w(sa-p_r+\theta p_m)+p_m[(1-s)a-p_m+\theta p_r]-\frac{b(d_r+d_m)^2}{2} \tag{9.16}$$

仍然采用逆序法，首先考虑当制造商决策给定时零售商的最优决策。

由式(9.15)可得，零售商利润函数是关于 p_r 的凹函数，从而可得：

$$p_r^A=\frac{sa+\theta p_m+w(1+MI_b)}{2} \tag{9.17}$$

将式(9.17)代入式(9.16)，可得制造商的利润函数：

$$\pi_m=w\left(\frac{sa-\theta p_m-w(1+MI_b)}{2}+\theta p_m\right)+p_m\left\{(1-s)a-p_m+\frac{\theta[sa+\theta p_m+w(1+MI_b)]}{2}\right\}-\frac{b[a-(1-\theta)(p_r+p_m)]^2}{2} \tag{9.18}$$

由式(9.18)可得，制造商利润函数 π_m 关于 (p_m, w) 的黑塞矩阵为：

$$H=\begin{bmatrix} \theta^2-2-\frac{b(\theta^2+\theta-2)^2}{4} & \theta+\frac{\theta MI_b}{2}+\frac{b(\theta^2+\theta-2)(MI_b-\theta MI_b-\theta+1)}{4} \\ \theta+\frac{\theta MI_b}{2}+\frac{b(\theta^2+\theta-2)(MI_b-\theta MI_b-\theta+1)}{4} & -MI_b-1-\frac{b(MI_b-\theta MI_b-\theta+1)^2}{4} \end{bmatrix}$$

其中，$|H|=\frac{8(1-\theta^2)(1+I_bM)+2b(1-\theta)(1-\theta^2)(3+\theta+4I_bM+\theta I_bM+M^2I_b^2)-\theta^2M^2I_b^2}{4}$。

由上述黑塞矩阵可得性质 9.3。

性质 9.3：制造商利润函数 π_m 分别是 p_m 和 w 的凹函数，但不是 (p_m, w) 的联合凹函数。

由性质 9.3 可得，制造商利润函数并非始终是 (p_m, w) 的联合凹函数。因此，我们分两种情形来讨论：

情形一：当 $|H|>0$ 时，有 $b>\frac{\theta^2M^2I_b^2-8(1-\theta^2)(1+I_bM)}{2(1-\theta)(1-\theta^2)(3+\theta+4I_bM+\theta I_bM+M^2I_b^2)}=b^{\#}$，即制造商生产规模不经济系数相对较高时，制造商利润函数 π_m 关于 (p_m, w) 的黑塞矩阵是负定的，即 π_m 是关于 (p_m, w) 的联合凹函数。与延期支付情形下的计算方法类似，可得定理 9.3。

定理 9.3：在金融机构借贷模式（情形一）下，双渠道供应链各主体的最优决策分别为：

$$\begin{cases} p_r^{A1}=\dfrac{a(1+I_bM)[b+4\theta+4b\theta-3b\theta^2-2b\theta^3+bI_bM(1-\theta)(1+2\theta)+\theta I_bM+su_1]}{8(1-\theta^2)(1+I_bM)+2b(1-\theta)(1-\theta^2)(3+\theta+4I_bM+\theta I_bM+M^2I_b^2)-\theta^2M^2I_b^2} \\ p_m^{A1}=\dfrac{a[b(1-\theta)(3\theta+5+6I_bM+3\theta I_bM+M^2I_b^2)+4(1+I_bM)-su_2]}{8(1-\theta^2)(1+I_bM)+2b(1-\theta)(1-\theta^2)(3+\theta+4I_bM+\theta I_bM+M^2I_b^2)-\theta^2M^2I_b^2} \\ w^{A1}=\dfrac{a[2b+4\theta+3b\theta-4b\theta^2-b\theta^3+bI_bM(1-\theta)(2+3\theta)+2\theta I_bM+su_3]}{8(1-\theta^2)(1+I_bM)+2b(1-\theta)(1-\theta^2)(3+\theta+4I_bM+\theta I_bM+M^2I_b^2)-\theta^2M^2I_b^2} \end{cases} \tag{9.19}$$

其中，$u_1=2(1-\theta)(2b+\theta-b\theta-b\theta^2+3)+I_bMb(1-\theta)^2-I_bM\theta$，

$u_2=2(1-\theta)(2+2b-b\theta-b\theta^2)+I_bMb(1-\theta)^2(5+2\theta+I_bM)+I_bM(4-3\theta)$，

$u_3=2(1-\theta)(b-b\theta+2)-I_bM\theta(2-\theta)-I_bMb\theta(1-\theta)^2$。

从而可得，制造商和零售商的需求和利润函数分别为：

$$\begin{cases} d_r^{A1}=\dfrac{a[su_4-b(1-\theta)(1-\theta^2)-I_bMb(1-\theta^2)(2+I_bM-\theta)-I_bM\theta(1+I_bM)]}{8(1-\theta^2)(1+I_bM)+2b(1-\theta)(1-\theta^2)(3+\theta+4I_bM+\theta I_bM+M^2I_b^2)-\theta^2M^2I_b^2} \\ d_m^{A1}=\dfrac{a[(1-\theta^2)(4+b-b\theta)+I_bM(4-3\theta^2)+I_bMb(1-\theta^2)(2+I_bM-\theta)-su_5]}{8(1-\theta^2)(1+I_bM)+2b(1-\theta)(1-\theta^2)(3+\theta+4I_bM+\theta I_bM+M^2I_b^2)-\theta^2M^2I_b^2} \\ \pi_r^{A1}=\dfrac{a^2(1+I_bM)^2[b(1-\theta)(1-\theta^2)+I_bM(b+\theta-b\theta^2)-su_6]^2}{[8(1-\theta^2)(1+I_bM)+2b(1-\theta)(1-\theta^2)(3+\theta+4I_bM+\theta I_bM+M^2I_b^2)-\theta^2M^2I_b^2]^2}+B_0MI_b \\ \pi_m^{A1}=\dfrac{a^2(u_7s^2-u_8s+b-2b\theta+b\theta^2+4I_bM+bM^2I_b^2+2I_bMb-2I_bMb\theta+4)}{2[8(1-\theta^2)(1+I_bM)+2b(1-\theta)(1-\theta^2)(3+\theta+4I_bM+\theta I_bM+M^2I_b^2)-\theta^2M^2I_b^2]} \end{cases} \tag{9.20}$$

其中，$u_4=(1-\theta)(1+I_bM)[2(1+\theta)(1+b-b\theta)+I_bM(b-b\theta^2+\theta)]$，

$u_5=2(1-\theta^2)(2+b-\theta-b\theta)+I_bM(1-\theta)[4+\theta-2\theta^2+b(1-\theta^2)(3+I_bM)]$，

$u_6=2(1-\theta^2)(1+b-b\theta)+I_bM(1-\theta)(b-b\theta^2+\theta)$，

$u_7=2(1-\theta)(3+2b-\theta-2b\theta)+2I_bM(2-\theta)(1-\theta)+I_bMb(1-\theta)^2(4+I_bM)$，

$u_8=4(1-\theta)(2+b-b\theta)+2I_bM(4-3\theta)+2I_bMb(1-\theta)(3-\theta+I_bM)$。

情形二：当 $|H|\leqslant 0$ 时，有 $b\leqslant\dfrac{\theta^2M^2I_b^2-8(1-\theta^2)(1+I_bM)}{2(1-\theta)(1-\theta^2)(3+\theta+4I_bM+\theta I_bM+M^2I_b^2)}=b^{\#}$，即制造商生产规模不经济系数相对较低时，制造商的利润函数 π_m 不是 (p_m, w) 的联合凹函数。此时，我们可以运用两阶段最优技术，先给定制造商网络渠道价格 p_m，找到最优的批发价格 w，并代入 π_m，得到仅关于 p_m 的利润

函数，然后找出最优的 p_m，使制造商利润 π_m 达到最大。

由式(9.18)可得，对任意给定的网络渠道价格 p_m，最优批发价 w 为：

$$w^{A2}=\frac{2sa+2\theta p_m(2+MI_b)+b(1+MI_b)(1-\theta)\left[a(2-s+\theta s)-p_m(2-\theta-\theta^2)\right]}{4(1+MI_b)+b(1-\theta)^2(1+MI_b)^2} \tag{9.21}$$

将式(9.21)代入式(9.18)，制造商的利润函数转化为：

$$\pi_m=Ap_m^2+Bp_m+C \tag{9.22}$$

其中，$A=\frac{\theta^2M^2I_b^2-8(1-\theta^2)(1+I_bM)-2b(1-\theta)(1-\theta^2)(3+\theta+4I_bM+\theta I_bM+M^2I_b^2)}{2(1+I_bM)\left[b(1+I_bM)(1-\theta)^2+4\right]}>0$，

$$B=\frac{a\{b(5-2\theta-3\theta^2)+4I_bM+I_bMb(1-\theta)(I_bM+3\theta+6)+4-\left[4b-4\theta-6b\theta+2b\theta^3+I_bM(4-3\theta)+I_bMb(1-\theta)^2(I_bM+2\theta+5)+4\right]s\}}{(1+I_bM)\left[b(1+I_bM)(1-\theta)^2+4\right]}>0,$$

$$C=-\frac{a^2\{\left[2b-4b\theta+2b\theta^2-1+2I_bMb(1-\theta)^2\right]s^2+2b(1+I_bM)(2-3s+3\theta s)\}}{2(1+I_bM)\left[b(1+I_bM)(1-\theta)^2+4\right]}。$$

从而可得$\frac{\partial\pi_m}{\partial p_m}=2Ap_m+B>0$，制造商利润函数 π_m 关于网络渠道价格 p_m 始终单调递增，因为渠道需求为非负，即满足 $d_r\geqslant0$，$d_m\geqslant0$，可得定理 9.4。

定理 9.4：在金融机构借贷模式(情形二)下，双渠道供应链各主体的最优决策和需求分别为：

$$\begin{cases}p_r^{A2}=\dfrac{a(1+MI_b)\left[s\theta-b(1-\theta)(s-s\theta+\theta)\right]}{\theta MI_b-b(1-\theta)(1-\theta^2)(1+MI_b)}\\ p_m^{A2}=\dfrac{a\left[s-b(1-\theta)(1-s+s\theta)(1+MI_b)\right]}{\theta MI_b-b(1-\theta)(1-\theta^2)(1+MI_b)}\\ w^{A2}=\dfrac{a\left[s\theta-b(1-\theta)(s-s\theta+\theta)\right]}{\theta MI_b-b(1-\theta)(1-\theta^2)(1+MI_b)}\\ d_m^{A2}=\dfrac{a\left[\theta MI_b(1+s\theta-s)-s(1-\theta^2)\right]}{\theta MI_b-b(1-\theta)(1-\theta^2)(1+MI_b)}\\ d_r^{A2}=0\end{cases} \tag{9.23}$$

由定理 9.4 可得，在这种情形下，零售商需求为 0，无法再通过销售获得利润。因此，零售商会放弃金融机构借贷模式，只以自身初始资金订货(资金不足)，此时制造商将始终有足够的动机为零售商提供延期支付合同，满足零售商的订货需求，从而获得更多利润。

结论 9.2：当零售商存在资金约束，且外部金融机构提供贷款融资服务时，在一定条件($b \leqslant b^{\#}$)下，零售商始终不会选择金融机构借贷模式。

结论 9.2 表明，在制造商存在生产规模不经济环境下，当零售商存在资金约束时，尽管供应链外部金融机构提供贷款服务，但零售商并不会始终选择贷款融资，在一定条件($b \leqslant b^{\#}$)下，即制造商生产规模不经济系数相对较低时，零售商无法从贷款融资中获利，甚至会牺牲自己的部分利润，此时零售商会放弃金融机构的贷款融资服务。因此，对制造商来说，当他们的生产规模不经济系数相对较低时，会有较强的动机为零售商提供延期支付合同，帮助零售商解决资金不足的问题，刺激零售商订货，从而获得更多利润。

9.4 数值仿真及分析

例 9.1：在金融机构贷款模式下，零售商和双渠道制造商的价格、需求和利润表达式十分复杂，难以直接得出其与制造商生产规模不经济系数之间的关系，因此，我们将进一步通过数值仿真来分析和展现其中的关系。具体模型参数设置如下：$B_0=200$，$a=100$，$\theta=0.3$，$s=0.5$，$M=1$，$I_b=0.04$。

从图 9.1、图 9.2 可以看出，在金融机构贷款模式下，随着制造商生产规模不经济系数的增大，双渠道供应链中各渠道产品价格不断提高，各渠道需求和利润不断下降。上述结论与零售商资金充足以及制造商提供延期支付合同时的结论一致，这里我们不再详细解释。

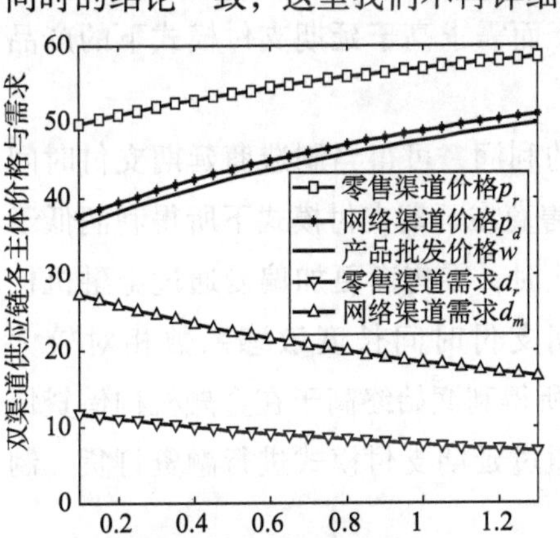

图 9.1 规模不经济系数对各主体决策的影响

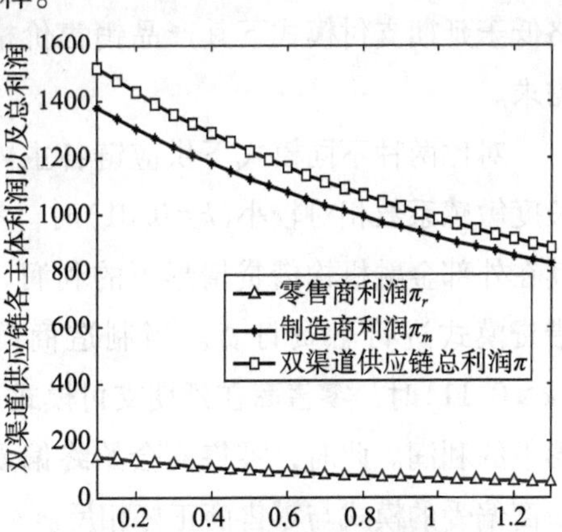

图 9.2 规模不经济系数对各主体利润的影响

例 9.2：我们进一步对比分析零售商存在资金约束且制造商批发价对延期支付时间长度敏感系数不断变化时，双渠道供应链各主体在不同模式（延期支付模式和金融机构借贷模式）下运作策略、需求和利润的变化，并进一步分析零售商对不同融资模式的选择偏好。具体模型参数设置如下：$B_0=200$，$a=100$，$\theta=0.3$，$s=0.5$，$M=1$，$I_b=0.04$，$b=1$。

表 9.1 不同融资模式下供应链各主体的运作策略、需求以及利润

参数		延期支付模式								金融机构借贷模式							
		p_r	p_m	w	d_r	d_m	π_r	π_m	π	p_r	p_m	w	d_r	d_m	π_r	π_m	π
k_d	0.01	56.7	48.8	48.3	7.9	18.2	64.8	931.9	996.7	57.0	48.7	47.5	7.6	18.4	66.0	919.2	985.2
	0.11	56.7	48.8	43.7	7.9	18.2	86.1	910.6	996.7	57.0	48.7	47.5	7.6	18.4	66.0	919.2	985.2
	0.21	56.7	48.8	39.5	7.9	18.2	109.5	887.2	996.7	57.0	48.7	47.5	7.6	18.4	66.0	919.2	985.2
	0.31	56.7	48.8	35.8	7.9	18.2	135.5	861.2	996.7	57.0	48.7	47.5	7.6	18.4	66.0	919.2	985.2
	0.41	56.7	48.8	32.4	7.9	18.2	164.2	832.5	996.7	57.0	48.7	47.5	7.6	18.4	66.0	919.2	985.2

由表 9.1 可知，在制造商存在生产规模不经济环境下，当零售商存在资金约束时，金融机构借贷模式下零售商实体渠道价格高于延期支付模式下产品销售价格，而需求低于延期支付模式下的产品需求，即“天下没有免费的午餐”，此时零售商将资金约束所引起的额外的金融机构融资成本转嫁给了下游顾客，产品销售价格提高，从而导致零售商渠道的顾客需求下降。对制造商而言，因零售商通过外部金融机构借贷解决了自身资金不足的问题，并没有因此而受到任何“拖累”。此时，制造商拥有了更强的价格优势，网络渠道价格低于延期支付模式下其产品销售价格，而需求高于延期支付模式下的产品需求。

对比两种不同模式下供应链各主体的利润，可得当制造商延期支付时间长度敏感系数相对较小（$k=0.01$）时，零售商在延期支付模式下所得利润低于其在外部金融机构借贷情形下的利润。此时，零售商更加偏爱通过金融机构借贷模式进行融资订货。当制造商延期支付时间长度敏感系数相对较大（$k \geqslant 0.11$）时，零售商在延期支付模式下所得利润始终高于在金融机构借贷情形下的利润。此时，零售商会始终偏爱通过延期支付模式进行融资订货。制造商偏爱的模式与零售商正好相反。

最后，我们得出结论：无论制造商延期支付时间长度敏感系数如何变化，延期支付模式下的供应链总利润始终高于金融机构借贷模式下的利润，即在延期支付模式下，制造商通过批发价格的再设计，能够更有效地实现双渠道供应链总利润的增加。

9.5 本章小结

本章在考虑制造商生产规模不经济的基础上，分析了零售商资金约束对双渠道供应链各主体运作决策的影响，给出了在不同的融资模式下，供应链各主体的最优决策和利润，并分析了制造商生产规模不经济程度对供应链运作决策、需求和利润的影响，指出在三种不同的模式(无资金约束、延期支付模式、金融机构贷款模式)下，双渠道供应链各主体的最优产品定价与制造商生产规模不经济系数均成正比，需求和利润与制造商生产规模不经济系数均成反比。当零售商资金不足时，制造商延期支付合同的设计可以有效解决零售商资金不足的问题，使双渠道最优产品售价不再受零售商资金约束的影响，并实现供应链无资金约束时的利润。但是，这对制造商来说是有代价的，制造商的利润会低于零售商资金充足情形下的利润，而零售商的利润却高于其资金充足时的利润，即当供应链中制造商愿意提供延期支付合同时，一定的负债水平会有效增加零售商的利润。同时，研究指出，尽管金融机构提供贷款，但在一定条件(制造商生产规模不经济系数相对较低)下，零售商始终不会选择金融机构借贷模式。最后，通过数值仿真及分析指出，当制造商延期支付时间长度敏感系数相对较小时，零售商会偏爱金融机构借贷模式，否则，零售商偏爱延期支付融资模式。

第10章 资金约束下双层混合渠道供应链运作策略

随着电子商务技术的快速发展，越来越多的制造商开始选择双渠道销售模式来分销产品，如海尔、联想等。与此同时，一些传统零售商也建立了自己的网络直销渠道，例如：国美建立了自己的网络直销渠道——国美在线，而另一大型电器零售商苏宁电器也建立了网上商城——苏宁易购。资金是供应链运作与管理顺利进行的基本保障，直接关系到企业的存亡。例如，受2008年全球金融危机影响，成千上万的企业由于资金不足而受损甚至破产。显然，资金不足问题已经成为很多企业特别是中小零售企业面临的现实困境。当供应链上下游企业均采用双渠道模式(双层混合渠道模式)分销产品且零售商存在资金约束时，供应链管理会变得更加复杂、更具挑战性，也因此成为众多学者研究的热点。

本章基于上述研究背景，针对一个由双渠道制造商和一个带有资金约束的双渠道零售商组成的双层混合渠道供应链系统，分别研究在两种不同的融资模式(延期支付模式与金融机构借贷模式)下，双层混合渠道供应链各主体的最优运作策略和利润。

10.1 模型设定

本章考虑一个制造商和一个零售商组成的供应链系统，假设制造商通过自身网络直销渠道以及实体零售商渠道销售产品，而零售商也分别通过自身实体渠道和网络直销渠道销售同样的产品，且零售商实体渠道可以通过售前服务有效吸引顾客需求，增强实体渠道的竞争力。模型结构如图 10.1 所示。

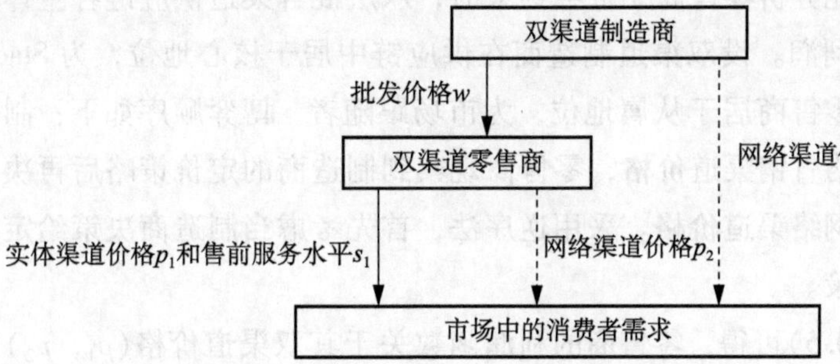

图 10.1　双层混合渠道供应链分销系统结构

参考 Kurata(2007)和郭春荣(2009)等的研究，我们得到以下需求函数：

制造商网络渠道的需求：$d_0=a_0-p_0+\beta_0(p_1-p_0)+\beta_1(p_2-p_0)-\theta s_1$　　(10.1)

零售商实体渠道的需求：$d_1=a_1-p_1+\beta_0(p_0-p_1)+\beta_0(p_2-p_1)+\theta s_1$　　(10.2)

零售商网络渠道的需求：$d_2=a_2-p_2+\beta_1(p_0-p_2)+\beta_0(p_1-p_2)-\theta s_1$　　(10.3)

其中，d_0，d_1和d_2分别为制造商网络渠道、零售商实体渠道和网络渠道产品的需求；$a_i(i=0，1，2)$分别为各渠道的市场潜在需求规模；$0<\beta_i(i=0，1)\leqslant 1$为不同渠道间的价格替代效用系数，$\beta_0$为网络渠道与实体渠道间的价格替代效用系数，$\beta_1$为网络渠道与网络渠道间的价格替代效用系数；$p_0$，$p_1$和$p_2$分别为制造商网络渠道、零售商实体渠道和网络渠道的产品销售价格；s_1为零售商实体渠道提供的售前服务水平，而制造商和零售商网络渠道无法提供售前服务，这也是实体渠道相对于网络渠道的优势所在；$\theta>0$为顾客对零售商实体店售前服务水平的敏感系数。因此，参考 Blinder(1998)和 Xie 等(2011)的研究，本章假设批发价格是外生给定的。为了方便计算和分析，参考 Mukhopadhyay(2008)和 Zhou(2018)等的研究，令$a_0=a_1=a_2=a$。不失一般性，设制造商产品生产成本$c=0$。

由上述描述可得，零售商和制造商的利润函数分别为：

$$\pi_r=(p_1-w)d_1+(p_2-w)d_2-\frac{\eta s_1^2}{2}\tag{10.4}$$

$$\pi_m=w(d_1+d_2)+p_0d_0\tag{10.5}$$

其中，π_r为零售商的双渠道利润；π_m为制造商的双渠道利润；零售商实体渠道售前服务成本为$c_1=\frac{\eta s_1^2}{2}$，其中，$\eta>0$为服务成本影响因子；w为制造商产品批发价格，往往由上下游企业通过合同形式确定，不能随意改变。

我们首先分析零售商无资金约束时，双层混合渠道供应链各主体的最优运作策略和利润。设双渠道制造商在供应链中居于核心地位，为 Stackelberg 领导者，而零售商居于从属地位，为市场跟随者。博弈顺序如下：制造商先确定自身网络直销渠道价格，零售商观察到制造商的定价策略后再决定自身实体渠道和网络渠道价格。采用逆序法，首先考虑当制造商决策给定时零售商的最优决策。

由式(10.5)可得，零售商的利润函数关于其双渠道价格(p_1，p_2)的黑塞矩阵为：

$$H=\begin{bmatrix}-2-4\beta_0 & 2\beta_0\\ 2\beta_0 & -2-2(\beta_1+\beta_0)\end{bmatrix}$$

其中，$|H|=4(1+\beta_1+3\beta_0+2\beta_0\beta_1+\beta_0^2)>0$。

零售商的利润函数是关于其双渠道价格(p_1，p_2)的联合凹函数，从而可得：

$$p_1^0=\frac{p_0+w}{2}+\frac{(a-p_0)(1+\beta_1+2\beta_0)+\theta s_1(1+\beta_1)}{2(1+\beta_1+3\beta_0+2\beta_1\beta_0+\beta_0^2)} \tag{10.6}$$

$$p_2^0=\frac{p_0+w}{2}+\frac{(a-p_0)(1+3\beta_0)-\theta s_1(1+\beta_0)}{2(1+\beta_1+3\beta_0+2\beta_1\beta_0+\beta_0^2)} \tag{10.7}$$

将式(10.6)和式(10.7)代入式(10.5)并化简，可将制造商的利润函数转化为：

$$\pi_m^0=\frac{(\beta_0+\beta_1)(2p_0w-p_0^2-w^2)}{2}-\frac{p_0(2a-2p_0+a\beta_1-p_0\beta_1+\beta_1\theta s_1)-\beta_0p_0(5p_0-5a+\theta s_1)}{2[\beta_0^2+(2\beta_1+3)\beta_0+\beta_1+1]}+$$
$$2ap_0+aw-2p_0^2-w^2-\theta sp_0 \tag{10.8}$$

由式(10.8)可得，制造商利润函数 π_m 是关于网络渠道价格 p_0 的凹函数，从而可得定理 10.1。

定理 10.1：当零售商无资金约束时，双层混合渠道供应链各主体的最优决策为：

$$p_0^0=\frac{au_1+2w(\beta_0+\beta_1)u_2-\theta s_1u_3}{2u_4} \tag{10.9}$$

$$p_1^0=\frac{w}{2}+\frac{(2\beta_0\beta_1+\beta_0+\beta_0^2)[au_1+2wu_2(\beta_0+\beta_1)-\theta s_1u_3]+2au_4(1+\beta_1+2\beta_0)+2\theta s_1u_4(1+\beta_1)}{4u_2u_4}$$
$$\tag{10.10}$$

$$p_2^0=\frac{w}{2}+\frac{(\beta_1+2\beta_0\beta_1+\beta_0^2)\left[au_1+2wu_2(\beta_0+\beta_1)-\theta s_1u_3\right]+2au_4(1+3\beta_0)-2\theta s_1u_4(1+\beta_0)}{4u_2u_4} \tag{10.11}$$

其中，$u_1=7\beta_0+3\beta_1+8\beta_0\beta_1+4\beta_0^2+2$，

$u_2=1+\beta_1+3\beta_0+2\beta_1\beta_0+\beta_0^2$，

$u_3=5\beta_0+3\beta_1+4\beta_0\beta_1+2\beta_0^2+2$，

$u_4=\beta_0^3+3\beta_1\beta_0^2+7\beta_0^2+2\beta_0\beta_1^2+12\beta_0\beta_1+8\beta_0+\beta_1^2+4\beta_1+2$，

$u_5=\beta_0^3+3\beta_1\beta_0^2+3\beta_0^2+2\beta_0\beta_1^2+4\beta_0\beta_1+\beta_0+\beta_1^2+\beta_1$。

将式(10.9)和式(10.11)分别代入式(10.4)和式(10.5)，可得零售商和制造商的利润。

由定理10.1可得性质10.1。

性质10.1：在无资金约束情形下，零售商实体渠道价格与自身提供的服务水平成正比，而零售商和制造商的网络直销渠道价格与零售商实体渠道提供的服务水平均成反比。

由性质10.1可得，零售商实体渠道售前服务水平的提高可以有效增强其实体渠道竞争力，吸引更多顾客到实体渠道购买产品，促进零售商实体渠道价格的提升，增加单位产品的边际销售利润，并对网络渠道价格产生威慑，两网络渠道产品价格不断下降；进一步可知，尽管顾客可以在实体渠道享受更多的服务，但需要付出相对较高的产品购买价格，实体渠道因提供售前服务引起的服务成本最终转嫁给了下游消费者，由消费者来买单。

我们进一步探讨当零售商面临资金约束时，在两种不同的融资模式(延期支付模式与金融机构借贷模式)下，双层混合渠道供应链各主体的最优运作策略和利润。

10.2 延期支付模式

本节考虑当零售商初始资金不足以满足自身订货需求时，零售商先用全部初始资金 B_0 以批发价格 w 在制造商处订购部分产品，可得订购量为 B_0/w，剩余所需产品 $d_r-B_0/w=d_1+d_2-B_0/w$，将采用延期支付的形式购买。考虑到资金的时间价值，在零售商需求完全实现以后，制造商要求零售商以新的批发价格 $w_0=we^{kM}(k>0,\ M\geqslant 0)$ 付款给制造商，其中，M 是延期支付时间长度，k

为延期支付时间长度敏感系数，新的批发价格是零售商延期支付时间长度的增函数，零售商延期支付的时间越长，其付给制造商新的批发价格越高。

零售商投入可以分为两个部分，即正常批发价投入和较高批发价投入，其中正常批发价投入金额为自己所有现金储备 B_0，较高批发价投入金额为延期支付产品的货款，即 $we^{kM}\left(d_1+d_2-\frac{B_0}{w}\right)$，从而可将零售商和制造商的利润函数分别转化为：

$$\pi_r=p_1d_1+p_2d_2-B_0-we^{kM}\left(d_1+d_2-\frac{B_0}{w}\right)-\frac{\eta s_1^2}{2} \tag{10.12}$$

$$\pi_m=B_0+we^{kM}\left(d_1+d_2-\frac{B_0}{w}\right)+p_0d_0 \tag{10.13}$$

与零售商无资金约束情形时的计算方法相似，采用逆序法，首先考虑当制造商决策给定时零售商的最优决策。

由式(10.12)可得，零售商的利润函数关于其双渠道价格(p_1，p_2)的黑塞矩阵为：

$$H=\begin{bmatrix}-2-4\beta_0 & 2\beta_0\\ 2\beta_0 & -2-2(\beta_1+\beta_0)\end{bmatrix}$$

其中，$|H|=4(1+\beta_1+3\beta_0+2\beta_0\beta_1+\beta_0^2)>0$。

零售商的利润函数是关于其双渠道价格(p_1，p_2)的联合凹函数，从而可得：

$$p_1^1=\frac{p_0+we^{kM}}{2}+\frac{(a-p_0)(1+\beta_1+2\beta_0)+\theta s_1(1+\beta_1)}{2(1+\beta_1+3\beta_0+2\beta_1\beta_0+\beta_0^2)} \tag{10.14}$$

$$p_2^1=\frac{p_0+we^{kM}}{2}+\frac{(a-p_0)(1+3\beta_0)-\theta s_1(1+\beta_0)}{2(1+\beta_1+3\beta_0+2\beta_1\beta_0+\beta_0^2)} \tag{10.15}$$

将式(10.14)和式(10.15)代入式(10.13)并化简，可将制造商的利润函数转化为：

$$\pi_m^1=B_0+p_0\left[a-p_0-\theta s_1-\frac{(p_0-we^{kM})(\beta_0+\beta_1)}{2}+\frac{(a-p_0)(\beta_0+\beta_1+2\beta_0^2+4\beta_0\beta_1)+\theta s_1(\beta_0-\beta_1)}{2(1+\beta_1+3\beta_0+2\beta_1\beta_0+\beta_0^2)}\right]-\frac{e^{kM}[2B_0-2aw+w^2e^{kM}(2+\beta_0+\beta_1)-p_0w(\beta_0+\beta_1)]}{2} \tag{10.16}$$

由式(10.16)可得，制造商利润函数 π_m 是关于其网络渠道价格 p_0 的凹函数，从而可得定理 10.2。

定理 10.2：在延期支付模式下，双层混合渠道供应链各主体的最优决策为：

$$p_0^1=\frac{2u_2[a-\theta s_1+we^{kM}(\beta_0+\beta_1)]+au_6+\theta s_1(\beta_0-\beta_1)}{2u_2(\beta_0+\beta_1+2)+2u_6} \tag{10.17}$$

$$p_1^1=\frac{we^{kM}}{2}+\frac{[(au_7-u_8)(2\beta_0+\beta_1+1)+\theta s_1 u_7(\beta_1+1)+u_2u_8]}{2u_2u_7} \tag{10.18}$$

$$p_2^1=\frac{we^{kM}}{2}+\frac{u_2u_8+(3\beta_0+1)(au_7-u_8)-\theta s_1 u_7(\beta_0+1)}{2u_2u_7} \tag{10.19}$$

其中，$u_6=\beta_0+\beta_1+4\beta_0\beta_1+2\beta_0^2$，

$u_7=2(\beta_0+\beta_1+4\beta_0\beta_1+2\beta_0^2)+2(1+\beta_1+3\beta_0+2\beta_1\beta_0+\beta_0^2)(\beta_0+\beta_1+2)$，

$u_8=a(\beta_0+\beta_1+4\beta_0\beta_1+2\beta_0^2)+2(1+\beta_1+3\beta_0+2\beta_1\beta_0+\beta_0^2)[a-\theta s_1+we^{kM}(\beta_0+\beta_1)]+\theta s_1(\beta_0-\beta_1)$。

将式(10.17)至式(10.19)分别代入式(10.12)和式(10.13)，可得零售商和制造商的利润。

由定理 10.2 可得性质 10.2。

性质 10.2：当零售商存在资金约束且制造商提供延期支付合同时，零售商实体渠道价格与自身提供的服务水平成正比，而零售商和制造商的网络直销渠道价格与零售商实体渠道提供的服务水平均成反比。

由性质 10.2 可得，当零售商存在资金约束，且制造商为其提供延期支付合同时，供应链各主体渠道价格与服务水平的关系与零售商无资金约束情形下一致，这里不再赘述。

对比零售商无资金约束情形与存在资金约束时的延期支付情形，可得结论 10.1。

结论 10.1：当零售商存在资金约束且制造商提供延期支付合同时，零售商实体渠道和网络渠道以及制造商网络渠道的价格均高于零售商无资金约束时三个渠道的价格($p_0^0<p_0^1$，$p_1^0<p_1^1$，$p_2^0<p_2^1$)。

由结论 10.1 可得，当零售商存在资金约束且制造商为其提供延期支付合同时，零售商订货资金不足问题得到了有效解决，但此时零售商因延期支付合同引起了自身融资成本的增加(延期支付部分的产品批发价格提高)，造成自身双渠道产品价格提高，并进一步引起制造商网络渠道价格的提高。因此，在零售商存在资金约束时，他们将自身资金不足引起的融资成本提高转嫁给了下游消费者，即消费者不得不付出更高的价格来购买产品。因此，消费者

更希望零售商有充足的原始订货资金来满足下游需求。

10.3 金融机构借贷模式

我们进一步考虑零售商存在资金约束，但制造商不提供延期支付合同时，零售商需要在订货之前通过外部金融机构借贷来满足自身订货资金需求，贷款金额为 $wd_r-B_0=w(d_1+d_2)-B_0$，销售期结束后，零售商需要向金融机构归还的本息为 $(wd_r-B_0)(1+Mr_b)$，其中 r_b 为金融机构的融资年利息率。

零售商和制造商的利润函数分别可转化为：

$$\pi_r=(p_1-w)d_1+(p_2-w)d_2-\frac{\eta s_1^2}{2}-[w(d_1+d_2)-B_0]Mr_b \tag{10.20}$$

$$\pi_m=w(d_1+d_2)+p_0d_0 \tag{10.21}$$

仍然采用逆序法，首先考虑当制造商决策给定时零售商的最优决策。

由式(10.20)可得，零售商的利润函数关于其双渠道价格(p_1，p_2)的黑塞矩阵为：

$$H=\begin{bmatrix}-2-4\beta_0 & 2\beta_0\\ 2\beta_0 & -2-2(\beta_1+\beta_0)\end{bmatrix}$$

其中，$|H|=4(1+\beta_1+3\beta_0+2\beta_0\beta_1+\beta_0^2)>0$。

由此可得，零售商的利润函数是关于其双渠道价格(p_1，p_2)的联合凹函数，从而可得：

$$p_1^A=\frac{p_0+w(1+Mr_b)}{2}+\frac{(a-p_0)(1+\beta_1+2\beta_0)+\theta s_1(1+\beta_1)}{2(1+\beta_1+3\beta_0+2\beta_1\beta_0+\beta_0^2)} \tag{10.22}$$

$$p_2^A=\frac{p_0+w(1+Mr_b)}{2}+\frac{(a-p_0)(1+3\beta_0)-\theta s_1(1+\beta_0)}{2(1+\beta_1+3\beta_0+2\beta_1\beta_0+\beta_0^2)} \tag{10.23}$$

将式(10.22)和式(10.23)代入式(10.21)并化简，可将制造商的利润函数转化为：

$$\pi_m^A=p_0\left[a-p_0-\theta s_1\frac{[p_0-w(1+Mr_b)](\beta_0+\beta_1)}{2}+\frac{(a-p_0)(\beta_0+\beta_1+2\beta_0^2+4\beta_0\beta_1)+\theta s_1(\beta_0-\beta_1)}{2(1+\beta_1+3\beta_0+2\beta_1\beta_0+\beta_0^2)}\right]+\frac{w[2(a-w)+(p_0-w)(\beta_0+\beta_1)-wMr_b(2+\beta_0+\beta_1)]}{2} \tag{10.24}$$

由式(10.24)可得，制造商利润函数 π_m 是关于其网络渠道价格 p_0 的凹函数，从而可得定理10.3。

定理10.3：在金融机构借贷模式下，双层混合渠道供应链各主体的最优决策为：

$$p_0^A=\frac{a(2u_2+u_6)+wu_2(\beta_0+\beta_1)(Mr_b+2)+\theta s_1(\beta_0-\beta_1-2u_2)}{2[u_2(\beta_0+\beta_1+2)+u_6]} \tag{10.25}$$

$$p_1^A=\frac{(au_7-u_9)(1+\beta_1+2\beta_0)+\theta s_1u_7(1+\beta_1)+wu_2u_7(Mr_b+1)+u_2u_9}{2u_2u_7} \tag{10.26}$$

$$p_2^A=\frac{2wu_2u_4(Mr_b+1)+(3\beta_0+1)(2au_4-u_9)-2\theta s_1u_4(1+\beta_0)+u_2u_9}{4u_2u_4} \tag{10.27}$$

其中，$u_9=a(7\beta_0+3\beta_1+8\beta_0\beta_1+4\beta_0^2+2)-\theta s_1u_3+w(1+\beta_1+3\beta_0+2\beta_1\beta_0+\beta_0^2)(\beta_0+\beta_1)(Mr_b+2)$。

将式(10.25)至式(10.27)分别代入式(10.20)和式(10.21)，可得零售商和制造商的利润。

由定理10.3可得性质10.3。

性质10.3：当零售商存在资金约束且外部金融机构提供贷款时，零售商实体渠道价格与自身提供的服务水平成正比，而零售商和制造商的网络直销渠道价格与零售商实体渠道提供的服务水平均成反比。

由性质10.3可得，当零售商存在资金约束且外部金融机构提供贷款时，供应链各主体渠道价格与服务水平的关系仍然与零售商无资金约束情形下一致，这里不再赘述。

对比零售商无资金约束情形与资金约束下外部金融机构借贷情形，可得结论10.2。

结论10.2：当零售商存在资金约束且外部金融机构提供贷款时，零售商实体渠道和网络渠道以及制造商网络渠道的价格均高于零售商无资金约束时三个渠道的价格(即$p_0^0<p_0^A$，$p_1^0<p_1^A$，$p_2^0<p_2^A$)。

由结论10.2可得，当零售商存在资金约束且外部金融机构提供贷款时，供应链各主体渠道价格变化与资金约束下延期支付情形一致，这里不再详细论述。

对比资金约束下的延期支付情形和银行贷款情形，可得结论10.3。

结论10.3：

(ⅰ)如果$r_b>r_b^A$，有$p_0^A>p_0^1$；否则，$p_0^A\leq p_0^1$。

（ⅱ）如果 $r_b>r_b^*$，有 $p_1^A>p_1^1$；否则，$p_1^A\leqslant p_1^1$。

（ⅲ）如果 $r_b>r_b^\#$，有 $p_2^A>p_2^1$；否则，$p_2^A\leqslant p_2^1$。

其中，$r_b^A=\dfrac{2(e^{kM}-1)}{M}$，

$$r_b^*=\frac{2(e^{kM}-1)[2\beta_0^3+2(3\beta_1+4)\beta_0^2+(4\beta_1^2+13\beta_1+8)\beta_0+\beta_1^2+4\beta_1+2]}{M[3\beta_0^3+3(3\beta_1+5)\beta_0^2+(6\beta_1^2+25\beta_1+16)\beta_0+2\beta_1^2+8\beta_1+4]},$$

$$r_b^\#=\frac{2(e^{kM}-1)[2\beta_0^3+(6\beta_1+7)\beta_0^2+(4\beta_1^2+13\beta_1+8)\beta_0+2\beta_1^2+4\beta_1+2]}{M[3\beta_0^3+(9\beta_1+14)\beta_0^2+(6\beta_1^2+25\beta_1+16)\beta_0+3\beta_1^2+8\beta_1+4]}。$$

由结论 10.3 可得，当零售商存在资金约束时，相对于延期支付情形下各渠道价格，在金融机构提供贷款情形下，供应链各主体渠道价格的高低主要取决于外部金融机构贷款利率的大小。当金融机构贷款利率相对较高时，金融机构借贷模式下各渠道产品价格会高于延期支付模式下各渠道产品价格；否则，金融机构借贷模式下各渠道产品价格会低于延期支付模式下各渠道产品价格。

10.4 数值仿真及分析

不同类型渠道（网络渠道与实体渠道，以及网络渠道与网络渠道）间的价格替代强度会对供应链各主体运作策略和利润产生重要影响。下面我们分别探讨当不同类型渠道间的价格替代强度不断变化时，零售商在无资金约束（无融资策略）以及存在资金约束（制造商提供延期支付合同或外部金融机构提供贷款融资）情形下双层混合渠道供应链各主体运作策略和利润的变化。

例 10.1：首先，我们分析在网络渠道与实体渠道间价格替代性 β_0 不断变化时，零售商在无资金约束（无融资策略）以及存在资金约束（制造商提供延期支付合同或外部金融机构提供贷款融资）情形下双层混合渠道供应链各主体运作策略和利润的变化，如图 10.2 至图 10.5 所示。模型参数设置如下：$a=100$，$\theta=0.3$，$w=8$，$s=5$，$\eta=0.5$，$\beta_1=0.6$，$M=1$，$k=0.5$，$r_b=0.04$，零售商初始资金 B_0 分别为 $B_0=1000$（资金充足）和 $B_0=500$（资金不足）。

由图 10.2 可知，当零售商无资金约束时，随着网络渠道与实体渠道价格替代效用系数 β_0 的不断增大，下游消费者对网络渠道与实体渠道间的产品价

格差异变得越来越敏感，两不同类型渠道间的价格竞争变得更加激烈，制造商网络渠道与零售商实体渠道产品价格不断降低。零售商依托自身实体渠道与制造商网络渠道的竞争，其网络渠道价格会先有一定程度的提高，随后逐渐降低。由图 10.3 可知，随着网络渠道与实体渠道价格替代效用系数 β_0 的不断增大，制造商网络渠道和零售商实体渠道间的竞争变得更加激烈，零售商利润和供应链总利润不断减少。有意思的是，制造商的利润会随着网络渠道与实体渠道价格替代效用系数 β_0 的增大而不断增加，即网络渠道与实体渠道间竞争强度的增加对制造商来说并非有害，而是进一步提高了制造商的利润。这主要是因为此时制造商利润并非主要来源于自身网络直销渠道的销售，而是通过自身网络直销渠道的价格对零售商的双渠道产品价格形成威慑，使零售商最优渠道产品价格降低，从而有效增加零售商双渠道消费者需求，进而有效增加制造商在零售商处的产品批发收益，最终促使制造商利润增加。

由图 10.4 和图 10.5 可知，当零售商存在资金约束而制造商提供延期支付合同时，随着网络渠道与实体渠道价格替代效用系数 β_0 的不断增大，供应链各主体运作策略和利润的变化与零售商无资金约束情形下一致，这里不再赘述；当零售商存在资金约束并通过外部金融机构贷款融资时，随着网络渠道与实体渠道价格替代效用系数 β_0 的不断增大，制造商网络渠道和零售商实体渠道间的竞争变得更加激烈，此时供应链各主体渠道价格均不断降低，零售商利润和供应链总利润也不断减少。同样有意思的是，随着网络渠道与实体渠道价格替代效用系数 β_0 的不断增大，制造商的利润先增加后减少，即此时制造商不能再通过自身网络直销渠道对零售商进行有效价格威慑并始终获得更多的利润。原因是此时零售商的运作策略受到了外部金融机构还贷压力及制造商网络渠道价格的双重威慑，随着实体渠道和网络渠道价格替代效用系数的增大，零售商实体渠道产品价格降低得更加明显，甚至低于制造商网络渠道产品价格，供应链各主体渠道间价格的竞争变得更加激烈，最终导致制造商利润先增加然后逐渐减少。

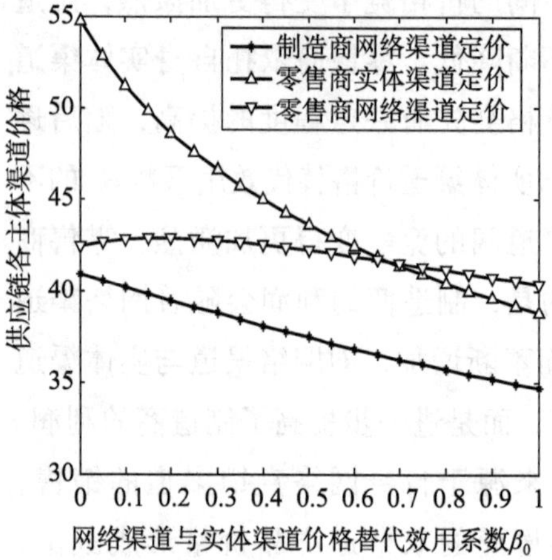

图 10.2　无资金约束下的供应链运作策略
(B_0 = 1000)

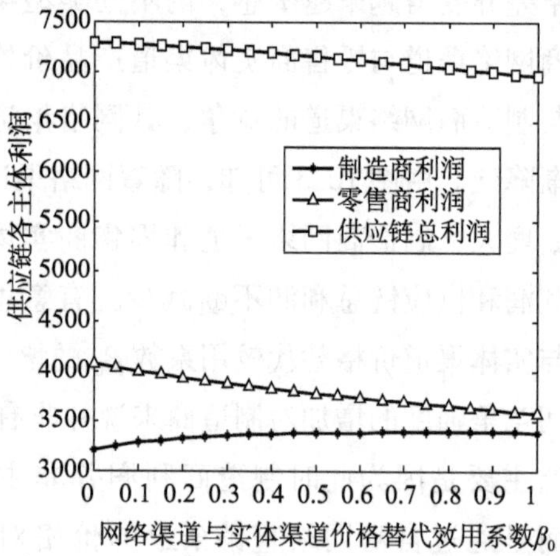

图 10.3　无资金约束下的供应链总利润
(B_0 = 1000)

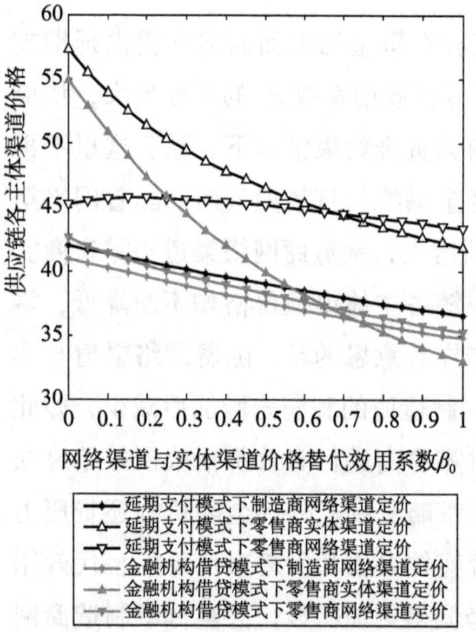

图 10.4　资金约束下的供应链运作策略
(B_0 = 500)

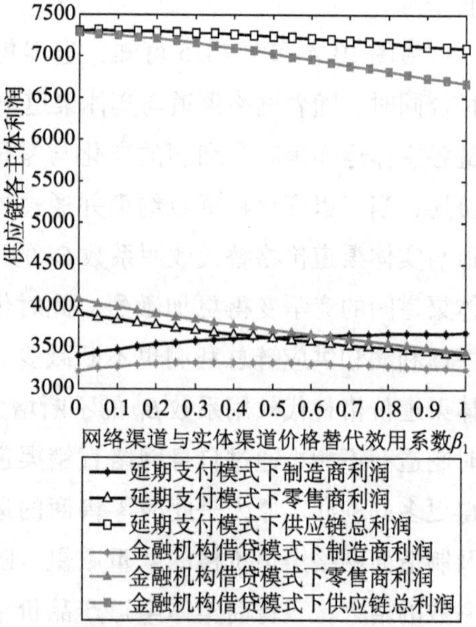

图 10.5　资金约束下的供应链总利润
(B_0 = 500)

例 10.2：进一步我们分析当网络渠道与网络渠道间价格替代效用系数 β_1 不断变化时，零售商在无资金约束(无融资策略)以及存在资金约束(制造商提供延期支付合同或外部金融机构提供贷款融资)情形下双层混合渠道供应链各主体运作策略和利润的变化。模型参数设置如下：$a=100$，$\theta=0.3$，$w=8$，$s=5$，$\eta=0.5$，$\beta_0=0.4$，$M=1$，$k=0.5$，$r_b=0.04$，零售商初始资金 B_0 分别为 $B_0=1000$(资金充足)和 $B_0=500$(资金不足)。

由图 10.6 和图 10.8 可知，在不同的情形(零售商无资金约束以及零售商存在资金约束而制造商提供延期支付合同或外部金融机构提供贷款融资)下，随着网络渠道与网络渠道价格替代效用系数 β_1 的不断增大，下游消费者对不同网络渠道间的产品价格差异会越来越敏感，两网络渠道间的价格竞争会更加激烈，制造商与零售商各自网络渠道的产品价格会不断降低，同时，零售商实体渠道价格也会不断降低。由图 10.7 和图 10.9 可知，在不同的情形(零售商无资金约束以及零售商存在资金约束而制造商提供延期支付合同或外部金融机构提供贷款融资)下，随着网络渠道与网络渠道价格替代效用函数 β_1 的不断增强，供应链各主体利润以及供应链总利润与网络渠道和实体渠道价格替代效用系数 β_0 不断增大时的变化规律一致，这里不再赘述。

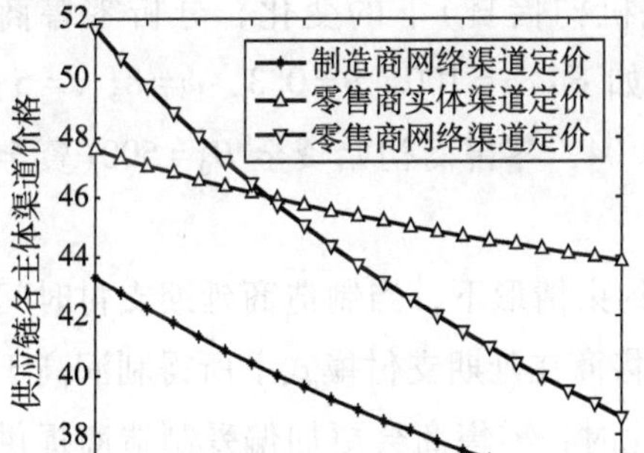

图 10.6　无资金约束下的供应链运作策略 ($B_0=1000$)

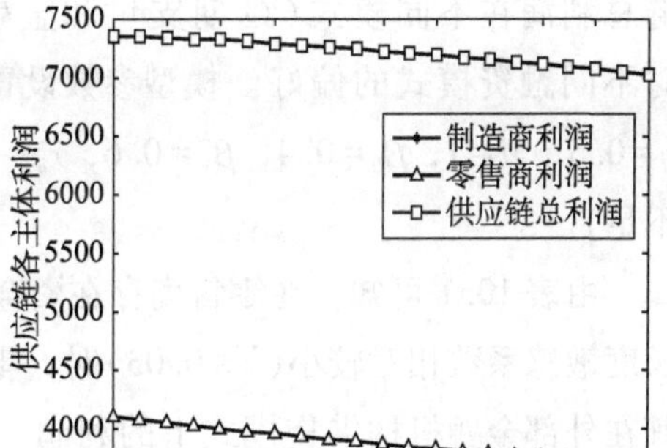

图 10.7　无资金约束下的供应链总利润 ($B_0=1000$)

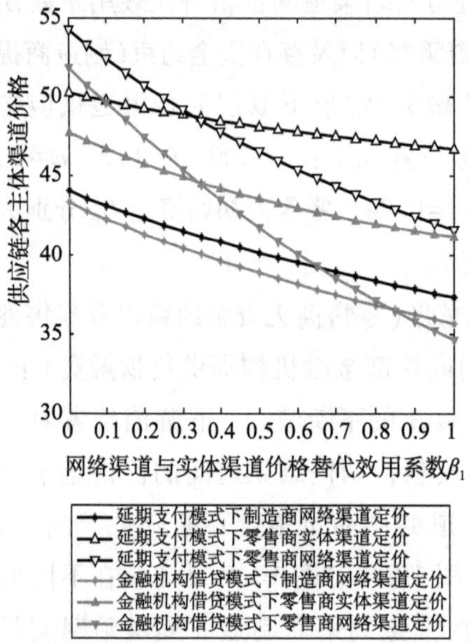

图 10.8 资金约束下的供应链运作策略 ($B_0=500$)

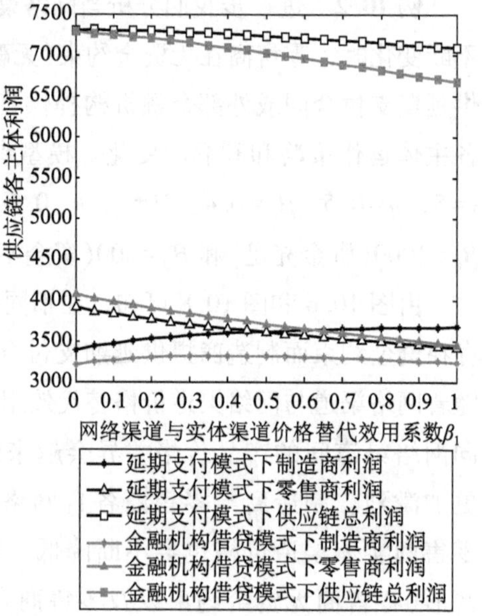

图 10.9 资金约束下的供应链总利润 ($B_0=500$)

例 10.3：我们进一步分析零售商存在资金约束且制造商批发价关于延期支付时间长度敏感系数 k 不断变化时，零售商、制造商的利润以及供应链总利润在不同模式(延期支付和金融机构借贷)下的变化，分析零售商对不同融资模式的偏好。模型参数设置如下：$a=100$，$\theta=0.3$，$w=8$，$s=5$，$\eta=0.5$，$M=1$，$\beta_0=0.4$，$\beta_1=0.6$，$r_b=0.04$，零售商初始资金 $B_0=500$(资金不足)。

由表 10.1 可知，在零售商存在资金约束情形下，当制造商延期支付时间长度敏感系数相对较小($k\leqslant 0.03$)时，零售商在延期支付模式下所得利润高于其在外部金融机构借贷模式下的利润。此时，零售商会更加偏爱制造商提供延期支付模式进行融资订货。但是，当制造商延期支付时间长度敏感系数相对较大($k\geqslant 0.05$)时，零售商在延期支付模式下所得利润始终低于金融机构借贷模式下的利润。此时，零售商会偏爱通过金融机构借贷模式进行融资订货。对制造商来说，他们通过为零售商提供延期支付合同，不仅解决了零售商订货资金不足的问题，也获得了延期支付部分产品批发价格的提高，增加了这部分产品的边际批发利润，并获得了高于零售商在外部金融机构融资时其所得的利润，因此他们偏爱并希望零售商接受其延期支付合同。进一步地，可知无论制造商延期支付时间长度敏感系数如何变化，延期支付模式下的供应链总利润始终高于金融机构借贷模式下的利润，即对整个供应链来说，供应链内部延期支付融资模式要优于外部金融机构借贷融资模式。

表 10.1　不同融资模式下供应链各主体利润以及总利润

参数	延期支付模式			金融机构借贷模式		
	零售商利润 π_r	制造商利润 π_m	供应链总利润 π	零售商利润 π_r	制造商利润 π_m	供应链总利润 π
$k=0.01$	3818.18	3368.27	7186.45	3808.34	3366.39	7174.73
$k=0.03$	3812.52	3376.63	7189.15	3808.34	3366.39	7174.73
$k=0.05$	3806.78	3385.07	7191.85	3808.34	3366.39	7174.73
$k=0.07$	3800.96	3393.61	7194.57	3808.34	3366.39	7174.73

10.5　本章小结

本章针对一个双渠道制造商和一个双渠道零售商组成的双层混合渠道供应链系统，分别研究了零售商无资金约束以及零售商存在资金约束而制造商提供延期支付合同或外部金融机构提供贷款融资模式下供应链各主体的最优策略和利润。研究发现，当零售商面临资金约束时，无论是接受制造商延期支付合同还是在外部金融机构贷款融资，供应链三个渠道产品价格均高于零售商无资金约束时三个渠道产品价格，零售商资金约束导致的融资成本转嫁给了下游消费者，由消费者最终买单。研究还指出，不同渠道间价格替代效用系数的增大会加剧渠道间的价格竞争，对零售商利润和供应链总利润产生消极影响，但对制造商的利润并非始终有害，在一定条件下，渠道价格替代性的增强有利于制造商对零售商双渠道价格形成威慑，使零售商最优渠道产品价格降低，从而有效增加零售商双渠道消费者需求，进而有效增加制造商在零售商处的产品批发收益，最终促使制造商利润增加。对比不同融资模式下供应链各主体利润，可以发现：当制造商延期支付时间长度敏感系数相对较小时，零售商会偏爱制造商提供延期支付合同模式；否则，零售商会偏爱外部金融机构借贷融资模式。对制造商以及整个供应链的利润来说，延期支付模式相对于外部金融机构借贷模式总是最优的。

第11章 资金约束下风险厌恶的双渠道供应链运作策略

20世纪80年代以来，由于经济全球化的冲击以及消费者偏好的不断变化，企业市场需求的不确定性日益增加，一些企业特别是中小零售企业为了规避风险宁愿牺牲部分利益，其风险厌恶程度对其定价、订货决策产生越来越重要的影响。与此同时，资金不足问题也往往是很多企业特别是中小零售企业常常面临的现实困境，加上制造商双渠道销售模式的出现，供应链运作决策变得越来越复杂。因此，研究带有资金约束的风险厌恶型零售商的双渠道供应链运作策略具有非常现实的意义。

本章基于上述研究背景，针对一个风险中性的双渠道制造商和一个带有资金约束的风险厌恶型零售商组成的供应链，研究在两种不同的融资模式(延期支付模式与金融机构借贷模式)下，双渠道供应链各主体的最优运作策略和利润，并进一步分析零售商的风险厌恶程度变化时供应链各主体运作策略和利润的变化，以及在不同市场环境下零售商对两种不同融资模式的偏好。

11.1 模型设定

本章考虑一个制造商和一个零售商组成的供应链系统，其中，制造商是风险中性者并通过双渠道(自身网络直销渠道和零售商渠道)销售产品，而零售商是风险厌恶者且存在资金约束的情况。零售商通过两种方法来解决自身资金不足的问题：①与制造商签订延期支付合同，订货时以批发价 w 支付部分现金(零售商初始资金量 B_0)，剩余货款在零售商销售期结束后再支付给制造商。考虑到资金的时间价值和信贷风险，随着零售商延期支付货款时间长

度 M 的增大，制造商设置的延期支付批发价格 w_0 会相应提高，即制造商延期支付批发价格 w_0 是延期支付货款时间长度 M 的增函数。因此，设制造商根据零售商延期支付的时间长度（销售期长度）对延期支付的产品重新设定一个较高的批发价格 $w_1=we^{kM}$，k 为延期支付时间长度敏感系数。②向供应链外部金融机构借贷支付。零售商向金融机构借贷支付所缺货款，销售实现后再归还金融机构贷款本息。

为了方便比较，我们首先给出当风险厌恶型零售商不存在资金约束（$d_r\leqslant B_0/w$）时，双渠道供应链各主体的最优决策和利润。本章考虑在双渠道供应链中，制造商处于核心地位，属于供应链领导者，与零售商进行 Stackelberg 博弈。博弈顺序如下：制造商先确定给零售商的批发价以及自身网络渠道的零售价，然后零售商根据制造商给定的批发价以及网络零售价确定自身渠道的产品销售价格。

参考 Mukhopadhyay（2008）和 Yan（2010）等的研究，可得以下需求函数：

零售商实体渠道需求：$d_r=s\bar{a}-p_r+\theta_1 p_m$ (11.1)

制造商网络渠道需求：$d_m=(1-s)\bar{a}-p_m+\theta_2 p_r$ (11.2)

其中，$\bar{a}$ 为不确定市场潜在需求规模，其均值为 a，方差为 σ^2；s 为零售商渠道占有的市场需求比例；剩下的 $1-s$ 为制造商网络渠道占有的市场需求比例；p_r 和 p_m 分别为零售商和制造商各自渠道的产品销售价格；$\theta_i<1(i=1,2)$ 分别为由于对方渠道价格所引起的消费者转移程度。为了计算方便，参考 Mukhopadhyay（2008）和 Yan（2010）的研究，我们令 $\theta_1=\theta_2=\theta$，同时假设制造商的产品生产成本 $c=0$。根据 Choi（2002）和 Xiao（2008）的研究，可知具有风险特性的零售商会综合考虑期望利润与期望利润方差的大小。

我们可以采用均值-方差方法来建立零售商的效用函数，则风险厌恶型零售商的效用函数为：

$$U(\pi_r)=(p_r-w)(sa-p_r+\theta p_m)-\lambda_r(p_r-w)^2 s^2\sigma^2 \tag{11.3}$$

风险中性制造商的期望利润为：

$$E(\pi_m)=w(sa-p_r+\theta p_m)+p_m[(1-s)a-p_m+\theta p_r] \tag{11.4}$$

其中，$\lambda_r\geqslant 0$ 为零售商的风险厌恶系数，λ_r 越大，零售商对风险越规避，$\lambda_r=0$ 时，零售商为风险中性。

制造商是 Stackelberg 领导者。采用逆序法，首先考虑当制造商决策给定时零售商的最优决策。

由式(11.3)可得，零售商效用函数是关于p_r的凹函数，从而可得：

$$p_r^0=\frac{sa+\theta p_m+w(1+2\lambda_r s^2\sigma^2)}{2(1+\lambda_r s^2\sigma^2)} \tag{11.5}$$

将式(11.5)代入式(11.4)，可得制造商的期望利润函数：

$$E(\pi_m)=w\left[sa-\frac{sa+\theta p_m+w(1+2\lambda_r s^2\sigma^2)}{2(1+\lambda_r s^2\sigma^2)}+\theta p_m\right]+p_m\left\{(1-s)a-p_m+\frac{\theta[sa+\theta p_m+w(1+2\lambda_r s^2\sigma^2)]}{2(1+\lambda_r s^2\sigma^2)}\right\} \tag{11.6}$$

由式(11.6)可得，制造商的期望利润函数$E(\pi_m)$关于(p_m, w)的黑塞矩阵是负定的，即$E(\pi_m)$是关于(p_m, w)的联合凹函数，从而可得定理11.1。

定理11.1：当零售商初始资金充足时，双渠道供应链各主体的最优决策分别为：

$$\begin{cases}p_r^0=\dfrac{a[(3-\theta^2-2\theta)s+2\theta+2\lambda_r s^2\sigma^2(\theta+s-s\theta)]}{4(1-\theta^2)(1+\lambda_r s^2\sigma^2)}\\ p_m^0=\dfrac{a(1-s+\theta s)}{2(1-\theta^2)},\qquad w^0=\dfrac{a(\theta+s-\theta s)}{2(1-\theta^2)}\end{cases} \tag{11.7}$$

零售商的需求和效用函数，以及制造商的需求和期望利润分别为：

$$\begin{cases}d_r^0=\dfrac{as(1+2\lambda_r s^2\sigma^2)}{4(1+\lambda_r s^2\sigma^2)},\ U(\pi_r^0)=\dfrac{a^2s^2}{16(1+\lambda_r s^2\sigma^2)},\ d_m^0=\dfrac{a[\theta s+2(1-s)(1+\lambda_r s^2\sigma^2)]}{4(1+\lambda_r s^2\sigma^2)},\\ E(\pi_m^0)=\dfrac{a^2\{2-s(1-\theta)(4-3s+\theta s)+2\lambda_r s^2\sigma^2[1-2s(1-\theta)(1-s)]\}}{8(1-\theta^2)(1+\lambda_r s^2\sigma^2)}\end{cases} \tag{11.8}$$

我们进一步分析在无资金约束情形下，零售商风险厌恶程度对供应链各主体运作策略、需求和利润的影响，从而可得性质11.1。

性质11.1：

（i）$\dfrac{\partial p_r^0}{\partial\lambda_r}<0$，$\dfrac{\partial p_m^0}{\partial\lambda_r}=0$，$\dfrac{\partial w^0}{\partial\lambda_r}=0$；

（ii）$\dfrac{\partial d_r^0}{\partial\lambda_r}>0$，$\dfrac{\partial d_m^0}{\partial\lambda_r}<0$，$\dfrac{\partial(d_r^0+d_m^0)}{\partial\lambda_r}>0$；

（iii）$\dfrac{\partial\pi_r^0}{\partial\lambda_r}<0$，$\dfrac{\partial\pi_m^0}{\partial\lambda_r}>0$。

由性质11.1可得，当零售商资金充足时，其最优产品定价与其风险厌恶程度成反比，需求与其风险厌恶程度成正比，即随着零售商风险厌恶程度的提高，其会选择制定一个更低的产品销售价格从而增大产品销量(薄利多销策略)，降低产品销售风险。零售商风险厌恶程度对制造商批发价和网络渠道产品定价策略没有影响，但因零售商渠道产品价格降低，部分网络渠道需求转移到零售商渠道，制造商网络渠道需求下降。进一步地，零售商销售价格的降低刺激了零售商渠道需求的增加，也增加了整个市场的总需求，即整个市场需求随零售商风险厌恶程度的提高而增加。由性质11.1也可以得出，零售商的风险厌恶程度会对其利润产生消极影响，随着零售商风险厌恶程度的提高，零售商利润会不断减少，但其风险厌恶程度对制造商却是有益的，随着零售商风险厌恶程度的提高，制造商利润会不断增加。

结论11.1：当零售商资金充足时，风险中性的双渠道制造商更愿意和风险厌恶型零售商合作。

结论11.1指出了在零售商无资金约束情形下，双渠道制造商对下游零售商的选择偏好。然而，在生产实践中，很多零售商往往存在订货资金不足的问题。下面我们进一步探讨当零售商面临资金约束时，在两种不同的融资模式下双渠道供应链各主体的最优运作策略和利润。

11.2 延期支付模式

本节考虑当零售商初始资金 B_0 不足以满足自身订货需求($d_r>B_0/w$)时，零售商先用全部初始资金 B_0 以批发价格 w 在制造商处批发部分产品，可得订购量为 B_0/w，而剩余所需产品数量 d_r-B_0/w 将采用延期支付的形式购买。考虑到资金的时间价值，在零售商需求完全实现以后，制造商要求零售商再以新的批发价格 $w_1=we^{kM}(k>0,\ M\geqslant 0)$ 付款给制造商。其中，M 为零售商的延期支付时间长度，k 为延期支付时间长度敏感系数。新的批发价格是零售商延期支付时间长度的增函数，零售商延期支付的时间越长，其付给制造商新的批发价格越高。

风险厌恶型零售商的效用函数和风险中性制造商的期望利润函数分别为：

$$U(\pi_r)=\frac{(p_r-w)B_0}{w}+(p_r-we^{kM})\left(sa-p_r+\theta p_m-\frac{B_0}{w}\right)-\lambda_r(p_r-we^{kM})^2s^2\sigma^2 \tag{11.9}$$

$$E(\pi_m)=B_0+we^{kM}\left(sa-p_r+\theta p_m-\frac{B_0}{w}\right)+p_m[(1-s)a-p_m+\theta p_r] \tag{11.10}$$

与零售商无资金约束情形下的计算方法相似，采用逆序法，首先考虑当制造商决策给定时零售商的最优决策。

由式(11.9)可得，零售商效用函数是关于p_r的凹函数，从而可得：

$$p_r^1=\frac{sa+\theta p_m+we^{kM}(1+2\lambda_r s^2\sigma^2)}{2(1+\lambda_r s^2\sigma^2)} \tag{11.11}$$

将式(11.11)代入式(11.10)，可得制造商的期望利润函数：

$$E(\pi_m)=B_0+we^{kM}\left[sa-\frac{sa+\theta p_m+we^{kM}(1+2\lambda_r s^2\sigma^2)}{2(1+\lambda_r s^2\sigma^2)}+\theta p_m-\frac{B_0}{w}\right]+$$
$$p_m\left\{(1-s)a-p_m+\frac{\theta[sa+\theta p_m+we^{kM}(1+2\lambda_r s^2\sigma^2)]}{2(1+\lambda_r s^2\sigma^2)}\right\} \tag{11.12}$$

由式(11.12)可得，制造商期望利润函数$E(\pi_m)$关于(p_m, w)的黑塞矩阵是负定的，即$E(\pi_m)$是关于(p_m, w)的联合凹函数，从而可得定理11.2。

定理11.2：在延期支付模式下，双渠道供应链各主体的最优决策分别为：

$$\begin{cases}p_r^1=\dfrac{a[(3-\theta^2-2\theta)s+2\theta+2\lambda_r s^2\sigma^2(\theta+s-s\theta)]}{4(1-\theta^2)(1+\lambda_r s^2\sigma^2)},\ p_m^1=\dfrac{a(1-s+\theta s)}{2(1-\theta^2)}\\ w^1=\dfrac{a(\theta+s-\theta s)}{2e^{kM}(1-\theta^2)},\ w_1^1=\dfrac{a(\theta+s-\theta s)}{2(1-\theta^2)}\end{cases} \tag{11.13}$$

零售商的需求和效用函数，以及制造商的需求和期望利润函数分别为：

$$\begin{cases}d_r^1=\dfrac{as(1+2\lambda_r s^2\sigma^2)}{4(1+\lambda_r s^2\sigma^2)},\quad U(\pi_r^1)=\dfrac{a^2s^2+16B_0(e^{kM}-1)(1+\lambda_r s^2\sigma^2)}{16(1+\lambda_r s^2\sigma^2)}\\ d_m^1=\dfrac{a[\theta s+2(1-s)(1+\lambda_r s^2\sigma^2)]}{4(1+\lambda_r s^2\sigma^2)}\\ E(\pi_m^1)=\dfrac{a^2\{2-s(1-\theta)(4-3s+\theta s)+2\lambda_r s^2\sigma^2[1-2s(1-\theta)(1-s)]\}-8B_0(1-\theta^2)(e^{kM}-1)(1+\lambda_r s^2\sigma^2)}{8(1-\theta^2)(1+\lambda_r s^2\sigma^2)}\end{cases} \tag{11.14}$$

我们进一步分析零售商存在资金约束，且制造商提供延期支付合同时，零售商风险厌恶程度对供应链各主体运作策略、需求和利润的影响，从而可得性质11.2。

性质11.2：

(ⅰ) $\dfrac{\partial p_r^1}{\partial \lambda_r}<0$，$\dfrac{\partial p_m^1}{\partial \lambda_r}=0$，$\dfrac{\partial w^1}{\partial \lambda_r}=\dfrac{\partial w_1^1}{\partial \lambda_r}=0$；

（ⅱ）$\frac{\partial d_r^1}{\partial \lambda_r}>0$，$\frac{\partial d_m^1}{\partial \lambda_r}<0$，$\frac{\partial (d_r^1+d_m^1)}{\partial \lambda_r}>0$；

（ⅲ）$\frac{\partial \pi_r^1}{\partial \lambda_r}<0$，$\frac{\partial \pi_m^1}{\partial \lambda_r}>0$。

由性质 11.2 可得，当零售商存在资金约束，且制造商为其提供延期支付合同时，零售商风险厌恶程度对供应链各主体运作策略、需求和利润的影响与零售商无资金约束情形下一致，这里不再赘述。

结论 11.2：当零售商存在资金约束且制造商提供延期支付合同时，风险中性的双渠道制造商仍然更偏爱与风险厌恶型零售商合作。

对比零售商无资金约束情形与资金约束下的延期支付情形，可得结论 11.3。

结论 11.3：

（ⅰ）$w^1 \leqslant w_1^1 = w^0$，$p_r^0 = p_r^1$，$p_m^0 = p_m^1$；

（ⅱ）$d_r^0 = d_r^1$，$d_m^0 = d_m^1$；

（ⅲ）$\pi_r^0 \leqslant \pi_r^1$，$\pi_m^0 \geqslant \pi_m^1$，$\pi_r^0 + \pi_m^0 = \pi_r^1 + \pi_m^1$。

由结论 11.3 可得，当零售商存在资金约束时，制造商为零售商提供延期支付合同后，零售商用初始资金订货的产品批发价格降低，而延期支付的产品批发价格与零售商没有资金约束时的批发价格一致，即对资金约束的零售商来说，制造商通过延期支付合同，在批发价格上给予零售商部分优惠，从而有效刺激了零售商的订货动机。此时，供应链中双渠道的产品销售价格与需求均不受零售商资金约束的影响，与零售商资金充足时的最优决策相同，且此时双渠道供应链总利润达到了零售商无资金约束时供应链的总利润。因此，当零售商存在资金约束时，制造商延期支付合同的设计可以有效解决零售商资金不足问题，使双渠道最优产品售价不再受零售商资金约束的影响。但是，这对制造商来说是有代价的，制造商利润会低于零售商资金充足情形下的利润，而零售商的利润却高于其资金充足时的利润，即当供应链中制造商愿意提供延期支付合同时，一定的负债水平（延期支付）会有效增加零售商的利润。这也在一定程度上解释了现代市场经济中，很多企业会选择甚至在一定程度上偏爱负债经营这种普遍的经济现象。

由结论 11.3 可以看出，在生产实践中，制造商更愿意选择与资金充足的零售商合作，当零售商能够向外部金融机构借贷时，制造商有一定的动机不提供延期支付合同，从而使零售商选择金融机构贷款，进而一次性付清制造商所有货款。那么在这种情形下，制造商是否一定能够获得更多利润，零售商利润又会有什么样的变化？下面我们将进一步讨论当零售商存在资金约束并且选择外部金融机构贷款情形下，供应链各主体的运作策略和利润的变化。

11.3 金融机构借贷模式

我们进一步考虑零售商存在资金约束，但制造商不提供延期支付合同时的情形，零售商需要在订货之前通过外部金融机构借贷来满足自身订货需求，贷款金额为 wd_r-B_0，销售期结束后需要向金融机构归还的本息为 $(wd_r-B_0)(1+MI_b)$，其中 I_b 为金融机构的融资年利息率。

风险厌恶型零售商的效用函数以及风险中性制造商的期望利润函数分别为：

$$U(\pi_r)=(p_r-w)(sa-p_r+\theta p_m)-\lambda_r(p_r-w)^2s^2\sigma^2-(wd_r-B_0)MI_b \quad (11.15)$$

$$E(\pi_m)=w(sa-p_r+\theta p_m)+p_m[(1-s)a-p_m+\theta p_r] \quad (11.16)$$

仍然采用逆序法，首先考虑当制造商决策给定时零售商的最优决策。

由式(11.15)可得，零售商效用函数是关于 p_r 的凹函数，从而可得：

$$p_r^2=\frac{sa+\theta p_m+w(1+MI_b+2\lambda_r s^2\sigma^2)}{2(1+\lambda_r s^2\sigma^2)} \quad (11.17)$$

将式(11.17)代入式(11.16)，可得制造商的期望利润函数：

$$E(\pi_m)=w\left[sa-\frac{sa+\theta p_m+w(1+MI_b+2\lambda_r s^2\sigma^2)}{2(1+\lambda_r s^2\sigma^2)}+\theta p_m\right]+p_m\left\{(1-s)a-p_m+\frac{\theta[sa+\theta p_m+w(1+MI_b+2\lambda_r s^2\sigma^2)]}{2(1+\lambda_r s^2\sigma^2)}\right\} \quad (11.18)$$

由式(11.18)可得，制造商期望利润函数 $E(\pi_m)$ 关于 (p_m, w) 的黑塞矩阵为：

$$H=\begin{bmatrix} -2+\dfrac{\theta^2}{1+\lambda_r s^2\sigma^2} & \dfrac{\theta(2+4\lambda_r s^2\sigma^2+MI_b)}{2(1+\lambda_r s^2\sigma^2)} \\ \dfrac{\theta(2+4\lambda_r s^2\sigma^2+MI_b)}{2(1+\lambda_r s^2\sigma^2)} & -\dfrac{1+2\lambda_r s^2\sigma^2+MI_b}{1+\lambda_r s^2\sigma^2} \end{bmatrix}$$

其中，$|H|=\dfrac{16\lambda_r^2s^4\sigma^4(1-\theta^2)+8\lambda_r s^2\sigma^2(1-\theta^2)(3+MI_b)+8(1-\theta^2)(1+MI_b)-M^2\theta^2I_b^2}{4(1+\lambda_r s^2\sigma^2)^2}$。

由上述黑塞矩阵可得性质11.3。

性质11.3：制造商期望利润函数$E(\pi_m)$分别是p_m和w的凹函数，但不是(p_m, w)的联合凹函数。

由性质11.3可得，制造商期望利润函数并不始终是(p_m, w)的联合凹函数。因此，我们分以下两种情形来讨论：

情形一：当$|H|>0$时，制造商期望利润函数$E(\pi_m)$关于(p_m, w)的黑塞矩阵是负定的，即$E(\pi_m)$是关于(p_m, w)的联合凹函数。此时有$16\lambda_r^2s^4\sigma^4(1-\theta^2)+8\lambda_rs^2\sigma^2(1-\theta^2)(3+MI_b)+8(1-\theta^2)(1+MI_b)>M^2\theta^2I_b^2$。与延期支付情形下的计算方法类似，可得定理11.3。

定理11.3：在金融机构借贷模式（情形一）下，双渠道供应链各主体的最优决策分别为：

$$\begin{cases} p_m^{21}=\dfrac{a[8\lambda_r^2s^4\sigma^4(1+s\theta-s)+2\lambda_rs^2\sigma^2u_2+u_3]}{u_1} \\ w^{21}=\dfrac{a[8\lambda_r^2s^4\sigma^4(\theta+s-s\theta)+2\lambda_rs^2\sigma^2u_4+u_5]}{u_1} \\ p_r^{21}=\dfrac{a[2\lambda_rs^2\sigma^2u_6+8\lambda_r{}^2s^4\sigma^4(\theta+s-\theta s)+u_7]}{u_1} \end{cases} \tag{11.19}$$

其中，$u_1=16\lambda_r^2s^4\sigma^4(1-\theta^2)+8\lambda_rs^2\sigma^2(1-\theta^2)(3+MI_b)+8(1-\theta^2)(1+MI_b)-M^2\theta^2I_b^2$，

$u_2=2(1-s)(3+MI_b)+s\theta(6+MI_b)$，$u_3=4(1-s)(1+MI_b)+s\theta(4+3MI_b)$，

$u_4=6s+\theta(1-s)(6+MI_b)$，$u_5=2\theta(1-s)(2+MI_b)+s(4+\theta^2MI_b)$，

$u_6=2(s-\theta s+\theta)(1+MI_b)+\theta(1-s)(4+MI_b)+2s(3-\theta^2)$，

$u_7=(1+MI_b)[\theta(1-s)(4+MI_b)+2s(3-\theta^2)]$。

零售商的需求和效用函数，以及制造商的需求和期望利润函数分别为：

$$\begin{cases} d_r^{21}=\dfrac{a[2\lambda_rs^2\sigma^2u_8+8\lambda_r^2s^5\sigma^4(1-\theta^2)+u_9]}{u_1},\ U(\pi_r^{21})=\dfrac{a^2(\xi_1\xi_2-\lambda_rs^2\sigma^2\xi_1^2-MI_b\xi_2\xi_3)}{u_1^2}+B_0MI_b \\ d_m^{21}=\dfrac{a[8\lambda_r^2s^4\sigma^4(1-\theta^2)(1-s)+2\lambda_rs^2\sigma^2u_{10}+u_{11}]}{u_1},\ E(\pi_m^{21})=\dfrac{a^2(\xi_2\xi_3+\xi_4\xi_5)}{u_1^2} \end{cases} \tag{11.20}$$

其中，$u_8=2s(1-\theta^2)(2+MI_b)-\theta MI_b(1+\theta s-s)$，

$u_9=[2s(1-\theta^2)-\theta MI_b(1+\theta s-s)](1+MI_b)$，

$u_{10}=2(1-\theta^2)(3-3s+\theta s)+MI_b(1-s)(2-\theta^2)+\theta sMI_b$，

$u_{11}=4+4MI_b-4\theta^2-3\theta^2MI_b-s(1-\theta)[2(1+MI_b)(2-\theta^2)+\theta(2+MI_b)]$，

$\xi_1=2\lambda_r s^2\sigma^2(u_6-u_4)+u_7-u_5$，　$\xi_2=2\lambda_r s^2\sigma^2 u_8+8\lambda_r^2 s^5\sigma^4(1-\theta^2)+u_9$，

$\xi_3=2\lambda_r s^2\sigma^2 u_4+8\lambda_r^2 s^4\sigma^4(\theta+s-s\theta)+u_5$，$\xi_4=2\lambda_r s^2\sigma^2 u_2+8\lambda_r^2 s^4\sigma^4(1+s\theta-s)+u_3$，

$\xi_5=2\lambda_r s^2\sigma^2 u_{10}+8\lambda_r^2 s^4\sigma^4(1-s)(1-\theta^2)+u_{11}$。

对比零售商无资金约束情形与资金约束下金融机构借贷情形，可得结论 11.4。

结论 11.4：

（i）$p_r^0<p_r^{21}$：

如果 $I_b>I_b^*$，有 $p_m^0>p_m^{21}$；否则，$p_m^0\leqslant p_m^{21}$。

如果 $I_b>I_b^{\#}$，有 $w^0<w^{21}$；否则，$w^0\geqslant w^{21}$。

（ii）$d_r^0>d_r^{21}$，$d_m^0<d_m^{21}$。

其中，$I_b^*=\dfrac{(1-\theta^2)(2s+4\lambda_r s^3\sigma^2)}{\theta M(1+s\theta-s)}$，

$$I_b^{\#}=\frac{(1-\theta^2)\{\lambda\sigma^2 s^2[4\theta+s(8-4\theta)]+4\theta+2s(4-2\theta-\theta^2)\}}{M\theta^2(\theta+s-s\theta)}。$$

由结论 11.4 可知，在金融机构借贷情形下，零售商销售价格高于其资金充足情形下的价格，而需求低于其资金充足情形下的需求。此时，零售商将资金约束所引起的额外的金融机构融资成本转嫁给了下游顾客，从而导致零售商渠道的顾客需求下降。对制造商而言，此情形下其批发价格以及网络渠道价格的高低主要受到金融机构为零售商提供的融资年利息率大小的影响。这也正好印证了研究背景中所提到的双渠道供应链中制造商和零售商既合作又竞争的关系，制造商受零售商的影响更加明显，其运作策略也更加复杂。由结论 11.4 可知，零售商通过金融机构贷款融资时，制造商网络渠道需求高于零售商资金充足情形下的需求，此时零售商将金融机构贷款引起的融资成本转嫁给了下游顾客，销售价格提高，从而导致许多顾客转移到制造商网络渠道购买产品。

情形二：当 $|H|\leqslant 0$ 时，制造商的期望利润函数 $E(\pi_m)$ 不是 (p_m, w) 的联合凹函数，此时有 $16\lambda_r^2 s^4\sigma^4(1-\theta^2)+8\lambda_r s^2\sigma^2(1-\theta^2)(3+MI_b)+8(1-\theta^2)(1+MI_b)\leqslant M^2\theta^2I_b^2$。我们可以运用两阶段最优技术，先给定制造商网络渠道价格 p_m，找到最优的批发价格 w，并代入式（11.18），得到仅关于 p_m 的期望利润函数 $E(\pi_m)$，然后再找出最优的 p_m，使制造商期望利润函数 $E(\pi_m)$ 达到最大。

由式(11.18)可得，对任意给定的p_m，最优批发价w为：

$$w^{22}=\frac{(sa+2\theta p_m)(1+2\lambda_r s^2\sigma^2)+\theta p_m MI_b}{2(1+2\lambda_r s^2\sigma^2+MI_b)} \tag{11.21}$$

将式(11.21)代入式(11.18)，可将制造商的期望利润函数转化为：

$$E(\pi_m)=Ap_m^2+Bp_m+C \tag{11.22}$$

其中，$A=\frac{-16\lambda_r^2 s^4\sigma^4(1-\theta^2)-8\lambda_r s^2\sigma^2(1-\theta^2)(3+MI_b)-8(1-\theta^2)(1+MI_b)+M^2\theta^2 I_b^2}{8(1+\lambda_r s^2\sigma^2)(1+2\lambda_r s^2\sigma^2+MI_b)}>0$，

$B=\frac{a\{8\lambda_r^2 s^4\sigma^4(1+s\theta-s)+2\lambda_r s^2\sigma^2[s\theta(6+MI_b)+2(1-s)(3+MI_b)]+s\theta(3MI_b+4)+4(1-s)(1+MI_b)\}}{4(1+\lambda_r s^2\sigma^2)(1+2\lambda_r s^2\sigma^2+MI_b)}>0$，

$C=\frac{a^2s^2\ (1+2\lambda_r s^2\sigma^2)^2}{8(1+\lambda_r s^2\sigma^2)(1+2\lambda_r s^2\sigma^2+MI_b)}>0$。

制造商期望利润函数$E(\pi_m)$关于网络渠道价格p_m始终单调递增，因为渠道需求为非负，即满足$d_r\geqslant 0$，$d_m\geqslant 0$，可得定理11.4。

定理11.4：在金融机构借贷模式(情形二)下，双渠道供应链各主体的最优决策和需求分别为：

$$\begin{cases} p_m^{22}=\frac{sa+2a\lambda_r s^3\sigma^2}{\theta MI_b}, \quad w^{22}=\frac{sa(1+2\lambda_r s^2\sigma^2)}{MI_b},\ p_r^{22}=\frac{sa(1+2\lambda_r s^2\sigma^2+MI_b)}{MI_b} \\ d_m^{22}=\frac{a[\theta MI_b(1+s\theta-s)-s(1-\theta^2)(1+2\lambda_r s^2\sigma^2)]}{\theta MI_b},\quad d_r^{22}=0 \end{cases} \tag{11.23}$$

由定理11.4可得，在这种情形下，零售商需求为零，无法再通过销售获得利润。因此，零售商会放弃选择金融机构借贷模式，只以自身初始资金订货(资金不足)，此时制造商将始终有足够的动机为零售商提供延期支付合同，满足零售商的订货需求，从而获得更多利润。

结论11.5：当零售商存在资金约束，且外部金融机构提供贷款融资服务时，在一定条件($|H|\leqslant 0$)下，零售商始终不会选择金融机构借贷模式。

结论11.5表明，当零售商存在资金约束时，尽管供应链外部金融机构提供贷款服务，但零售商并不会始终选择贷款融资，在一定条件下，如贷款成本或者贷款利息率过高($|H|\leqslant 0$)，零售商无法从贷款融资中获利，甚至会牺牲自己的部分利润，此时零售商会放弃金融机构的贷款融资服务。因此，对制造商来说，当零售商外部金融机构融资成本过高时，会有较强的动机为

零售商提供延期支付合同，解决零售商资金不足问题，刺激零售商订货，从而获得更多利润。

11.4 数值仿真及分析

例 11.1：在金融机构借贷模式下，零售商和双渠道制造商的价格、需求和利润表达式十分复杂，难以直接得出零售商风险特征对各类决策的影响。下面我们通过数值仿真来分析和展现其中的关系。具体模型参数设置如下：$B_0=200$，$a=50$，$\theta=0.3$，$s=0.6$，$\sigma=2$，$M=1$，$I_b=0.04$，$k=0.2$。

从图 11.1、图 11.2 可以看出，在金融机构借贷模式下，随着零售商风险厌恶系数的增大，零售商的销售价格逐渐下降，而制造商网络渠道销售价格保持不变，零售商渠道需求逐渐增加，而制造商网络渠道需求逐渐减少。进一步地，零售商利润会随着风险厌恶程度的提高而减少，制造商利润会随着零售商风险厌恶系数的增大而增加，即当零售商存在资金约束且通过金融机构借贷融资时，风险中性的双渠道制造商仍然偏爱与风险厌恶型零售商合作。

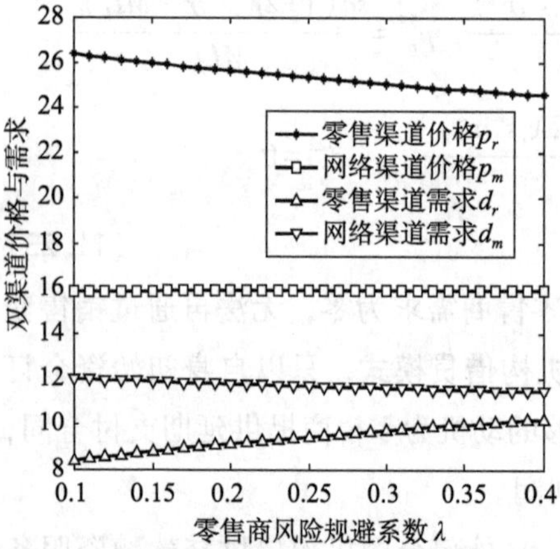

图 11.1 双渠道价格、需求与零售商风险厌恶的关系

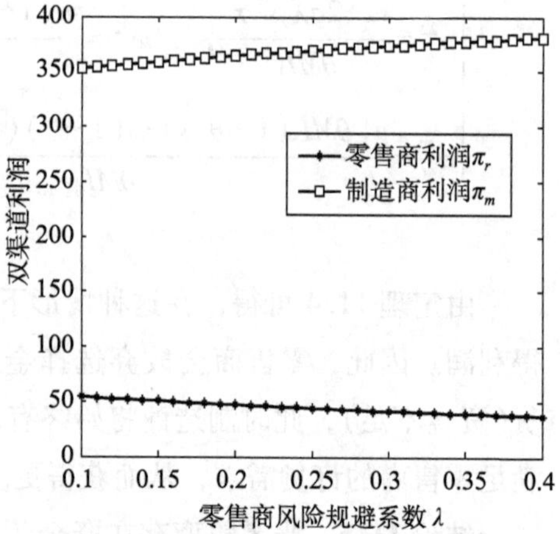

图 11.2 双渠道利润与零售商风险规避的关系

我们进一步分析零售商存在资金约束且制造商批发价对延期支付时间长度敏感系数不断变化时，零售商、制造商的利润和供应链总利润在不同模式(延期支付模式和金融机构借贷模式)下的变化，以及零售商对不同融资模式的偏好。

例 11.2：具体模型参数设置如下：$B_0=200$，$a=50$，$\theta=0.3$，$s=0.6$，$\sigma=2$，

$M=1$，$I_b=0.04$，$\lambda=0.3$。

由表11.1可知，在零售商存在资金约束情形下，当制造商延期支付时间长度敏感系数很小($k=0.01$)时，零售商在延期支付模式下所得利润低于其在外部金融机构借贷情形下的利润，此时，零售商会更加偏爱采用金融机构借贷模式进行融资订货。但是，当制造商延期支付时间长度敏感系数相对较大($k\geqslant0.21$)时，零售商在延期支付模式下所得利润始终高于在金融机构借贷模式下的利润，此时，零售商会偏爱采用延期支付模式进行融资订货。对制造商来说，其所偏爱的模式与零售商正好相反。

表11.1　不同融资模式下供应链各主体利润以及总利润

参数	延期支付模式			金融机构借贷模式		
	零售商利润 π_r	制造商利润 π_m	供应链总利润 π	零售商利润 π_r	制造商利润 π_m	供应链总利润 π
$k=0.01$	41.2908	375.4725	416.7632	41.5599	373.4284	414.9883
$k=0.21$	86.0163	330.7469	416.7632	41.5599	373.4284	414.9883
$k=0.41$	140.6443	276.1189	416.7632	41.5599	373.4284	414.9883
$k=0.61$	207.3670	209.3962	416.7632	41.5599	373.4284	414.9883

11.5　本章小结

本章在考虑零售商风险态度的基础上，分析了资金约束对双渠道供应链各主体运作决策的影响，给出了在不同的融资模式下，供应链各主体的最优决策和利润。进一步地，分析了零售商风险厌恶程度对供应链运作决策、需求和利润的影响，指出当零售商资金充足或存在资金约束但通过不同融资模式进行融资时，风险中性的双渠道制造商都更愿意和风险厌恶型零售商合作。当零售商资金不足时，制造商延期支付合同的设计可以有效解决零售商资金不足的问题，实现供应链无资金约束时的利润。但是，这对制造商来说是有代价的，制造商利润会低于零售商资金充足情形下的利润，而零售商的利润却高于其资金充足时的利润，即当供应链中制造商愿意提供延期支付合同时，一定的负债水平会有效增加零售商的利润。研究还指出，尽管金融机构提供借贷，但在一定条件下，零售商不会选择金融机构借贷模式。最后，通过数值仿真及分析指出，当制造商延期支付时间长度敏感系数很小时，零售商会偏爱金融机构借贷模式，否则，零售商偏爱延期支付融资模式。

第12章 资金约束下公平偏好的双渠道供应链运作策略

随着电子商务技术的快速发展，越来越多的制造商开辟了线上直销渠道。制造商线上直销渠道的引入，有效增加了市场潜在需求，但也给制造商带来更大的资金压力，使其常常陷入生产资金不足困境。供应链中双渠道制造商资金不足问题，不仅影响到其自身的正常生产运作，也可能导致下游零售商渠道缺货，给零售商带来损失。为了解决制造商资金不足问题，目前实践中有两种较为常用的方法：①制造商直接向银行或者其他金融机构贷款融资，以满足其生产所需的全部资金。例如，仅 2017 年上半年，中国银行对制造企业的贷款余额就达到了 1.71 万亿元，有效缓解了制造企业资金不足的问题。②制造商通过给予下游零售商部分产品批发价优惠，要求零售商提前支付部分货款，从而满足其生产所需的全部资金。例如，双渠道企业格力电器就通过销售政策鼓励下游零售商提前支付货款，借助销售渠道的融资能力，有效缓解了自身资金不足的问题。行为研究表明，供应链成员通常具有公平偏好行为，他们既关注自身利润，也关心自身能否得到公平的待遇，这会进一步影响其运作决策和利润，而当制造商存在资金约束并通过融资来解决自身资金不足问题时，公平偏好行为对其运作决策和利润的影响可能更加明显。因此，研究带有资金约束的公平偏好制造商的双渠道供应链融资策略具有十分现实的意义。

本章针对双渠道制造商存在公平偏好特性情形，研究两种不同的融资模式(金融机构借贷融资模式与预付款融资模式)下，双渠道供应链各主体的最优运作决策和利润，分析制造商公平偏好特性对供应链博弈均衡策略的影响，指出在一定的市场潜在需求规模下，公平偏好的制造商通过预付款模式进行融资时，零售商和制造商可能获得高于无资金约束时其所得的利润。当预付款时间长度敏感系数相对较小时，制造商会倾向于选择预付款融资模式；否则，制造商会倾向于选择金融机构借贷融资模式。

12.1 模型设定

本章考虑一个资金约束的制造商和一个零售商组成的供应链，其中，制造商具有公平偏好特性并通过双渠道(网络直销渠道和零售商渠道)销售产品。假设市场需求信息是完全对称的，制造商清楚地知道双渠道的实际需求量，并根据实际需求安排生产，生产出来的产品完全销售，不存在库存问题。当制造商生产资金不足以满足双渠道消费者的需求时，他们会考虑采用以下两种模式进行融资：①供应链外部金融机构借贷融资模式，即制造商向外部金融机构借贷支付生产所缺资金，销售实现后再归还金融机构贷款本息；②预付款融资模式，即制造商与零售商签订预付款合同，对零售商提前支付货款的部分商品给予批发价格折扣优惠，未提前支付货款的商品不给予批发价格优惠，从而有效激励零售商提前支付货款，解决自身生产资金不足的问题。

为了方便比较，首先给出当公平偏好制造商不存在资金约束时，双渠道供应链各主体的最优决策和利润。参考 Mukhopadhyay(2008)和 Zhou(2018)等的研究，得到以下需求函数：

零售商实体渠道的需求：$d_1=\varphi a-p_1+\theta_1 p_2$ (12.1)

制造商网络渠道的需求：$d_2=(1-\varphi)a-p_2+\theta_2 p_1$ (12.2)

其中，a 为市场潜在需求规模，φ 为零售商渠道占有的市场需求比例，剩下的 $1-\varphi$ 为制造商网络渠道占有的市场需求比例，p_1 和 p_2 分别为零售商和制造商各自渠道的产品销售价格，$\theta_i<1(i=1,2)$ 为由于对方渠道价格所引起的消费者转移程度，制造商单位产品生产成本为 c，产品批发价格为 w。为了计算方便，参考 Mukhopadhyay(2008)和 Zhou(2018)等的研究，令 $\theta_1=\theta_2=\theta$。

当双渠道制造商不存在公平偏好时，供应链各主体的利润函数如下：

零售商的利润函数：$\pi_r=(p_1-w)(\varphi a-p_1+\theta p_2)$ (12.3)

制造商的利润函数：$\pi_m=(w-c)(\varphi a-p_1+\theta p_2)+(p_2-c)[(1-\varphi)a-p_2+\theta p_1]$ (12.4)

参考 Cui(2007)和王磊(2015)等的研究，当双渠道制造商存在公平偏好时，其效用函数为 $u_m=\pi_m-\beta(\gamma\pi_r-\pi_m)$。其中，$0<\beta<1$ 为制造商的公平偏好系

数，$\gamma>0$ 为公平比例。本章公平参考点为参与方的相对利润，并假设当己方利润低于对方相对利润时，公平效用为负值，如果超过对方相对利润，则获得正的公平效用。

当双渠道制造商存在公平偏好时，其效用函数为：

$$u_m=(w-c)(\varphi a-p_1+\theta p_2)+(p_2-c)[(1-\varphi)a-p_2+\theta p_1]-\beta(\gamma\pi_r-\pi_m) \tag{12.5}$$

本章考虑供应链中制造商为 Stackelberg 领导者。博弈顺序如下：制造商先给出产品批发价格 w 和网络渠道产品价格 p_2，零售商在观察到制造商的决策后再确定自身实体渠道产品价格 p_1。采用逆序法，并记上标 0 为公平偏好的制造商不存在资金约束时的情形，可得定理 12.1。

定理 12.1：当制造商无资金约束时，双渠道供应链各主体的最优决策分别为：

$$p_1^0=\frac{c(1+\beta)+(\varphi a+\theta c)(1+\beta+\beta\gamma)}{2(2+\beta\gamma+2\beta)}+\frac{a(\varphi+\theta-\theta\varphi)}{2(1-\theta^2)} \tag{12.6}$$

$$p_2^0=\frac{a(1-\varphi+\varphi\theta)+c(1-\theta^2)}{2(1-\theta^2)} \tag{12.7}$$

$$w^0=\frac{\varphi a(1-\theta)(2+2\gamma+\theta\gamma)+c(1-\theta^2)(2+\theta\gamma)+a\theta(\gamma+2)}{2(1-\theta^2)(\gamma+2)}-\frac{\gamma(\varphi a-c+c\theta)}{(\gamma+2)(2+\beta\gamma+2\beta)} \tag{12.8}$$

零售商的需求和利润函数，以及制造商的需求和效用函数分别为：

$$d_1^0=\frac{(1+\beta)(\varphi a-c+c\theta)}{2(2+2\beta+\beta\gamma)} \tag{12.9}$$

$$\pi_r^0=\frac{(1+\beta)^2(\varphi a-c+c\theta)^2}{4(2+2\beta+\beta\gamma)^2} \tag{12.10}$$

$$d_2^0=\frac{a(1-\varphi+\theta\varphi)-c(1-\theta^2)}{2}-\frac{\theta(1+\beta)(\varphi a-c-c\theta)}{2(2+2\beta+\beta\gamma)} \tag{12.11}$$

$$u_m^0=\frac{a^2(1+\beta)[1+\theta+(1-2\varphi)^2(1-\theta)]}{8(1-\theta^2)}-\frac{(1+\beta)[a^2\varphi^2(1+\beta+\beta\gamma)-2ac\varphi(1-\theta)(1+\beta+\beta\gamma)+c\xi_0]}{4(2+2\beta+\beta\gamma)} \tag{12.12}$$

其中，$\xi_0=2a(2+2\beta+\beta\gamma)-c(1-\theta)(3+\theta)(1+\beta)-bc\gamma(1-\theta^2)$。

我们进一步分析无资金约束情形下，制造商公平偏好程度对双渠道产品价格、需求和零售商利润的影响，可得性质 12.1。

性质 12.1：

(ⅰ) $\frac{\partial p_1^0}{\partial \beta}>0$，$\frac{\partial p_2^0}{\partial \beta}=0$，$\frac{\partial w^0}{\partial \beta}>0$；

(ⅱ) $\frac{\partial d_1^0}{\partial \beta}<0$，$\frac{\partial d_2^0}{\partial \beta}>0$，$\frac{\partial (d_1^0+d_2^0)}{\partial \beta}<0$；

(ⅲ) $\frac{\partial \pi_r^0}{\partial \beta}<0$。

由性质 12.1 可得，在无资金约束时，制造商网络渠道产品价格与其公平偏好程度无关，而批发价与公平偏好程度成正比，即随着制造商公平偏好程度的提高，他们一方面通过维持自身网络渠道产品价格不变来保证其网络渠道价格竞争优势，另一方面通过提高产品批发价的方式从零售商处分割更多的单位产品批发收益，以减弱其利润分配不公平的感受。此时，零售商实体渠道产品价格也相应提高，将制造商批发价提高为其带来的单位边际利润减少的消极效应转嫁给了下游消费者。因零售商实体渠道产品价格提高，制造商网络渠道产品价格不变，部分消费者会转移到网络渠道上来购物，导致零售商渠道需求不断减少，而制造商网络渠道需求不断增加。因双渠道产品整体价格的相对提高(网络渠道价格不变而实体渠道价格提高)，市场消费者整体需求减少，双渠道总需求不断减少，即制造商公平偏好对供应链整体需求产生了消极影响。此外，由性质 12.1(ⅲ)可得，制造商公平偏好会对零售商利润产生消极影响，即随着制造商公平偏好程度的提高，零售商产品价格提高引起其利润增加的正效应会被其需求减少引起利润减少的负效应抵消，零售商利润会不断减少。

结论 12.1：当制造商资金充足时，零售商更愿意与无公平偏好的双渠道制造商展开合作。

结论 12.1 指出了在制造商资金充足情形下，零售商对双渠道制造商的选择偏好。然而，在生产实践中，很多制造商往往存在生产资金不足的问题，尤其是当制造商开辟了网络直销渠道以后，其产品销售覆盖范围有效扩大，市场消费者需求进一步增加，往往导致其资金约束困境更加严重。我们进一步探讨当制造商面临资金约束时，在两种不同的融资模式(金融机构借贷融资与预付款融资)下，双渠道供应链各主体的最优运作策略和利润。

12.2 金融机构借贷模式

当制造商初始资金 B_0 不足以满足自身生产需要 $[B_0<c(d_1+d_2)]$ 时，他们通过向外部金融机构借贷来解决自身资金不足的问题，借贷金额为 $L=c(d_1+d_2)-B_0$。销售完成后，制造商需要向金融机构归还的本息为 $[c(d_1+d_2)-B_0](1+M_0I_b)$。其中，$I_b$ 为金融机构的融资年利息率，M_0 为制造商在金融机构借贷时间长度。

无公平偏好下零售商以及制造商的利润函数分别为：

零售商的利润函数：

$$\pi_r=(p_1-w)(\varphi a-p_1+\theta p_2) \tag{12.13}$$

制造商的利润函数：

$$\pi_m=(w-c)(\varphi a-p_1+\theta p_2)+(p_2-c)[(1-\varphi)a-p_2+\theta p_1]-[c(d_1+d_2)-B_0]M_0I_b \tag{12.14}$$

从而可得，具有公平偏好制造商的效用函数为：

$$u_m=(w-c)(\varphi a-p_1+\theta p_2)+(p_2-c)[(1-\varphi)a-p_2+\theta p_1]-[c(d_1+d_2)-B_0]M_0I_b-\beta(\gamma\pi_r-\pi_m) \tag{12.15}$$

采用逆推法，记上标 A 为公平偏好的制造商金融机构借贷融资模式情形，可得定理 12.2。

定理 12.2：在金融机构借贷融资模式下，双渠道供应链各主体的最优决策分别为：

$$p_1^A=\varphi a+\frac{\theta c(1+I_bM)(1-\theta^2)+a\theta(1-\varphi+\theta\varphi)}{2(1-\theta^2)}-\frac{(1+\beta)(c\theta-c+\varphi a-I_bMc+I_bMc\theta)}{2(2\beta+\beta\gamma+2)} \tag{12.16}$$

$$p_2^A=\frac{c(1+I_bM)(1-\theta^2)+a(1-\varphi+\theta\varphi)}{2(1-\theta^2)} \tag{12.17}$$

$$w^A=\varphi a+\frac{\theta c(1+I_bM)(1-\theta^2)+a\theta(1-\varphi+\theta\varphi)}{2(1-\theta^2)}-\frac{(1+\beta)(c\theta-c+\varphi a-I_bMc+I_bMc\theta)}{2\beta+\beta\gamma+2} \tag{12.18}$$

零售商的需求和利润函数，以及制造商的需求和效用函数分别为：

$$d_1^A=\frac{(1+\beta)(c\theta-c+\varphi a-I_bMc+I_bMc\theta)}{2(2\beta+\beta\gamma+2)} \tag{12.19}$$

$$\pi_r^A=\frac{(1+\beta)^2\ (c\theta-c+\varphi a-I_bMc+I_bMc\theta)^2}{4\ (2\beta+\beta\gamma+2)^2} \tag{12.20}$$

$$d_2^A=\frac{a(1-\varphi+\theta\varphi)-c(1+I_bM)(1-\theta^2)}{2}-\frac{\theta(1+\beta)(c\theta-c+\varphi a-I_bMc+I_bMc\theta)}{2(2\beta+\beta\gamma+2)} \tag{12.21}$$

$$u_m^A=\frac{a^2(1+\beta)[(2\varphi-1)^2(1-\theta)+1+\theta]}{8(1-\theta^2)}-\frac{\psi_3+(1+\beta)\beta\gamma\psi_4+(1+\beta)^2\psi_5}{4(2\beta+\beta\gamma+2)} \tag{12.22}$$

其中，$\psi_3=a\varphi(1+\beta)(1+\beta+\beta\gamma)[a\varphi-2c(1-\theta)(1+I_bM_0)]$，

$\psi_4=2ac(1+I_bM_0)-c^2(1-\theta^2)(1+I_bM_0)^2-4B_0I_bM_0$，

$\psi_5=4ac(1+I_bM_0)-c^2(3+\theta)(1-\theta)(1+I_bM_0)^2-8B_0I_bM_0$。

进一步分析制造商存在资金约束并通过外部金融机构融资时，其公平偏好程度对双渠道产品价格、需求和零售商利润的影响，可得性质12.2。

性质12.2：

(ⅰ) $\frac{\partial p_1^A}{\partial\beta}>0$，$\frac{\partial p_2^A}{\partial\beta}=0$，$\frac{\partial w^A}{\partial\beta}>0$；

(ⅱ) $\frac{\partial d_1^A}{\partial\beta}<0$，$\frac{\partial d_2^A}{\partial\beta}>0$，$\frac{\partial(d_1^A+d_2^A)}{\partial\beta}<0$；

(ⅲ) $\frac{\partial\pi_r^A}{\partial\beta}<0$。

由性质12.2可得，当制造商存在生产资金约束并通过外部金融机构借贷融资时，其公平偏好程度对双渠道产品价格、需求和零售商利润的影响与其无资金约束情形下一致，这里不再赘述。

结论12.2：当制造商存在资金约束并通过外部金融机构借贷融资时，零售商仍然更愿意与无公平偏好的双渠道制造商合作。

对比双渠道制造商无资金约束情形与资金约束下其金融机构借贷融资情形，可得定理12.3。

定理12.3：

(ⅰ) $p_1^0<p_1^A$，$p_2^0<p_2^A$，$w^0<w^A$；

(ⅱ) $d_1^0>d_1^A$，$d_2^0>d_2^A$，$d_1^0+d_2^0>d_1^A+d_2^A$；

(ⅲ) $\pi_r^0>\pi_r^A$，$u_m^0>u_m^A$。

由定理12.3可得，在金融机构借贷融资模式下，制造商产品批发价格、网络渠道价格和零售商实体渠道价格均高于无资金约束情形时的价格，而双

渠道需求均低于无资金约束时的需求，即此时制造商资金约束所引起的额外的金融机构融资成本转嫁给了下游消费者，并导致双渠道的消费者需求均减少。由定理 12.3(ⅲ)可得，在制造商外部金融机构借贷融资模式下，其资金不足难题得到了有效解决，但所得利润还不能达到无资金约束时其利润水平，即此模式下制造商和零售商的利润均低于无资金约束下其所得利润。

大多数制造企业为中小型企业，往往资产抵押不足，抗风险能力较弱，从而导致它们在银行等外部金融机构借贷融资困难。此时，预付款融资模式便成为其解决自身资金问题的另一条重要途径。下面我们进一步探讨当制造商面临资金约束并通过预付款模式进行融资时，双渠道供应链各主体的最优运作策略和利润。

12.3 预付款模式

当制造商初始资金 B_0 不足以满足自身生产需要[$B_0<c(d_1+d_2)$]时，他们通过为下游零售商提供提前支付优惠政策来激励零售商提前付款(制造商对零售商提前付款的商品给予一定的批发价折扣优惠)。此时，资金充足的零售商通过提前支付部分货款可享受到部分产品批发价折扣优惠，上游制造商也能更好地完成生产，避免因制造商产品生产不足而导致零售商渠道产品缺货。因此，零售商有充足的动机为制造商提供提前付款融资，融资规模比例为 $L=c(d_1+d_2)-B_0$。考虑到资金的时间价值，同时为激励零售商提前付款，制造商对零售商提前付款的商品给予一定的批发价优惠。参考钟远光等的研究，设优惠后的批发价为 $w_1=we^{-\lambda M_1}$($\lambda>0$，$M_1\geqslant 0$)，其中，M_1为零售商提前付款时间长度，λ 为提前付款时间长度敏感系数，新的批发价格 w_1是零售商提前付款时间长度 M_1的减函数，零售商提前支付的时间越长，制造商给予其批发价优惠力度越大。

由上述描述可知，零售商提前支付的货款为 L，以优惠的批发价格 w_1采购的货物数量为$\frac{L}{we^{-\lambda M_1}}$，剩余货物量 $d_1-\frac{L}{we^{-\lambda M_1}}$将按正常批发价格 w 采购，成本支出为 $w\left(\varphi a-p_1+\theta p_2-\frac{L}{we^{-\lambda M_1}}\right)$。同理，制造商从零售商处获得的货款利润也由两部分组成，一部分是零售商以优惠批发价购买货物所支付的预付款 L，另一部分是零售商以正常批发价购买货物支付的货款 $w\left(\varphi a-p_1+\theta p_2-\frac{L}{we^{-\lambda M_1}}\right)$。

无公平偏好下零售商和制造商的利润函数分别为：

零售商的利润函数：

$$\pi_r=p_1(\varphi a-p_1+\theta p_2)-L-w\left(\varphi a-p_1+\theta p_2-\frac{L}{we^{-\lambda M_1}}\right) \tag{12.23}$$

制造商的利润函数：

$$\pi_m=w\left(\varphi a-p_1+\theta p_2-\frac{L}{we^{-\lambda M_1}}\right)+L+p_2[(1-\varphi)a-p_2+\theta p_1]-c(d_1+d_2) \tag{12.24}$$

进而可得，公平偏好制造商的效用函数为：

$$u_m=w\left(\varphi a-p_1+\theta p_2-\frac{L}{we^{-\lambda M_1}}\right)+L+p_2[(1-\varphi)a-p_2+\theta p_1]-c(d_1+d_2)-\beta(\gamma\pi_r-\pi_m) \tag{12.25}$$

采用逆推法，并记上标 B 为公平偏好的预付款融资模式情形，从而可得定理 12.4。

定理 12.4：在预付款融资模式下，双渠道供应链各主体的最优决策分别为：

$$p_1^B=\frac{2c\theta e^{\lambda M_1}(1+\beta+\beta\gamma)+2(1+\beta)(\varphi a+c-c\theta)-\beta c\theta\gamma}{4(1+\beta)}+\frac{a(2\theta+\varphi-2\theta\varphi+\varphi\theta^2)}{4(1-\theta^2)}+\frac{\xi_3}{4(1+\beta)(2\beta+\beta\gamma+2)} \tag{12.26}$$

$$p_2^B=\frac{a(1-\varphi+\theta\varphi)}{2(1-\theta^2)}+\frac{c[(1+\beta+\beta\gamma)e^{\lambda M_1}-\beta\gamma]}{2(1+\beta)} \tag{12.27}$$

$$w^B=\frac{c(2\beta-\theta-\beta\theta+\beta\theta\gamma+2)e^{\lambda M_1}}{2(1+\beta)}+\frac{\xi_3}{2(1+\beta)(2\beta+\beta\gamma+2)}+\frac{a(\theta+\varphi-\theta\varphi)}{2(1-\theta^2)} \tag{12.28}$$

$$w_1^B=\frac{c(2\beta-\theta-\beta\theta+\beta\theta\gamma+2)}{2(1+\beta)}+\frac{\xi_3}{2(1+\beta)(2\beta+\beta\gamma+2)e^{\lambda M_1}}+\frac{a(\theta+\varphi-\theta\varphi)}{2(1-\theta^2)e^{\lambda M_1}} \tag{12.29}$$

其中，$\xi_3=\beta\gamma(1+\beta)(\varphi a-2c)-2c(1-\theta)(1+\beta)^2-c\theta\gamma^2\beta^2$。

零售商的需求和利润函数以及制造商的需求和效用函数分别为：

$$d_1^B=\frac{(1+\beta)(\varphi a-c+c\theta)}{2(2\beta+\beta\gamma+2)} \tag{12.30}$$

$$d_2^B=\frac{a(2-2\varphi-\varphi\theta)}{4}-\frac{\xi_4}{4(1+\beta)}+\frac{\theta\xi_3}{4(1+\beta)(2\beta+\beta\gamma+2)} \tag{12.31}$$

$$\pi_r^B=\frac{(\varphi a-c+c\theta)[(2\beta+\beta\gamma+2)\xi_5-\xi_3]}{8(2\beta+\beta\gamma+2)^2}+\frac{c(e^{\lambda M_1}-1)(\xi_6+\xi_7)}{2(1+\beta)(2\beta+\beta\gamma+2)}-B_0(e^{\lambda M_1}-1) \tag{12.32}$$

$$u_m^B=\frac{2\xi_8-\xi_{11}}{8(1-\theta^2)(2+2\beta+\beta\gamma)^2}+\frac{2(1-\theta^2)\xi_9+\xi_{10}}{8(1-\theta^2)(1+\beta)(2+2\beta+\beta\gamma)}+B_0(1+\beta+\beta\gamma)(e^{\lambda M_1}-1) \tag{12.33}$$

其中，$\xi_4=2ce^{\lambda M_1}(1+\beta+\beta\gamma)(1-\theta^2)-2\theta(1+\beta)(\varphi a+c-c\theta)-\beta c\gamma(2-\theta^2)$，

$\xi_5=\varphi a(1+\beta)-2c(1+\beta)(1-\theta)(2e^{\lambda M_1}-1)-\beta c\theta\gamma$，

$\xi_6=c(1-\theta^2)[\gamma^2\beta^2-(2\beta+\beta\gamma+2)(\beta+\beta\gamma+1)e^{\lambda M_1}]-a\varphi(\beta+1)(1-\theta)(\beta+\beta\gamma+1)$，

$\xi_7=\beta(\beta+1)(a+2c-2c\theta^2)\gamma+(\beta+1)^2(2a+2c\theta-c\theta^2-c)$，

$\xi_8=(1+\beta+\beta\gamma)(\varphi a-c+c\theta)\{(2+2\beta+\beta\gamma)[c(2\beta-\theta-\beta\theta+\beta\theta\gamma+2)(1-\theta^2)e^{\lambda M_1}+a(\theta+\varphi-\theta\varphi)(1+\beta)]+\xi_3(1-\theta^2)\}$，

$\xi_9=c[\beta\gamma-(1+\beta+\beta\gamma)e^{\lambda M_1}]\{2(1+\beta)^2(\varphi a-c+c\theta)+(2+2\beta+\beta\gamma)[a(2-2\varphi-\varphi\theta)(1+\beta)-\xi_4]+\theta\xi_3\}$，

$\xi_{10}=\{a(1-\varphi+\theta\varphi)(1+\beta)+c(1-\theta^2)[(1+\beta+\beta\gamma)e^{\lambda M_1}-\beta\gamma]\}\{(2+2\beta+\beta\gamma)[a(2-2\varphi-\varphi\theta)(1+\beta)-\xi_4]+\theta\xi_3\}$，

$\xi_{11}=\beta\gamma(\varphi a-c+c\theta)(2+2\beta+\beta\gamma)(1-\theta^2)[2c\theta e^{\lambda M_1}(1+\beta+\beta\gamma)+2(1+\beta)(\varphi a+c-c\theta)-\beta c\theta\gamma]+a(2\theta+\varphi-2\theta\varphi+\varphi\theta^2)(2+2\beta+\beta\gamma)(1+\beta)+\xi_3(1-\theta^2)$。

我们进一步分析制造商存在资金约束并通过预付款模式进行融资时，其公平偏好程度对双渠道产品价格、需求的影响，可得性质 12.3。

性质 12.3：

（i）$\frac{\partial p_1^B}{\partial\beta}>0$，$\frac{\partial p_2^B}{\partial\beta}>0$，$\frac{\partial w^B}{\partial\beta}>0$，$\frac{\partial w_1^B}{\partial\beta}>0$。

（ii）当 $a\leqslant a^{\#}$，始终有$\frac{\partial d_2^B}{\partial\beta}<0$；当 $a^{\#}<a<\hat{a}$，如果 $\beta<\beta^{\#}$，有$\frac{\partial d_2^B}{\partial\beta}>0$，否则，$\frac{\partial d_2^B}{\partial\beta}<0$；当 $a\geqslant\hat{a}$ 时，始终有$\frac{\partial d_2^B}{\partial\beta}>0$。$\frac{\partial d_1^B}{\partial\beta}<0$，$\frac{\partial(d_1^B+d_2^B)}{\partial\beta}<0$。

其中，$a^{\#}=\frac{c(1-\theta)[4(1+\theta)(e^{\lambda M_1}-1)+\theta]}{\theta\varphi}$，$\psi=\sqrt{\frac{\theta(\varphi a-c+c\theta)}{c(1-\theta^2)(e^{\lambda M_1}-1)}}$，

$\hat{a}=\frac{c(1-\theta)[(1+\theta)(e^{\lambda M_1}-1)(r+2)^2+\theta]}{\theta\varphi}$，$\beta^{\#}=\frac{\psi-2}{r+2-\psi}$。

由性质 12.3 可得，在预付款融资模式下，零售商渠道产品价格和批发价

均与制造商公平偏好程度成正比。随着公平偏好程度的提高，零售商渠道产品价格和批发价不断提高，零售商渠道需求和双渠道总需求不断减少，这与无资金约束和金融机构借贷融资情形下的规律一致，这里不再赘述。与上述情形不同的是，在预付款融资模式下，公平偏好的制造商还会通过提高网络渠道产品价格的方式将部分预付款融资成本转嫁给下游消费者，此时随着制造商公平偏好程度的提高，其网络渠道产品价格也会不断提高。制造商网络渠道需求的增减与其公平偏好程度和市场潜在需求规模相关：当市场潜在需求规模相对较小($a\leqslant a^{\#}$)时，制造商网络渠道需求随着其公平偏好程度的提高而不断减少；当市场潜在需求规模较大($a\geqslant\hat{a}$)时，制造商网络渠道需求随着其公平偏好程度的提高而不断增加；当市场潜在需求规模适中($a^{\#}<a<\hat{a}$)时，如果制造商公平偏好程度相对较低($\beta<\beta^{\#}$)，其网络渠道需求会随着公平偏好程度的提高而不断增加，否则，其网络渠道需求会随着公平偏好程度的提高而不断减少。

对比双渠道制造商无资金约束情形与资金约束下其预付款融资情形，可得定理 12.5。

定理 12.5：

（ⅰ）$w^{0}<w^{B}$，$p_1^{0}<p_1^{B}$，$p_2^{0}<p_2^{B}$，$p_1^{B}-p_1^{0}<p_2^{B}-p_2^{0}$。

（ⅱ）$d_1^{0}=d_1^{B}$，$d_2^{0}>d_2^{B}$，$d_1^{0}+d_2^{0}>d_1^{B}+d_2^{B}$。

（ⅲ）当 $a\leqslant\hat{\hat{a}}$ 时，始终有 $\pi_r^{B}<\pi_r^{0}$，$u_m^{B}>u_m^{0}$；当 $\hat{\hat{a}}<a<a^{\#\#}$时，始终有 $\pi_r^{B}<\pi_r^{0}$，$u_m^{B}<u_m^{0}$；当 $a\geqslant a^{\#\#}$时，始终有 $\pi_r^{B}>\pi_r^{0}$，$u_m^{B}<u_m^{0}$。

其中，$a^{\#\#}=\dfrac{2(1+\beta)B_0+c^2(1+\theta^2)[e^{\lambda M_1}(1+\beta+2\beta-2\beta)]}{c(1+\beta)(1-\varphi+\theta\varphi)}$，

$\hat{\hat{a}}=\dfrac{4(1+\beta)B_0+c^2(1-\theta^2)[e^{\lambda M_1}(1+\beta+2\beta)+1+\beta-2\beta]}{2c(1-\varphi+\theta\varphi)(1+\beta)}$。

由定理 12.5 可得，制造商存在资金约束并通过零售商进行预付款融资时，制造商产品批发价格、网络渠道价格和零售商实体渠道价格均高于无资金约束情形时的价格，即此时制造商资金约束所引起的额外的预付款融资成本转嫁给了下游顾客。制造商网络渠道需求和供应链总需求减少，而零售商渠道需求与制造商无资金约束时的需求相同，即在预付款融资模式下，尽管双渠道价格均有所提高，但网络渠道价格提高的更多($p_2^{B}-p_2^{0}>p_1^{B}-p_1^{0}$)，部分需求转移到了实体渠道，弥补了实体渠道因价格提高而减少的需求。进一步地，由定理 12.5 的(ⅲ)可得，制造商通过预付款融资不仅解决了自身资金不足难

题，在一定的市场潜在需求规模下，零售商或制造商会获得高于无资金约束时其所得的利润。

12.4 数值仿真及分析

例 12.1：本节通过数值仿真来验证有关结论，并进一步分析不同情形下制造商公平偏好程度对双渠道供应链各主体和供应链总利润的影响。具体模型参数设置如下：$B_0=200$，$a=100$，$\theta=0.3$，$\varphi=0.4$，$\gamma=0.8$，$I_b=0.04$，$M_0=0.5$，$M_1=0.5$，$\lambda=0.2$。

由图 12.1 至图 12.3 可以看出，在不同的情形下，随着制造商公平偏好系数的增大，双渠道供应链各主体的运作策略、需求变化规律均与性质 12.3 一致，这里不再详细解释。进一步地，由数值仿真可以得出，在不同的情形下，随着制造商公平偏好系数的增大，零售商利润会不断减少，而制造商利润和供应链总利润会不断增加，即制造商公平偏好的增强，会给零售商带来消极影响，制造商通过提高批发价格和网络渠道定价策略的设计，赚取零售商和下游消费者更多的利润，最终制造商利润和供应链总利润的增加由零售商和下游消费者买单。

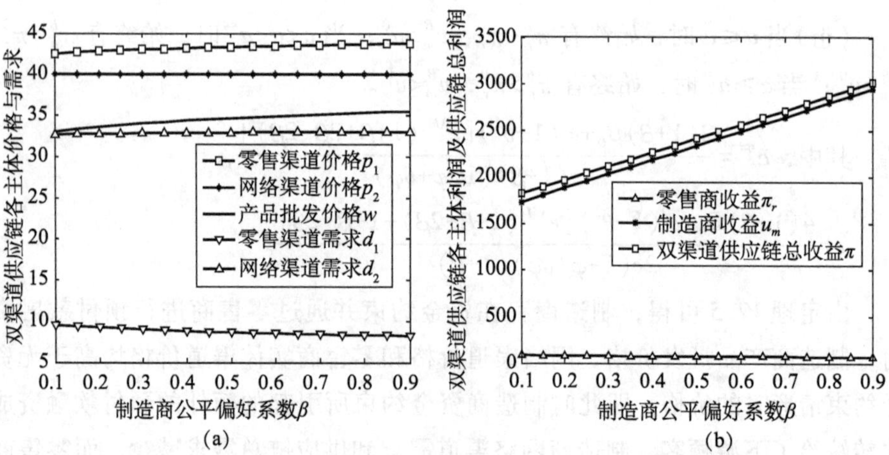

图 12.1 无资金约束情形下制造商公平偏好对博弈均衡的影响（$c=1$）

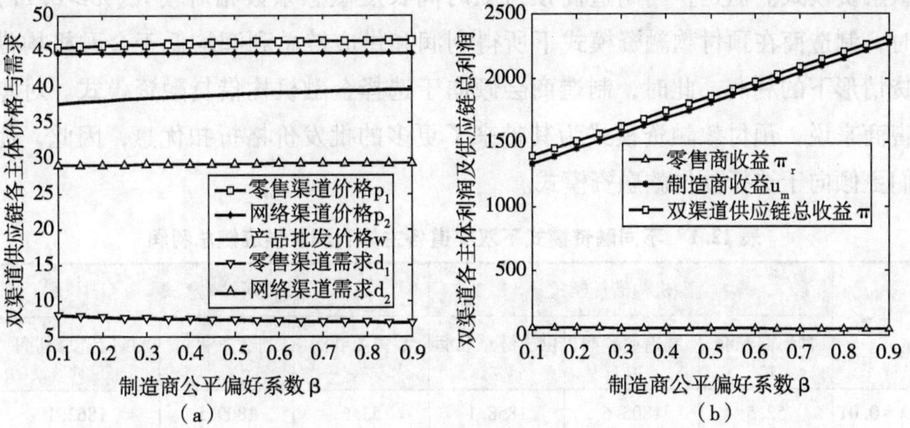

图 12.2　制造商资金约束并通过外部金融机构借贷情形下其公平偏好对博弈均衡的影响（$c=10$）

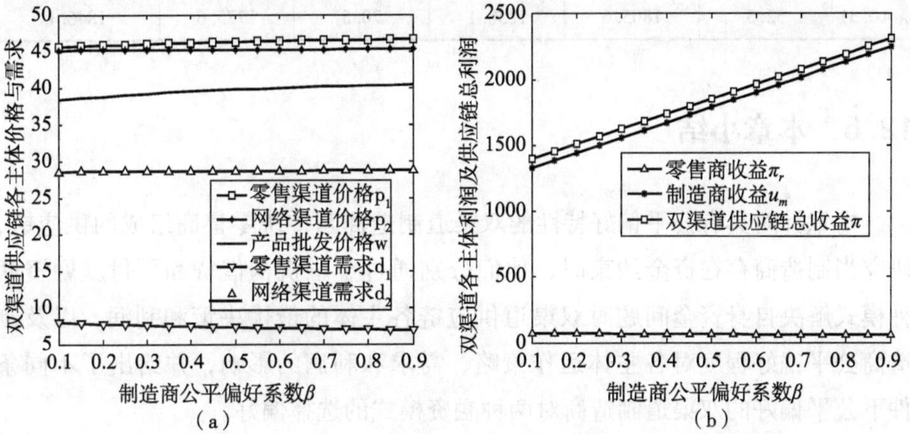

图 12.3　制造商资金约束并通过预付款融资情形下其公平偏好对博弈均衡的影响（$c=10$）

我们进一步分析制造商存在资金约束且其预付款时间长度敏感系数不断变化时，零售商、制造商利润和供应链总利润在不同模式（金融机构借贷融资模式和预付款融资模式）下的变化，以及各主体对不同融资模式的选择偏好。

例 12.2：具体模型参数设置如下：$B_0=200$，$a=100$，$c=10$，$\theta=0.3$，$\varphi=0.4$，$\gamma=0.8$，$I_b=0.04$，$M_0=0.5$，$M_1=0.5$，$\beta=0.5$。

由表 12.1 可知，在制造商存在资金约束情形下，当其预付款时间长度敏感系数较小（$\lambda=0.01$）时，制造商在预付款融资模式下所得利润和供应链总利润均高于其外部金融机构融资情形下的利润，此时，制造商会更加偏爱预付款融资模式。但是，当制造商预付款时间长度敏感系数相对较大（$\lambda \geqslant 0.11$）时，制造商在预付款融资模式下所得利润和供应链总利润均低于金融机构借贷情形下的利润，此时，制造商会倾向于选择金融机构借贷融资模式。对零售商来说，预付款融资模式为其带来了更多的批发价格折扣优惠，因此，他们更倾向于选择预付款融资模式。

表 12.1　不同融资模式下双渠道各主体利润及供应链总利润

参数	金融机构借贷模式			预付款模式		
	零售商利润 π_r	制造商利润 u_m	供应链总利润 π	零售商利润 π_r	制造商利润 u_m	供应链总利润 π
$\lambda=0.01$	52.5	1805.6	1858.1	53.6	1809.5	1863.1
$\lambda=0.11$	52.5	1805.6	1858.1	59.3	1798.4	1857.7
$\lambda=0.21$	52.5	1805.6	1858.1	65.0	1787.1	1852.1
$\lambda=0.31$	52.5	1805.6	1858.1	70.5	1775.6	1846.1

12.5　本章小结

本章针对具有公平偏好特性的双渠道制造商与传统零售商组成的供应链，研究当制造商存在资金约束时，他们分别通过金融机构借贷和预付款融资两种模式解决自身资金问题时双渠道供应链各主体的最优决策和利润，以及制造商公平偏好程度对各主体运作策略、需求和利润的影响，并给出了不同条件下公平偏好的双渠道制造商对两种融资模式的选择偏好。

第13章 结论与展望

13.1 结论

本书以双渠道供应链为研究对象，运用供应链渠道管理理论、博弈论和最优化理论等，较深入地研究了双渠道供应链企业的渠道销售模式选择和运作策略，对现有的双渠道供应链管理理论做了进一步的拓展。在结构上：在纵向上，从单层双渠道扩展到双层双渠道；在横向上，从双渠道扩展到混合渠道。在内容上，也不断深入，不仅考虑了无资金约束下双渠道供应链的运营决策问题，也探讨了当上下游企业存在资金约束时双渠道供应链各主体的运营决策与融资策略问题。本书所得出的主要结论如下：

(1)以单层双渠道零售商为研究对象，分析当市场中存在消费者售前服务“搭便车”行为时，零售商双渠道在分散决策(TC、OC、B)和一体化决策情形下的渠道销售模式选择与运作策略。研究结果表明：当零售商双渠道独立运作时，消费者“搭便车”行为削弱了零售商实体渠道提供售前服务的动机，减少了市场需求，对零售商实体渠道和双渠道的利润产生了消极影响；尽管消费者“搭便车”行为在一定程度上可以增加网络渠道需求，但是对网络渠道利润并不是始终有益的，当消费者“搭便车”行为很多时，双渠道冲突会变得十分激烈，此时，网络渠道的利润会随着“搭便车”行为的增加而不断减少。我们还发现：在分散决策情形下，零售商双渠道先后决策模式要优于双渠道同时决策模式；当零售商双渠道一体化运作时，在一定的市场条件下，零售商可能会采用“体验店+网络渠道销售”模式，即实体渠道为客户提供产品体验，而产品销售通过网络渠道来完成，此时，随着消费者“搭便车”行为强度的增大，零售商双渠道利润也会不断增加。

(2)以制造商和零售商组成的双层双渠道供应链为研究对象，考虑存在消费者“搭便车”行为时，双渠道制造商在“价格不一致”和“价格一致”两种价格模式下的售前服务成本分摊合同的设计策略。研究结果表明，尽管存在“搭便车”行为，制造商通过双渠道销售产品时，其售前服务成本分摊合同的设计能有效刺激零售商售前服务水平的提高，其自身利润会随之增加。零售商会出现“反利润的服务成本分摊”现象，即零售商分摊的售前服务成本比例越小，其利润越低。当潜在市场规模相对较小时，制造商将采用“零售商产品体验中心+网络渠道销售”模式分销产品，即零售商转化为制造商的“产品体验中心”，而制造商的产品仅通过自身网络渠道销售。对比两种不同的价格模式，发现尽管“价格一致”模式能有效缓和双渠道间的价格冲突，对零售商有益，但会损害制造商的利润。

（3）针对双层混合渠道供应链结构，研究供应链中制造商和零售商同时采用双渠道销售模式时，在不同的博弈结构和价格模式下，供应链各主体的渠道运作决策和利润。研究结果表明：当制造商提供网络渠道指导价格且零售商为市场领导者时，零售商实体渠道价格将始终高于制造商的网络渠道指导价格；否则，各渠道价格高低依赖市场参数，尤其是潜在市场规模和渠道间的价格替代效用系数。没有哪种价格模式是始终最优的，在不同的市场条件下，制造商和零售商会偏爱不同的价格模式。由数值仿真及分析可知，渠道间的价格替代效用系数对制造商并不是始终有害的，适度的渠道间的价格竞争会为制造商带来更多的利润。当渠道间的价格替代效用系数相对较大时，制造商和零售商都更愿意做市场跟随者，在观察到对手的策略后再制定自身策略；否则，制造商和零售商都更愿意做市场领导者，通过先入市场以及低价策略获取更多的需求和利润。

（4）对比分析了制造商在双渠道供应链结构与店中店结构下最优运营决策和利润的不同，指出当制造商提供的服务水平介于某两个阈值之间时，制造商和零售商均喜欢店中店销售模式，并获得高于在双渠道销售模式下的利润，否则，他们中至少有一方会拒绝店中店销售模式。进一步地，对比分析了双渠道制造商在独立研发与跟零售商合作研发情形下的最优运营决策和利润，指出当研发成本敏感系数或制造商谈判能力介于某两个阈值之间时，供应链各主体均偏爱合作研发模式，否则，至少有一方会拒绝采用合作研发模式。对供应链整体来说，合作研发模式与不进行产品研发模式或者制造商独立研发模式相比，始终是最优的，能够为整个供应链带来更多的利润。更进一步地，基于行为理论，分别研究了当企业存在过度自信、风险厌恶和公平偏好时双渠道供应链的最优运营决策和利润，指出双渠道制造商愿意与具有过度自信或风险厌恶的下游企业合作，不愿意与具有公平偏好的下游企业合作。

(5)针对零售商存在资金约束的双渠道供应链，研究制造商双渠道贸易信贷与提前订货折扣契约的选择策略，指出零售商的资金约束困境对双渠道制造商来说并不是始终有害的，制造商可以通过在双渠道联合采用两种不同契约的方法来获得更多的利润，但此时制造商联合契约的采用所得的更多利润是以损害零售商的部分利润为代价的。研究制造商双渠道产品具有替代性时，一体化模式、零售商无资金约束情形和零售商存在资金约束且制造商提供延期支付合同情形下制造商和零售商的最优策略和利润，指出当零售商存在资金约束时，制造商通过提供延期支付合同可以有效协调双渠道供应链。但是，这种协调效应对制造商来说是有代价的，制造商利润会低于零售商资金充足情形下的利润。研究制造商存在生产规模不经济而零售商存在资金约束时，零售商延期支付与金融机构贷款模式选择策略，指出当制造商延期支付时间长度敏感系数相对较小时，零售商会偏爱金融机构借贷模式，否则，零售商始终偏爱延期支付融资模式。研究制造商和资金约束的零售商都通过双渠道销售(双层混合渠道供应链)时，零售商延期支付与金融机构贷款模式选择策略的变化。

(6)针对零售商存在资金约束的双渠道供应链，研究零售商存在风险厌恶行为时其延期支付与金融机构贷款模式选择策略的变化，指出当零售商存在资金约束但通过不同融资模式进行融资时，风险中性的双渠道制造商都更愿意和风险厌恶型零售商合作。尽管金融机构提供借贷，但在一定条件下，零售商始终不会选择金融机构借贷模式。针对具有公平偏好特性的双渠道制造商与传统零售商组成的供应链，研究当制造商存在资金约束时，其金融机构借贷以及预付款融资模式的选择偏好，指出在一定的市场潜在需求规模下，公平偏好的制造商通过预付款模式进行融资时，零售商和制造商可能获得高于无资金约束时其所得的利润。当预付款时间长度敏感系数相对较小时，制造商会倾向于选择预付款融资模式；否则，制造商会倾向于选择金融机构借贷融资模式。

13.2 研究展望

本书对双渠道环境的现实情形进行抽象和简化，并基于形式化需求函数构建了与双渠道企业运作实践更为接近的理论模型，研究了不同情形下双渠道供应链运作策略的若干问题，并取得了一定的研究成果。但是，由于实际中双渠道供应链所处的环境更加复杂和多变，需要考虑的因素太多，因此仍然存在许多相关问题有待进一步研究。

(1)本书只考虑了单一阶段双渠道供应链各主体的价格、服务等运作策略，并未考虑各主体的价格、服务等策略在不同阶段的变化问题。实际上，双渠道供应链中各主体的价格、服务等往往是不断改变的，尤其是网络渠道的价格，变化更是频繁。因此，电子商务环境下双渠道供应链产品的动态定价和服务策略，是未来一个很重要的研究方向。

(2)本书主要考虑了双渠道环境下消费者售前服务“搭便车”行为，而现实中往往还存在另一种消费者网络信息“搭便车”现象，即消费者在网上查询和了解产品的相关信息，最后却选择在距离自已较近的传统零售店完成购买。因此，进一步研究当市场中消费者存在这种双向“搭便车”行为时的双渠道供应链运作问题是非常必要的。

(3)本书主要考虑信息对称情形下双渠道供应链渠道销售模式选择和运作策略，而商业实践中的供应链各主体的信息经常是不对称的。因此，渠道信息不对称情形下多渠道系统的价格、服务、协调等问题还需要进一步研究。

参考文献

[1] AKBAR S, JAMES P T. Consumers' attitude towards online shopping: factors influencing employees of crazy domains to shop online[J]. Journal of Management and Marketing Research, 2014, 1(4): 1-9.

[2] ALBESA J G. Interaction channel choice in a multichannel environment, an empirical study[J]. International Journal of Bank Marketing, 2007, 25(7): 490-506.

[3] ANCARANI F, SHANKAR V. Price levels and price dispersion within and across multiple retailer types: further evidence and extension[J]. Journal of the Academy of Marketing Science, 2004, 32(2): 176-187.

[4] ANTIA K D, BERGEN M, DUTTA S. Competing with gray markets[J]. MIT Sloan Management Review, 2004, 46(1): 63-69.

[5] ARYA A, MITTENDORF B, SAPPINGTON D E. The bright side of supplier encroachment[J]. Marketing Science, 2007, 26(5): 651-659.

[6] BANNON L. Selling Barbie online may pit Mattel vs. stores[N]. Wall Street Journal, 2000-11-17.

[7] BELLANTUONO N, GIANNOCCARO I, PONTRANDOLFO P, et al. The implications of joint adoption of revenue sharing and advance booking discount programs [J]. International Journal of Production Economics, 2009, 121(2): 383-394.

[8] BENDOLY E, BLOCHER D, BRETTHAUER K M, et al. Service and cost benefits through clicks-and-mortar integration: implications for the centralization/decentralization debate [J]. European Journal of Operational Research, 2007, 180 (1): 426-442.

[9] BERGER P D, LEE J, WEINBERG B. Optimal cooperative advertising integration strategy for organizations adding a direct online channel[J]. Journal of the Operational Research Society, 2006, 57(8): 920-927.

[10] BERNSTEIN F, SONG J S, ZHENG X. Free riding in a multi-channel supply chain[J]. Naval Research Logistics (NRL), 2009, 56(8): 745-765.

[11] BLINDER A, CANETTI E R, LEBOW D E, et al. Asking about prices: a new approach to understanding price stickiness [M]. Russell Sage Foundation: New York, 1998.

[12] BOMSEL O P. Free - riding and luxury brands on the internet [J]. International Business Research, 2014, 7(4): 60-71.

[13] BOYACI T. Competitive stocking and coordination in a multiple-channel distribution system[J]. IIE Transactions, 2005, 37(5): 407-427.

[14] BROOKER K. Awfully Nervous[J]. Fortune, 1999, 140(4): 28-29.

[15] BRYNJOLFSSON E, SMITH M D. Frictionless commerce? A comparison of internet and conventional retailers[J]. Management Science, 2000, 46(4): 563-585.

[16] BURNS D J. Consumer alienation and attitudes toward consumer free riding [J]. The Journal of Business, 2010, 9(1): 22-36.

[17] CACHON G P. Supply chain coordination with contracts[J]. Handbooks in Operations Research and Management Science, 2003(11): 227-339.

[18] CADY J F. Reasonable rules and rules of reason: vertical restrictions on distributors[J]. The Journal of Marketing, 1983, 46(3): 27-37.

[19] CAO E, MA Y, WAN C, et al. Contracting with asymmetric cost information in a dual-channel supply chain[J]. Operations Research Letters, 2013, 41(4): 410-414.

[20] CARLTON D W, CHEVALIER J A. Free riding and sales strategies for the internet[J]. The Journal of Industrial Economics, 2001, 49(4): 441-461.

[21] CATTANI K, GILLAND W, HEESE H S, et al. Boiling frogs: pricing strategies for a manufacturer adding a direct channel that competes with the traditional channel [J]. Production and Operations Management, 2006, 15(1): 40.

[22] CATTANI K D, GILLAND W G, SWAMINATHAN J M. Adding a direct channel? How autonomy of the direct channel affects prices and profits[R]. Chapel Hill: the University of North Carolina, 2004.

[23] CHAN S, LU M. Understanding internet banking adoption and use behavior: a Hong Kong perspective[J]. Journal of Global Information Management, 2004, 12(3): 21-43.

[24] CHATTERJEE P. Multiple-channel and cross-channel shopping behavior: role of consumer shopping orientations[J]. Marketing Intelligence & Planning, 2010, 28 (1): 9-24.

[25] CHEN J, CAO Q, XU M, et al. Pricing decision with secondary market in

dual-channel supply chain[J]. IJACT: International Journal of Advancements in Computing Technology, 2013, 5(4): 752-760.

[26] CHEN J, ZHANG H, SUN Y. Implementing coordination contracts in a manufacturer stackelberg dual-channel supply chain[J]. Omega, 2012, 40(5): 571-583.

[27] CHEN K Y, KAYA M, ÖZER Ö. Dual sales channel management with service competition[J]. Manufacturing & Service Operations Management, 2008, 10(4): 654-675.

[28] CHEN Y C, FANG S, WEN U. Pricing policies for substitutable products in a supply chain with internet and traditional channels[J]. European Journal of Operational Research, 2013, 224(3): 542-551.

[29] CHIANG W, CHHAJED D, HESS J D. Direct marketing, indirect profits: a strategic analysis of dual-channel supply-chain design[J]. Management Science, 2003, 49(1): 1-20.

[30] CHOI S C. Price competition in a duopoly common retailer channel[J]. Journal of Retailing, 1996, 72(2): 117-134.

[31] CHOI T M. Mean-variance analysis for supply chain management models[D]. The Chinese University of Hong Kong, 2002.

[32] CHUN S H, RHEE B D, PARK S Y, et al. Emerging dual channel system and manufacturer's direct retail channel strategy[J]. International Review of Economics & Finance, 2011, 20(4): 812-825.

[33] COLLINGER T. Lines separating sales channels blur: manufacturers, direct sellers, retailers invade each other's turf[J]. Advertising Age, 1998(30): 34.

[34] CUI T H, RAJU J S, ZHANG Z J. Fairness and channel coordination [J]. Management Science, 2007, 53(8): 1303-1314.

[35] DAN B, LIU C, XU G, et al. Pareto improvement strategy for service-based free-riding in a dual-channel supply chain [J]. Asia-Pacific Journal of Operational Research, 2014, 31(6): 1-27.

[36] DAN B, XU G, LIU C. Pricing policies in a dual-channel supply chain with retail services[J]. International Journal of Production Economics, 2012, 139(1): 312-320.

[37] DEVARAJ S, FAN M, KOHLI R. Examination of online channel preference: using the structure-conduct-outcome framework [J]. Decision Support Systems, 2006, 42(2): 1089-1103.

[38] DEVLIN-FOLTZ Z, LIM K. Responsibility to punish: discouraging free-

riders in public goods games[J]. Atlantic Economic Journal, 2008, 36(4): 505-518.

[39] DULLECK U, KERSCHBAMER R. Experts vs. discounters: consumer free-riding and experts with holding advice in markets for credence goods[J]. International Journal of Industrial Organization, 2009, 27(1): 15-23.

[40] DUMRONGSIRI A, FAN M, JAIN A, et al. A supply chain model with direct and retail channels[J]. European Journal of Operational Research, 2008, 187(3): 691-718.

[41] ERNST Y. Consumer trend in online shopping[DB]. Wiley, 2001.

[42] FABRICANT R A. Special retail services and resale price maintenance: the California wine industry[J]. Journal of Retailing, 1990, 66(1): 101-118.

[43] FAN H H, ZHOU Y W. Pricing and inventory strategy of dual-channel supply chain under random demand and retailer's capital constraint[J]. International Journal of Cognitive Informatics and Natural Intelligence, 2015, 9(1): 30-46.

[44] FORMAN C, GHOSE A, GOLDFARB A. Competition between local and electronic markets: how the benefit of buying online depends on where you live[J]. Management Science, 2009, 55(1): 47-57.

[45] FRUCHTER G E, TAPIERO C S. Dynamic online and offline channel pricing for heterogeneous customers in virtual acceptance[J]. International Game Theory Review, 2005, 7(2): 137-150.

[46] GENG Q, MALLIK S. Inventory competition and allocation in a multi-channel distribution system[J]. European Journal of Operational Research, 2007, 182(2): 704-729.

[47] GERSTNER E, HOLTHAUSEN D. Profitable pricing when market segments overlap[J]. Marketing Science, 1986, 5(1): 55-69.

[48] GULATI R, GARINO J. Get the right mix of bricks and clicks[J]. Harvard Business Review, 2000, 78(3): 107-117.

[49] GUO L, LIU Y. To restrain or to expand: optimal retail store opening strategies in coping with manufacturer direct entry[R]. Available at SSRN 985515, 2008.

[50] GUO X L, HE L N. Tourism supply-chain coordination: the cooperation between tourism hotel and tour operator [J]. Tourism Economics, 2012, 18 (6): 1361-1376.

[51] GUPTA A, SU B C, WALTER Z. An empirical study of consumer switching from traditional to electronic channels: a purchase-decision process perspective[J]. InternationalJournal of Electronic Commerce, 2004, 8(3): 131-161.

[52] GUPTA S. Channel structure with knowledge spillovers [J]. Marketing

Science, 2008, 27(2): 247-261.

[53] HANN L. E-commerce can create unexpected challenges[J]. Best's Review, 1999, 99(9): 75.

[54] HÄUBL G, TRIFTS V. Consumer decision making in online shopping environments: the effects of interactive decision aids[J]. Marketing Science, 2000, 19(1): 4-21.

[55] HENDERSHOTT T, ZHANG J. A model of direct and intermediated sales[J]. Journal of Economics & Management Strategy, 2006, 15(2): 279-316.

[56] HSIAO L, CHEN Y J. Strategic motive for introducing internet channels in a supply chain[J]. Production and Operations Management, 2014, 23(1): 36-47.

[57] HUA G, WANG S, CHENG T E. Price and lead time decisions in dual-channel supply chains[J]. European journal of operational research, 2010, 205(1): 113-126.

[58] HUANG P, LURIE N H, MITRA S. Searching for experience on the web: an empirical examination of consumer behavior for search and experience goods[J]. Journal of Marketing, 2009, 73(2): 55-69.

[59] HUANG S, YANG C, LIU H. Pricing and production decisions in a dual-channel supply chain when production costs are disrupted[J]. Economic Modelling, 2013 (30): 521-538.

[60] HUANG S, YANG C, ZHANG X. Pricing and production decisions in dual-channel supply chains with demand disruptions[J]. Computers & Industrial Engineering, 2012, 62(1): 70-83.

[61] HUANG W, SWAMINATHAN J M. Introduction of a second channel: implications for pricing and profits[J]. European Journal of Operational Research, 2009, 194 (1): 258-279.

[62] JANAH M. Tech firms slow to use direct web sales[N]. San Jose Mercury News, 1999.

[63] JARVENPAA S L, TRACTINSKY N, SAARINEN L. Consumer trust in an internet store: a cross-cultural validation[J]. Journal of Computer Mediated Communication, 1999, 5(2): 1-35.

[64] JERATH K, ZHANG Z J. Store-within-a-store[J]. Journal of Marketing Research, 2010(47): 748-763.

[65] KABADAYI S. Adding direct or independent channels to multiple channel mix [J]. Direct Marketing: An International Journal, 2008, 2(2): 66-80.

[66] KACEN J J, HESS J D, KEVIN CHIANG W Y. Bricks or clicks? Consumer

attitudes toward traditional stores and online stores [J]. Global Economics and Management Review, 2013, 18(1): 12-21.

[67] KEVIN CHIANG W, MONAHAN G E. Managing inventories in a two-echelon dual-channel supply chain [J]. European Journal of Operational Research, 2005, 162(2): 325-341.

[68] KHOUJA M, PARK S, CAI G G. Channel selection and pricing in the presence of retail-captive consumers [J]. International Journal of Production Economics, 2010, 125(1): 84-95.

[69] KUMAR N, RUAN R. On manufacturers complementing the traditional retail channel with a direct online channel[J]. Quantitative Marketing and Economics, 2006, 4(3): 289-323.

[70] KURATA H, YAO D-Q, LIU J J. Pricing policies under direct vs. indirect channel competition and national vs. store brand competition [J]. European Journal of Operational Research, 2007, 180(1): 262-281.

[71] LEVIN A M, LEVIN I R, HEATH C E. Product category dependent consumer preferences for online and offline shopping features and their influence on multi-channel retail alliances[J]. Journal of Electronic Commerce Research, 2003, 4(3): 85-93.

[72] LI B, CHEN P, LI Q, et al. Dual-channel supply chain pricing decisions with a risk-averse retailer [J]. International Journal of Production Research, 2014, 52(23): 7132-7147.

[73] LI B, JIANG Y. Impacts of returns policy under supplier encroachment with risk-averse retailer[J]. Journal of Retailing and Consumer Services, 2019(47): 104-115.

[74] LI F, LIU J, WEI Y. Pricing decision in a dual-channel system with heterogeneous consumers[M]. Springer, 2015: 307-314.

[75] LI Q, LI B, CHEN P, et al. Dual-channel supply chain decisions under asymmetric information with a risk-averse retailer[J]. Annals of Operations Research, 2015, 257(1): 1-25.

[76] LIU Y, DING C, FAN C, et al. Pricing decision under dual-channel structure considering fairness and free-riding behavior[J]. Discrete Dynamics in Nature and Society, 2014(4): 1-10.

[77] LIU Y, ZHANG Z J. Research note-the benefits of personalized pricing in a channel[J]. Marketing Science, 2006, 25(1): 97-105.

[78] MACHLIS S. Estee Lauder tackles web, channel conflict[J]. Computerworld,

1998, 32(27): 79.

[79] MAHAR S, BRETTHAUER K M, VENKATARAMANAN M. The value of virtual pooling in dual sales channel supply chains[J]. European Journal of Operational Research, 2009, 192(2): 561-575.

[80] MANGALINDAN M. Online retail sales are expected to rise to $172 billion this year[N]. The Wall Street Journal, 2005, 245: D5.

[81] MITTELSTAEDT R A. Sasquatch, the abominable snowman, free riders and other elusive beings[J]. Journal of Macromarketing, 1986, 6(2): 25-35.

[82] MOON Y, YAO T, FRIESZ T L. Dynamic pricing and inventory policies: a strategic analysis of dual channel supply chain design[J]. Service Science, 2010, 2(3): 196-215.

[83] MOORE D A, HEALY P J. The trouble with overconfidence [J]. Psychological Review, 2008, 115(2): 502.

[84] MUKHOPADHYAY S K, YAO D Q, YUE X. Information sharing of value-adding retailer in a mixed channel hi-tech supply chain [J]. Journal of Business Research, 2008, 61(9): 950-958.

[85] MUKHOPADHYAY S K, ZHU X, YUE X. Optimal contract design for mixed channels under information asymmetry [J]. Production and Operations Management, 2008, 17(6): 641-650.

[86] NASIRETI R. IBM plans to sell some gear directly to fight its rivals[N]. The Wall Street Journal, 1998.

[87] NESLIN S A, GREWAL D, LEGHORN R, et al. Challenges and opportunities in multichannel customer management[J]. Journal of Service Research, 2006, 9(2): 95-112.

[88] PARK S Y, KEH H T. Modelling hybrid distribution channels: a game-theoretic analysis[J]. Journal of Retailing and Consumer Services, 2003, 10(3): 155-167.

[89] PEI Z, YAN R. National advertising, dual-channel coordination and firm performance[J]. Journal of Retailing and Consumer Services, 2013, 20(2): 218-224.

[90] PU X, GONG L, HAN X. Consumer free riding: coordinating sales effort in a dual-channel supply chain[J]. Electronic Commerce Research & Applications, 2017 (22): 1-12.

[91] QIN J J, REN L G, XIA L J, et al. Pricing strategies for dual-channel supply chains under a trade credit policy[J]. International Transactions in Operational Research,

2020(27): 2469-2508.

[92] RAJU J S, SETHURAMAN R, DHAR S K. The introduction and performance of store brands[J]. Management Science, 1995, 41(6): 957-978.

[93] RHEE B. A hybrid channel system in competition with net-only direct marketers[R]. Working Paper, HKUST, 2001.

[94] RHEE B D, PARK S Y. Online store as a new direct channel and emerging hybrid channel system[R]. Working Paper, HKUST, 2000.

[95] RODRÍGUEZ B, AYDIN G. Pricing and assortment decisions for a manufacturer selling through dual channels[J]. European Journal of Operational Research, 2015, 242(3): 901-909.

[96] ROHM A J, SWAMINATHAN V. A typology of online shoppers based on shopping motivations[J]. Journal of Business Research, 2004, 57(7): 748-757.

[97] RYAN J K, SUN D, ZHAO X. Coordinating a supply chain with a manufacturer-owned online channel: a dual channel model under price competition[J]. IEEE Transactions on Engineering Management, 2013, 60(2): 247-259.

[98] SAHA S, MODAK N, PANDA S, et al. Managing a retailer's dual-channel supply chain under price-and delivery time-sensitive demand[J]. Journal of Modelling in Management, 2018, 13(2): 351-374.

[99] SCHOENBACHLER D D, GORDON G L. Multi-channel shopping: understanding what drives channel choice[J]. Journal of Consumer Marketing, 2002, 19(1): 42-53.

[100] SEIFERT R W, THONEMANN U W, SIEKE M A. Integrating direct and indirect sales channels under decentralized decision-making[J]. International Journal of Production Economics, 2006, 103(1): 209-229.

[101] SHANG W, YANG L. Contract negotiation and risk preferences in dual-channel supply chain coordination[J]. International Journal of Production Research, 2015, 53(16): 1-20.

[102] SAVASKANR C, WASSENHOVE L N. Reverse channel design: the case of competing retailers [J]. Management Science, 2006, 52(1): 1-14.

[103] SHIN J. How does free riding on customer service affect competition? [J]. Marketing Science, 2007, 26(4): 488-503.

[104] SINGLEY R B, WILLIAMS M R. Free riding in retail stores: an investigation of its perceived prevalence and costs[J]. Journal of Marketing Theory and

Practice, 1995, 3(2): 64-74.

[105] SMITH M D, BRYNJOLFSSON E. Consumer decision-making at an internet shopbot: brand still matters[J]. The Journal of Industrial Economics, 2001, 49(4): 541-558.

[106] SU B. Characteristics of consumer search online: how much do we search? [J]. International Journal of Electronic Commerce, 2008, 13(1): 109-129.

[107] TAKAHASHI K, AOI T, HIROTANI D, et al. Inventory control in a two-echelon dual - channel supply chain with setup of production and delivery [J]. International Journal of Production Economics, 2011, 133(1): 403-415.

[108] TANG C S, RAJARAM K, ALPTEKINOGLU A, et al. The benefits of advance booking discount programs: model and analysis[J]. Management Science, 2004, 50(4): 465-478.

[109] TELSER L G. Why should manufacturers want fair trade? [J]. Journal of Law and Economics, 1960, 3(1): 86-105.

[110] TELTZROW M, MEYER B, LENZ H. Multi-channel consumer perceptions [J]. Journal of Electronic Commerce Research, 2007, 8(1): 18-31.

[111] TEO T S, YEONG Y D. Assessing the consumer decision process in the digital marketplace[J]. Omega, 2003, 31(5): 349-363.

[112] TIROLE J. The theory of industrial organization[M]. MIT Press, 1988.

[113] TSAY A, AGRAWAL N. Manufacturer and reseller perspectives on channel conflict and coordination in multiple - channel distribution [D]. Santa Clara University, 2001.

[114] TSAY A A, AGRAWALN. Channel conflict and coordination in the e-commerce age[J]. Production and Operations Management, 2004, 13(1): 93-110.

[115] TSAY A A, AGRAWAL N. Channel dynamics under price and service competition[J]. Manufacturing & Service Operations Management, 2000, 2(4): 372-391.

[116] UMIT KUCUK S, MADDUX R C. The role of the Internet on free-riding: an exploratory study of the wallpaper industry[J]. Journal of Retailing and Consumer Services, 2010, 17(4): 313-320.

[117] VAN BAAL S, DACH C. Free riding and customer retention across retailers' channels[J]. Journal of Interactive Marketing, 2005, 19(2): 75-85.

[118] WEBB K L, DIDOW N M. Understanding hybrid channel conflict: a conceptual model and propositions for research[J]. Journal of Business-to-Business Marketing,

1997, 4(1): 39-78.

[119] WEBB K L, HOGAN J E. Hybrid channel conflict: causes and effects on channel performance[J]. Journal of Business & Industrial Marketing, 2002, 17(5): 338-356.

[120] WEI G, LIN Q, QIN Y. A new buy-back contract coordinating dual-channel supply chain under stochastic demand[J]. International Journal of Computer Science Issues, 2013, 10(2): 637-643.

[121] WOLFINBARGER M, GILLY M C. Shopping online for freedom, control, and fun[J]. California Management Review, 2001, 43(2): 34-55.

[122] WU D, RAY G, GENG X, et al. Implications of reduced search cost and free riding in ecommerce[J]. Marketing Science, 2004, 23(2): 255-262.

[123] XIA Y, GILBERT S M. Strategic interactions between channel structure and demand enhancing services[J]. European Journal of Operational Research, 2007, 181(1): 252-265.

[124] XIAO T, CHOI T, CHENG T. Product variety and channel structure strategy for a retailer-stackelberg supply chain[J]. European Journal of Operational Research, 2014, 233(1): 114-124.

[125] XIAO T, SHI J, CHEN G. Price and leadtime competition, and coordination for make-to-order supply chains[J]. Computers & Industrial Engineering, 2014(68): 23-34.

[126] XIAO T J, YANG D Q. Price and service competition of supply chains with risk-averse retailers under demand uncertainty [J] . International Journal of Production Economics, 2008, 114(1): 187-200.

[127] XIE G, YUE W, WANG S, et al. Quality investment and price decision in a risk-averse supply chain[J]. European Journal of Operational Research, 2011, 214(2): 403-410.

[128] XING D, LIU T. Sales effort free riding and coordination with price match and channel rebate[J]. European Journal of Operational Research, 2012, 219(2): 264-271.

[129] XING Y, GRANT D B. Developing a framework for measuring physical distribution service quality of multi-channel and "pure player" internet retailers[J]. International Journal of Retail & Distribution Management, 2006, 34(4/5): 278-289.

[130] XING Y, GRANT D B, MCKINNON A C, et al. Physical distribution

service quality in online retailing[J]. International Journal of Physical Distribution & Logistics Management, 2010, 40(5): 415-432.

[131] XU G, DAN B, ZHANG X, et al. Coordinating a dual-channel supply chain with risk-averse under a two-way revenue sharing contract[J]. International Journal of Production Economics, 2014(147): 171-179.

[132] XU H, LIU Z Z, Zhang S H. A strategic analysis of dual-channel supply chain design with price and delivery lead time considerations[J]. International Journal of Production Economics, 2012, 139(2): 654-663.

[133] XU H, SHI N, MA S, et al. Contracting with an urgent supplier under cost information asymmetry[J]. European Journal of Operational Research, 2010, 206(2): 374-383.

[134] XU Q, LIU Z, HE J. Optimum retail pricing based on price comparison in dual-channel supply chain[M]. Springer, 2015: 29-35.

[135] XU Q, LIU Z, SHEN B. The impact of price comparison service on pricing strategy in a dual-channel supply chain[J]. Mathematical Problems in Engineering, 2013: 1-13.

[136] YAN R. Managing channel coordination in a multi-channel manufacturer-retailer supply chain[J]. Industrial Marketing Management, 2011, 40(4): 636-642.

[137] YAN R. Pricing strategy for companies with mixed online and traditional retailing distribution markets[J]. Journal of Product & Brand Management, 2008, 17(1): 48-56.

[138] YAN R. Product brand differentiation and dual-channel store performances of a multi-channel retailer[J]. European Journal of Marketing, 2010, 44(5): 672-692.

[139] YAN R, PEI Z. Retail services and firm profit in a dual-channel market[J]. Journal of Retailing and Consumer Services, 2009, 16(4): 306-314.

[140] YANG Y, WANG L, WANG Y, et al. Modeling and optimization of two-stage procurement in dual-channel supply chain[J]. Information Technology and Management, 2014, 15(2): 109-118.

[141] YAO D, LIU J J. Competitive pricing of mixed retail and e-tail distribution channels[J]. Omega, 2005, 33(3): 235-247.

[142] YAO D, YUE X, MUKHOPADHYAY S K, et al. Strategic inventory deployment for retail and e-tail stores[J]. Omega, 2009, 37(3): 646-658.

[143] YAO D, YUE X, WANG X, et al. The impact of information sharing on a

returns policy with the addition of a direct channel[J]. International Journal of Production Economics, 2005, 97(2): 196-209.

[144] ZHOU Y H, LIU K J. Dynamic capacity rationing for a make-to-order manufacturer in a multi-channel supply Chain[C]. International Conference on Management Science and Engineering, 2009.

[145] YUE X, LIU J. Demand forecast sharing in a dual-channel supply chain [J]. European Journal of Operational Research, 2006, 174(1): 646-667.

[146] ZEHUI G, QIYING H, YUSEN X. Firms' R&D cooperation behavior in a supply chain[J]. Production and Operations Management, 2014, 23(4): 599-609.

[147] ZHANG G, WANG X. Dual-channel supply coordination in online shopping [J]. Procedia CIRP, 2014(17): 617-621.

[148] ZHAO H, CAO Y. The role of e-tailer inventory policy on e-tailer pricing and profitability[J]. Journal of Retailing, 2004, 80(3): 207-219.

[149] ZHAO F G, DASH WU D S, LIANG L, et al. Cash flow risk in dual-channel supply chain [J]. International Journal of Production Research, 2015, 53(12): 3678-3691.

[150] ZHOU Y W, GUO J S, ZHOU W H. Pricing/service strategies for a dual-channel supply chain with free riding and service-cost sharing[J]. International Journal of Production Economics, 2018, 196: 198-210.

[151] 曹磊. 双源渠道环境下消费者基于信息的搭便车问题研究[D]. 华中科技大学, 2011.

[152] 陈忠, 艾兴政. 双渠道信息共享与收益分享合同选择[J]. 系统工程理论与实践, 2008, 28(12): 42-51.

[153] 陈卫华, 苑红涛, 李凯. 考虑资金时间价值的风险厌恶供应链定价策略研究[J]. 物流技术, 2017(2): 126-131, 141.

[154] 郭春荣, 陈功玉. 供应链中双重混合渠道分销的价格竞争及均衡分析[J]. 中国管理科学, 2009, 17(3): 65-71.

[155] 郭军华, 李帮义, 倪明. WTP 差异下再制造闭环供应链的定价策略与协调机制[J]. 系统管理学报, 2012, 21(5): 617-624.

[156] 郭亚军, 赵礼强. 基于电子市场的双渠道冲突与协调[J]. 系统工程理论与实践, 2008, 28(9): 59-66.

[157] 何丽红, 黄甘泉, 张哲薇. 供应链交叉持股对制造商直销渠道选择的影响[J]. 管理学报, 2018, 15(9): 1393-1401.

[158] 侯琳琳，邱菀华．混合渠道的易逝品分销系统的库存竞争[J]．系统工程理论与实践，2009(2)：44-52.

[159] 黄健，肖条军，盛昭瀚．多渠道供应链管理研究述评[J]．科研管理，2009(5)：25-32.

[160] 戢守峰，姜力文，赵丹．不同融资模式下考虑消费者偏好的双渠道供应链订货与定价策略[J]．工业工程与管理，2017，22(4)：1-9.

[161] 雷延军，李向阳．基于两级双渠道供应链的马尔科夫库存优化模型研究[J]．中国管理科学，2007，15(z1)：470-474.

[162] 李建斌，朱梦萍，戴宾．双向搭便车时双渠道供应链定价与销售努力决策[J]．系统工程理论与实践，2016，36(12)：3046-3058.

[163] 李双双，陈毅文，李江予．消费者网上购物决策模型分析[J]．心理科学进展，2006，14(2)：294-299.

[164] 李新军，陈亭亭．供应商资金约束下双渠道供应链融资选择与定价策略：基于期望效用视角的分析[J]．商业研究，2017(7)：24-33.

[165] 李怡娜，徐学军．双分销渠道下短生命周期产品供应链转运策略[J]．计算机集成制造系统，2010，16(1)：155-164.

[166] 李育净．交叉持股影响下资金约束供应链中融资模式选择研究[D]．天津：天津财经大学，2019.

[167] 林炳坤，吕庆华，杨敏．多渠道零售商线上线下协同营销策略研究[J]．软科学，2016，30(12)：135-139.

[168] 刘海龙．传统零售商线上线下同品同价策略研究：以苏宁为例[J]．中国流通经济，2016，30(2)：59-66.

[169] 梁工谦，李娟，杨涛．基于电子商务的分销渠道选择与管理研究[J]．情报杂志，2006，25(6)：50-52.

[170] 聂佳佳，石纯来．零售商纵向持股对制造商直销渠道选择的影响[J]．软科学，2016，30(3)：130-135.

[171] 牛志勇，黄沛，王军．公平偏好下多渠道零售商线上线下同价策略选择分析[J]．中国管理科学，2017，25(3)：147-155.

[172] 浦徐进，石琴，凌六一．直销模式对存在强势零售商零售渠道的影响[J]．管理科学学报，2008，10(6)：49-56.

[173] 浦徐进，龚磊．消费者“搭便车”行为影响下的双渠道供应链定价和促销策略研究[J]．中国管理科学，2016，24(10)：86-94.

[174] 秦娟娟，张琛．考虑公平偏好的供应链最优信用期和定价策略研究

[J]. 运筹与管理，2017，26(4)：20-27.

[175] 孙书省，浦徐进，韩广华. 考虑线下权力结构的制造商线上销售模式选择研究[J]. 中国管理科学，2019，27(5)：119-129.

[176] 王磊，戴更新，孙浩. 零售商提供服务且具有公平偏好的供应链博弈研究[J]. 系统工程，2015，33(6)：1-9.

[177] 汪旭晖，张其林. 多渠道零售商线上线下营销协同研究：以苏宁为例[J]. 商业经济与管理，2013(9)：37-47.

[178] 吴云. 零售商资金约束的双渠道供应链库存策略研究：以短周期产品为例[D]. 南京：东南大学，2014.

[179] 夏海洋，黄培清. 混合分销渠道结构下短生命周期产品供应链库存策略分析[J]. 中国管理科学，2007，15(2)：70-75.

[180] 肖肖，骆建文. 面向资金约束制造商的双渠道供应链融资策略[J]. 系统管理学报，2016，25(1)：121-128.

[181] 谢庆华，黄培清. Internet 环境下混合市场渠道协调的数量折扣模型[J]. 系统工程理论与实践，2007，27(8)：1-11.

[182] 徐琪，高晓晴. 共享库存下双渠道零售商最优订购与转运价格决策[J]. 工业工程与管理，2020，25(1)：110-117，126.

[183] 晏妮娜，黄小原，刘兵. 电子市场环境中供应链双源渠道主从对策模型[J]. 中国管理科学，2007，15(3)：98-102.

[184] 殷加娜. 家电零售商线上线下渠道冲突及协同机制研究：以苏宁、国美为例[D]. 浙江工商大学，2017.

[185] 张小娟，王勇. 零售商资金约束的双渠道供应链决策[J]. 控制与决策，2014，29(2)：299-306.

[186] 赵静，朱昆. 制造商和零售商同时开辟在线渠道下渠道竞争与定价决策[J]. 系统工程学报，2018，33(6)：834-844.

[187] 仲晓密. 我国多渠道零售商的 O2O 营销战略实证研究[J]. 商业经济研究，2017(8)：42-44.

[188] 周建亨，赵瑞娟. 搭便车效应影响下双渠道供应链信息披露策略[J]. 系统工程理论与实践，2016，36(11)：2839-2852.

[189] 周义廷，刘丽文. 考虑随机需求和“搭便车”行为的双渠道供应链决策模型[J]. 系统科学与数学，2017，37(1)：66-78.

[190] 邹清明，王玉川. 考虑零售商风险偏好信息的双渠道供应链广告合作与定价决策[J]. 南华大学学报(社会科学版)，2016，17(1)：69-78.

重要术语索引

B

闭环供应链 …… 112
变差系数 …… 145
博弈结构 …… 009
博弈论 …… 009

C

差异化定价 …… 011
产能约束 …… 013
产品价格 …… 004
产品匹配 …… 006
产品替代性 …… 012
产品质量 …… 003
初始资金规模 …… 023
促销费用 …… 150

D

“搭便车”行为 …… 001
电子商务 …… 001
店铺荣誉 …… 004
店中店模式 …… 021
独立研发 …… 021

F

风险特征 …… 127
风险厌恶 …… 010
风险中性 …… 010
服务成本分摊契约 …… 008
服务成本因子 …… 025
服务水平 …… 003
服务水平敏感度 …… 031

G

概率密度函数 …… 145
感知价格 …… 067
公平偏好 …… 009
供应链 …… 001
顾客信任 …… 004
广告策略 …… 016
规模不经济 …… 023
过度自信 …… 021

H

合作研发 …… 021
黑塞矩阵 …… 102
横向竞争 …… 001
回购合同 …… 019
回收率 …… 122
回收再制造 …… 112
混合销售渠道 …… 014

J

价格差异 …… 006
价值增值服务 …… 067
交叉持股 …… 015

金融机构借贷 …………………… 023
竞争强度 ………………………… 025
均衡策略 ………………………… 019
均衡价格 ………………………… 010
均值-方差方法 …………………… 119

K

跨渠道行为 ……………………… 005
跨渠道转移成本 ………………… 029

L

拉格朗日乘子 …………………… 062
累积分布函数 …………………… 145
两部补偿委托协调契约 ……… 018
两阶段最优技术 ……………… 011
零库存 …………………………… 012
绿色可持续发展 ……………… 112

M

贸易信贷 ………………………… 017

N

内生变量 ………………………… 114
逆序法 …………………………… 101

P

批发价契约 ……………………… 018
品牌形象 ………………………… 003
品牌忠诚 ………………………… 008

Q

期望利润 ………………………… 114
潜在市场规模 …………………… 025
渠道冲突 ………………………… 002
渠道公平 ………………………… 007
渠道联盟 ………………………… 004
渠道替代效用 …………………… 031
渠道协同 ………………………… 004
渠道忠诚 ………………………… 006

R

融资决策 ………………………… 002

S

商店忠诚 ………………………… 014
实体销售渠道 …………………… 005
售前服务水平 …………………… 028
数量折扣 ………………………… 018
双渠道供应链 …………………… 002
双渠道销售模式 ……………… 001
双向“搭便车”行为 …………… 007
双重边际效应 …………………… 012
随机需求 ………………………… 007

T

弹性系数 ………………………… 029
谈判能力 ………………………… 019
提前订货折扣契约 …………… 145
体验店 …………………………… 021
替代效用 ………………………… 029

W

外包策略 ………………………… 012
外生参数 ………………………… 067
网购风险 ………………………… 003
网络渠道指导价 ……………… 066
网络销售渠道 …………………… 001
网络支付技术 …………………… 001
网上购物 ………………………… 027
无风险利率 ……………………… 148